南 跄 韵

——沪东人文历史故事集

张建方◎著

文汇出版社

图书在版编目（CIP）数据

南跄韵：沪东人文历史故事集/张建方著.
-- 上海：文汇出版社，2024.6. -- ISBN 978-7-5496-
4282-3

Ⅰ. K295.1-53

中国国家版本馆CIP数据核字第2024QD2280号

南跄韻——沪东人文历史故事集

著　　者 / 张建方

责任编辑 / 甘　棠

封面设计 / 薛　冰

出版发行 / 文匯出版社

　　　　　上海市威海路755号

　　　　　（邮政编码200041）

经　　销 / 全国新华书店

印刷装订 / 常熟市大宏印刷有限公司

版　　次 / 2024年7月第1版

印　　次 / 2024年7月第1次印刷

开　　本 / 720×1000　1/16

字　　数 / 370千字

印　　张 / 20.75（彩插2）

书　　号 / ISBN 978-7-5496-4282-3

定　　价 / 108.00元

沪东新村街道地理图 1999 年绘制

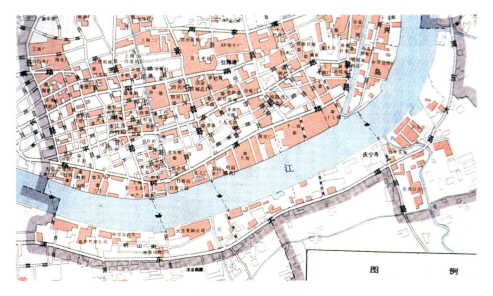

杨浦区浦东地境图

今浦东大道和金桥路交叉口两侧，当年南跄村所在的地方

当年的津桥角苗圃，如今是东波苑住宅区

2002 年拍摄的南跄村地域远景图

塘工善后局成立之初设在庆宁寺后的
办公局所，2022 年拆除

高庙又称道堂庙、浮霄庙，
此为善礼堂外貌

在庆宁寺操场围墙前拍的 64 届小学毕业照

汪懋琨　　　　朱日宣　　　　黄炎培　　　　王剑三

钱辛稻　　　　倪鸿福　　　　马小弟　　　　孙黎明

赵焕臣　　　　邹子玉　　　　沈生大　　　　姚德明

沈慕秋　　　　殷金桃　　　　张　清　　　　张文希

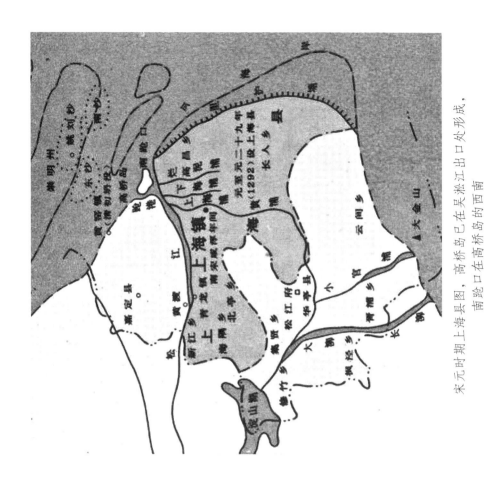

宋元时期上海县图，高桥岛已在吴淞江口出处形成，南跑口在高桥岛的西南。

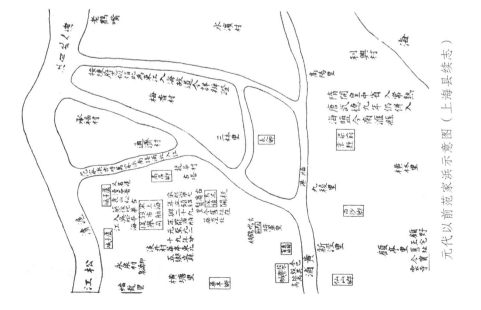

元代以前范家浜示意图（上海县续志）

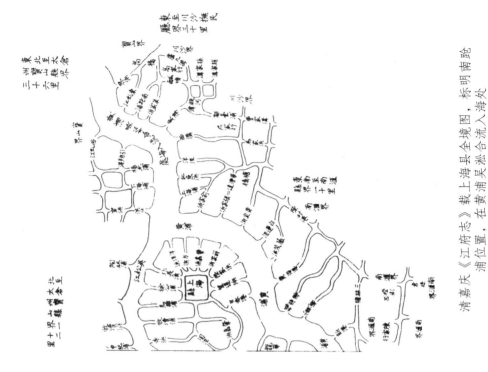

清嘉庆《江府志》载上海县全境图，标明南跄浦位置，在黄浦吴淞合流入海处

清嘉庆《上海县志》载上海县未分青浦南汇示意图，标明范家浜故家浜后统称黄浦

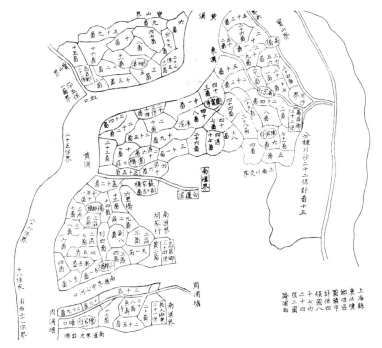

上海县东北境乡保区镇市图位示意图

陸行圖

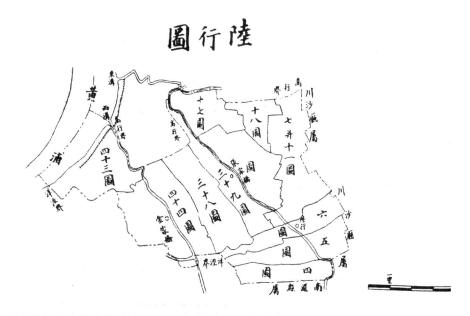

民国《上海县续志》陆行乡图，所辖范围四边与高行、川沙厅、南汇县、洋泾交界

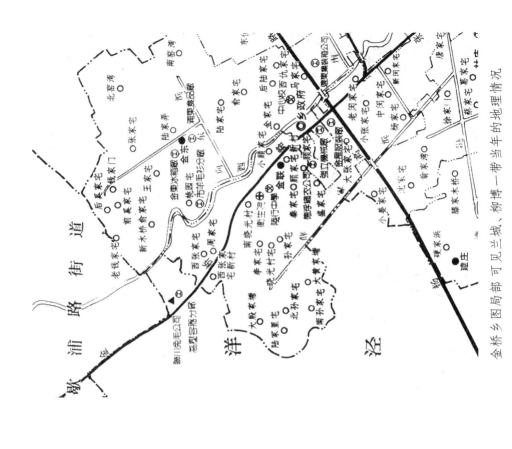

金桥乡图局部可见兰城、柳博一带当年的地理情况

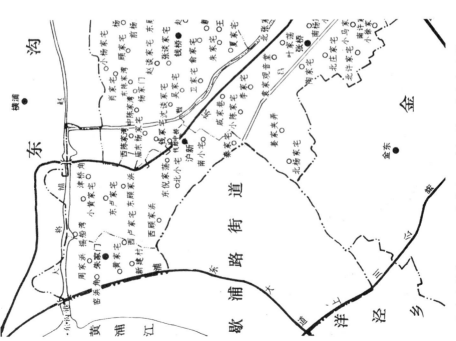

东沟乡局部图可见朱家门、沪新村一带当年的情况

序一　重视沪东历史人文资源的开发利用

沪东地区历史文化资源丰富，可追溯的时代久远。譬如现今沪东新村街道的沿江区域，就是历史上有名的南跄村，是浦东最早有文字记载的古村落。南跄村迄今已有一千多年的历史，其时代价值的稀有性、文化价值的独特性和人文资源的唯一性都仅此所有。还有，被后人誉为浦东开发之先驱的塘工善后局，是在沪东地区宣告成立的，当年的许多重大决策都在这里产生；建造于20世纪20年代初期的上川铁路，是中国近代历史上第一条民间集资的股份制铁路，在我国铁路建设史上占有重要的地位；1953年建成的"上海船舶工业学校"是我国第一所造船中等专业学校；1957年新中国第一条护卫舰诞生在沪东造船厂；1960年我国第一台高精密电罗经由地处沪东的航海仪器厂试制成功；坐落在金桥路的中国极地研究中心是我国唯一从事极地考察的科学研究中心！

沪东还是个人才辈出的地方。今璞真苑小区的东北角、东陆路张杨北路的交汇处，原是川沙县张桥乡东倪家荡村所在地，人称"布衣市长"的原上海市副市长、市委副书记倪鸿福就出生在这里；长岛苑小区地域内，原有个名叫钱家湾的村落，出身于此的著名画家钱辛稻，曾在延安革命根据地给毛主席画过速写像。

沪东还出过不少有作为的实业家。今上川居民区"三友里"的建造者沈生大，为上海开埠后较早开设专业打桩厂的本邑人，他敢与外国同行叫板竞争，击败过赫赫有名的马尔康建筑公司。鼎盛时期拥有37套打桩设备，承包的工程，北到黄河大铁桥、南到广州中山纪念堂，沿海码头、道路桥梁，施工足迹遍及大半个中国。

沪东还有许多非物质文化遗产，如名闻遐迩的"大壶春生煎"就是由中沈家宅的唐妙泉在20世纪30年代所创制；原在上川路嘴角路口的禾丰顺食品店，曾以自制"薄脆"闻名一方，民众称呼其为"禾丰顺薄脆"。

辩证唯物史观揭示着事物发展的客观自然规律，时间的一维性决定了过去了的历史不会重新再来！挖掘、记录、整理、保护、传承、宣传沪东人文资源，是历史时代赋予我们的历史责任!

　　《南跄韵——沪东人文历史故事集》的编撰,就是为了让更多的沪东人了解沪东的过去,让宝贵的历史文化资源更好地为今天的人文沪东建设服务。

原沪东新村街道党工委书记

2022 年春

序二 再谈沪东的人文历史资源

沪东地处浦东中部、黄浦江沿岸，这里曾是南跄浦口的所在地，悠久的历史文字记载，可追溯到唐代。先民们集聚在这块土地上煮海制盐，孕育了浦东历史上第一个有文字记载的古村落——南跄村。

独特的水文地理环境，使得沪东拥有了"无可替代"的宝贵资源。西沟与东沟，曾是南跄浦的支流，它们的历史，比黄浦江还要早几百年。明永乐初年兴修水利，十万民工开挖范家浜，上端口接在陆家嘴，下端口就在今军工路隧道越江的地方，"南跄浦外水独流"，黄浦江新水道由此形成。

1842 年，鸦片战争失败，南京条约签订。随着上海的开埠，短短不足六十年间，浦东沿江滩涂十有八九都被外国强盗霸夺。忧心如焚的爱国乡绅发出了"窃恐浦江主权悉归外人掌握，将来浦江两岸无复我华人问津"的悲呛怒吼。在强烈的保家卫国思想激荡下，成立塘工善后局，浚河筑路、宣示主权、建屋办校、开化乡民，以大无畏的勇气，与外来侵略进行坚决斗争。沪东地区的庆宁寺即是当年塘工善后局成立的地方，许多重大决策在这里形成。

1925 年爆发的五卅运动，是中国共产党领导下的、以工人阶级为主体的群众性反帝爱国运动。当时集聚在南京路附近的 2000 多名工人中，就有 600 多人来自浦东，其中有 220 人是老沪东地区的船厂工人。

1927 年 3 月，上海第三次工人武装起义中，攻打洋泾伪警察署的是沪东地区英联和丰铁厂的工人纠察队。3 月 27 日，上川铁路工人在共产党员王剑三等人的组织领导下，运送沿途群众参加川沙民主政府成立大会。

马勒厂工运，是党领导下的上海工人运动的重要组成部分。1939 年 6 月，马勒厂刚迁至浦东半年，中共党组织就派了毛良进入马勒厂，1940 年 10 月，马勒厂第一个中共地下党组织建立。第二年 6 月，组织全厂大罢工 13 天。迫使英方老板低头认错。6 月底，马勒厂工会在黄家宅 1 号宣告成立。在抗日战争最困难的时期，马勒厂党组织先后输送一百二十多名技术工人，到苏区支援新四军的军工生产。

钱塘江大桥是我国自行设计建造的第一座现代化公路铁路两用桥，总设计师是茅以升，而承揽钱塘江大桥打桩的则是沪东高庙人沈生大。是他在钱塘江底河床流沙极为复杂的情况下，提出"冲刷流沙、围堰打桩"的施工方案，解决了钱塘江打桩的最大困难。

历史的长河，潮起潮落；人类的社会生产活动，聚散总有时。金色中环发展带的启动，预示着沪东即将发生翻天覆地的变化。承前启后、继往开来，让我们在描绘沪东灿烂明天的同时，更好地挖掘整理沪东的历史资源，保护好这片土地上曾经有过的辉煌。

周　明

2022 年 8 月

前　言

一

2010年初，浦东新区决定用五年的时间撰写区志，要求各个街镇都要有专人负责为新区年鉴、街镇卷的编纂提供相关资料。4月，街道专门成立了街道志办公室，配备了2名工作人员，后来又增加到3人。

街志办是非常设机构，成员中也都没有编撰志书的经历。面对新的工作任务，大伙儿心里一时都没底，不知该从何处着手开展工作。好在新区经常组织专门的辅导培训，邀请唐国良、柴志光等专家老师给大家上专业知识课，这对我们的帮助很大。

我们最初的工作是从收集资料开始的。那时的新区图书馆还没有搬迁新址，我们经常去迎春路那里查阅摘抄资料，往往一去就是一整天，午餐是自带的干粮。也去过榆林路的杨浦档案馆，沪东街道以前是杨浦区在浦东地区的成建制办事处。1993年划归浦东新区时，街道档案室整理上缴了大量卷宗档案，仅归档的照片资料就有800多张。其中就有朱镕基到沪东处理水损事故、江泽民到沪东造船厂指导工作时挥毫题词等珍贵照片。我们在那里找到了一些材料，但没有找到我们想要的历史照片。我们还去过在川沙的浦东档案馆，到那里去的路比较远，每次去之前都要做好功课记好卡片。找到了需要的资料，心里就很高兴，不能如愿时也难免沮丧。我们还专门去了金桥镇学习取经，了解当年从乡里划到街道地块的历史情况。镇是一级地方政府，设有专门的修志机构。镇里的同志给我们介绍了许多相关情况，临别还以《金桥镇志》相赠。

志书的编纂是一项专业性很强的工作，有着极其严格的规范，六大原则、七体并用，述、记、志、传、图、表、录，记述的每一件事、每一个人、每一个数字都要求准确无误。横排门类，纵述史实，求真存实、秉笔直书，才有生命力。所以说编撰志书，除了需要饱满的工作热情和孜孜不倦的钻研精神，还需要具备相当的历史知识、文学知识和专业知识，"精力、能力、定力"都要好。后来我们遇到的困难与艰辛，若非亲身经历是很难体会到的。

沪东街道曾编过《歇浦路街道志》，是由陆霞、王乐德、沈德龙、吴上科等几位老同志编撰的。该志"立足当代、统合古今，上溯不限，下至1990年"，共十章三十六节。《歇浦路街道志》成书后上报杨浦区政府，并作为资料发到街道各办公室和居委会，现已编入上海地方志资料库。《歇浦路街道志》为我们以后编撰大事记、汇集沪东人文故事提供了许多宝贵的素材。

在收集资料的过程中，我们遇到的最大困难是资料来源不够全面、内容有断层。浦东新区成立以后，街道办事处行政部门的设置、工作条线的安排、岗位人员的调动等情况变化很大，原始材料的移交保存多寡不匀，时间越久的材料越难收集。街道领导多次听取我们汇报，最终确定了"面对实际、从年鉴入手"的指导意见，我们的工作也因此转为以编撰年鉴为主。

街志办从2010年成立到2015年撤销，前后五年多时间里，我们怀揣使命，朝乾夕惕，"老牛亦解韶光贵、不用扬鞭自奋蹄"，共整理完成2010年到2014年街道年鉴五部；编写完成自公元751年到2014年《街道大事记》；编写印制了《沪东人文历史故事集》（一）；在人文沪东社区报上刊登专栏文章36篇。

二

街志办撤销以后，我对沪东历史资源的收集探究并没有就此停止。原因是随着积累资料的日益增多，心中的疑惑、不解也越来越多：浦东海岸线的东移是渐缓的还是跃进的？为什么黄浦江会在沪东这里有大角度的北拐？复兴岛为什么会出现在沪东沿江地段？史书上记载的南跄口哪里去了？东沟为何又名大将浦？漴河潭是不是旧吴淞江古道淤塞的残留？东沟炮台究竟位于哪里？塘工善后局为何要兴办庆宁市？沪东地区为什么会有那么多与船舶制造相关的企业、学校？东波路伟锦小区内的那条河是不是当年筹建苗圃时浚挖的"苗圃港"？东陆路赵家沟桥究竟是"东浦第一桥"还是"浦东第一桥"？

通过不断查阅比对相关资料，走访相关部门单位，寻访当地年老长者，老的问题一个个有了答案，新的问题又不断出现。随着对沪东历史了解的日益深入，使我愈发认识到，沪东所具有的历史文化资源不仅丰富而且十分宝贵。作为沪东人，我生于此、长于此，从孩提到古稀，故乡给了我太多太多难以磨去的印记。我在沪东工作到退休，对沪东有着发自内心的浓浓亲情。我始终抱定一个想法，厘清沪东的历史脉络，尽己所能宣传沪东的历史故事，让更多的人知道这片土地上曾经生活的人、曾经发生的事，了解我们的前辈们都说了些什么，又做了些什么？这不仅是我的愿望，更是我的责任，不管有多难，我都不会轻言放弃。故此，在以后的几年里，又陆续整理汇编了《沪东人文历史故事集》(二)、《沪东人文历史故事集》(三)，在人文沪东报、金杨社区报、浦东文史、浦东文博等报纸杂志上发表专题文章40多篇。

三

本书取名《南跄韵——沪东历史故事集》，以故事集形式编撰，意在反映浦东沪东地区历史上曾经发生的人与事。书中所指的"老沪东街道"或"老沪东地区"是指原杨浦区沪东街道所辖范围，"街道"或"沪东新村街道"系指沪东新村街道地区。材料取舍上，1993年以前，以老沪东街道为主，1993年以后，以沪东新村街道为主。

全书共分"沪东大事记、历史钩沉、岁月踪影、时代印记、工厂企业仓储码头、学校教育文化建设、道路桥梁水陆交通、人物小传"八部分，由六个主要环节串联而成："独特的地理位置、悠久的历史文化、百年前浦东建设的首航站点、上海早期工人运动的组成部分、国家船舶军工企业的战略布局、浦东沿江城乡建设的缩影"。

书中介绍的人物，或是出生在沪东，或是曾在沪东工作，他们的事迹都很感人，都是为沪东作过贡献的人。

素材来源主要有：街志办工作期间收集的资料、《歇浦路街道志》相关内容、社区居民提供的资料、采访收集的资料、参考各类地方志书、各类相关书籍中整理汇集的材料等，需要说明来源的地方，以备注的形式加以说明。

张建方

2022年10月完稿于一本书斋

目　录

二、岁月踪影

三、时代印记

大　事　记

唐天宝十年（751 年）

　　置华亭县，隶江南东道吴郡，街道境域渐已成陆。

元至元十四年（1277 年）

　　华亭县升格为府，次年称松江府。街道境域为隶属地。

元至元二十八年（1291 年）

　　七月二十四，置上海县，属松江府，下设高昌、长人、北亭、新江、海隅 5 乡共 26 保，街道境域属高昌乡第 22、23、24 保。

元大德年间（1297—1307 年）

　　庆宁寺移建南跄村（原上川路 136 号）。寺始建于南宋建炎二年（1128 年），由释僧闇募建，初址在陆行。

明嘉靖二年（1523 年）

　　洋泾、东沟设官渡。

清康熙二十五年（1686 年）

　　乡民集款在庆宁寺后黄浦江岸基建高堂庙，称浮霄庙，习称高庙。

清乾隆二十九年（1764 年）

　　淞浦东南岸土塘建成，自洋泾贾家角至上宝两县界浜，共 7 段，长 2902 丈。

清道光三十年（1850 年）

　　大灾，乡绅沈文耀、凌暄等于杨家弄庙前捐米施粥，救济灾民。

清咸丰年间（1851—1861 年）

　　十八间傅家宅建天主堂（玫瑰圣母堂）。

清咸丰十年（1860 年）

　　高堂庙毁于战火，乡民集资重建，庙址移至庆宁寺南。

清同治六年（1867 年）

　　西渡蔡家宅建蔡家天主堂。

清光绪十二年（1886 年）

　　日商在洋泾港与歇浦路黄浦江边建三井洋行基地。

清光绪十七年（1891 年）

英商建公和祥浦东码头，称其昌东栈和西栈。

清光绪十九年（1893 年）

招商局建华栈，岸线长 1605 尺，称招商局第四码头。

清光绪二十二年（1896 年）

英商耶松船厂公司在陶家宅浦江边建和丰铁厂（申佳船厂前身）。

清光绪二十七年（1901 年）

美孚石油公司在居家桥建油栈，1922 年成。后屡次东扩，1929 年重扩建。

清光绪三十年（1904 年）

疏浚都台浦，大将浦（赵家沟）浚成捷径。旧河道淤成陆地，称"琵琶湾"。

清光绪三十一年（1905 年）

八月初三（9 月 1 日），特大海溢，沿浦土塘多处冲决，庐舍、牧畜、浮厝漂没无数，饥民求乞他乡。

清光绪三十二年（1906 年）

三月，知县汪懋琨设临时机构固筑土塘，委谢源深、凌云曾等管理施工。五月工成。共修整老塘 1467 丈，移筑新塘 813.5 丈，乡民感其恩，称"汪公塘"。

十一月十一，塘工善后局设立，局所设在庆宁寺，局董谢源深、朱日宣。

清光绪三十四年（1908 年）

英商在太古公司基地建蓝烟囱码头（今洋泾港与民主路之间）。

清宣统元年（1909 年）

浦东塘工局在洋泾港西岸筑洋泾港路，今北洋泾路。

清宣统二年（1910 年）

朱日宣、谢源深在庆宁寺西侧创办问道小学。

清宣统三年（1911 年）

1 月 5 日，塘工善后局开辟东沟至外滩铜人码头长渡航线，为浦江官办轮渡之始。

民国元年（1912 年）

省章实行市乡自治，东泾镇改称洋泾市。街道境域东部属陆行乡、高行乡。

民国八年（1919 年）

6 月 7 日，和丰铁厂工人联合师生上街游行，支持"五四"学生爱国运动。罢工一周，至 13 日复工，在浦东地区造成很大影响。

民国九年（1920 年）

报批获准在庆宁寺设塘工善后局分局所。

民国十年（1921 年）

1 月，上川交通股份有限公司成立。11 月，与上海县塘工善后局、川沙县交通工程所订立租借上川县道合同，租期 30 年。

民国十一年（1922 年）

2 月 8 日，上川县道开工仪式在庆宁寺塘工局所举行。

民国十四年（1925 年）

5 月 30 日，和丰铁厂 220 余名工人在姚文奎、王元良带领下参加南京路"五卅"反帝大示威游行，坚持罢工 110 余天。7 月，本埠各码头工人大罢工。

10 月 3 日，上川铁路庆宁寺至龚路段竣工通车。

民国十五年（1926 年）

9 月，上川公司与塘工善后局合作在庆宁寺码头添设对江轮渡。20 日开始发售庆宁寺到外滩车船联票，东铜长渡线与上川铁路班车相衔接。

12 月，在中共浦东部委领导下，和丰铁厂、其昌栈码头、十八间码头三个地下党支部成立。为浦东沿浦地区最早成立的中共党组织。

民国十六年（1927 年）

3 月 21 日，参加上海工人第三次武装起义的和丰铁厂、老三井码头工人纠察队攻打占领洋泾镇定水庵旧警察四分所。

3 月 27 日，上川铁路职工免费接送沿途民众参加川沙新政府成立大会。

3 月，在中共川沙独立党支部王剑三等人领导下，上川铁路工会组织成立。

4 月 19 日，王剑三等 11 人遭国民党反动派被捕。4 月 26 日，王剑三烈士在枫林桥被杀害。

民国十七年（1928 年）

2 月，浦东区委组织部长、和丰铁厂支部书记姚文奎被捕，党员疏散隐蔽。

7 月，洋泾市改称上海特别市洋泾区，街道隶洋泾区、陆行乡、高行乡。

民国十九年（1930 年）

12 月 2 日，浦东路开工修筑。

民国二十一年（1932 年）

中沈家宅唐妙泉创办"大壶春"生煎店。

民国二十四年（1935 年）

10 月，浦东路部分路段竣工，陆家嘴路向东至东沟名浦东大道。

民国二十六年（1937 年）

8 月 16 日下午，日军飞机 7 架投弹轰炸其昌栈码头。

10 月 12 日中午，其昌栈可炽铁厂遭日本炮舰轰击起火，浮码头被击沉，大火焚烧至傍晚，损失甚巨。

民国二十七年（1938 年）

12 月，英商马勒机器造船厂迁至浦东庆宁寺地区。

民国二十八年（1939 年）

1 月 13 日，凌家木桥一渡船被日汽艇撞沉，百余乘客落水，60 余人丧生。

民国二十九年（1940 年）

10 月，毛良发展马小弟、杨福潮入党，马勒造船厂中共地下党组织建立。

民国三十年（1941 年）

6 月 7 日，马勒造船厂地下党组织全厂大罢工持续 13 天，迫使厂方答应大部分条件。6 月底，马勒厂工会在黄家宅 1 号宣告成立。

12 月 8 日，太平洋战争爆发，日军占领马勒造船厂，更名为"三井造船所"。

民国三十三年（1944 年）

6 月，浦东大道自东沟延伸至高桥大同路，称东塘路。

民国三十四年（1945 年）

抗日战争胜利，街道境域以上川路为界，以东属高桥区、以西属洋泾区。

1949 年

5 月 21 日，解放庆宁寺地区战斗中，277 团 2 营 4 连 1 排长陈岱牺牲。

6 月 1 日洋泾区接管委员会成立，境域由第 3、4、5、6 接管办事处接管。

1950 年

1 月 11 日，国民党飞机在西渡沿江一带投弹、毁民房 10 余间，伤 11 人。2 月 6 日，台湾当局出动二十余架飞机轰炸浦江两岸，境内多处被炸。

1952 年

8 月 15 日，上海市军事管制委员会发布命令征用马勒机器造船厂。

1953 年

沪东造船厂征用张桥乡农田 200 多亩建造新工房，名"沪东新村"。

1956 年

4 月 28 日，沪东造船厂"6601"型护卫舰首舰下水。

9 月 24 日下午，居家桥一带遭龙卷风袭击，驻地部队瞭望台被卷塌吹倒，居家桥油库大量空油桶被卷入空中移位坠地跌损。

1957 年

5 月，沪东造船厂在沪东新村建职工医院，有床位 50 张，向社区居民开放。

1958 年

7 月，创办沪东造船厂技工学校。

8 月，东昌东郊两区合并成立浦东县，境域初属高庙办事处，后分属洋泾、崂山两办事处。

1960 年

1 月，公私合营上海船用辅机仪表厂改称国营上海航海仪器厂，由安源路 764 号迁至境内上川路 525 号。

4 月 25 日，洋泾办事处划归杨浦区，成立中共浦东地区街道委员会，后改称沪东街道委员会。

12 月重新调整街道区划，洋泾东西两镇划归川沙县。十八间、新兴路，其昌栈、陈义 4 个里委会从虹口区划入沪东街道。

1961 年

2 月，浦东县撤销。10 月 28 日，建立街道企业党组织联合支部。

1962 年

8 月，杨浦区任命汤宜玉为办事处主任，苏中英、许宝玉为副主任。

8 月，7 号台风侵袭本境，积水 4、5 天不退。临时动迁居民 162 户。

9 月，七号桥、其昌栈、高庙 3 个联合诊所合并建立沪东街道医院。

1964 年

5 月，高庙、贾家角、海防、歇浦路等里弄建立图书馆（室）。

1966 年

1 月 1 日，浦东庆宁寺路更名为上川路，庆定线改为上定线。

11 月 10 日，街道地区造反派冲击街道党委，成立"1110"指挥部。

1967 年

西沟港北段建成钢筋混泥土水闸，建有工作桥，与闸浑成一体。

12 月，沪东街道革命委员会成立。

1968 年

10 月。街道机关分大小班子，大班子 16 名干部下放崇明劳动，小班子 6 人主持机关工作。

1969 年

建立中共沪东街道核心小组，恢复党的组织生活，全面领导街道工作。

1970 年

8 月，重建中共沪东街道委员会。地区小学、幼儿园党支部归街道党委领导。

1975 年

拆除上川铁路，改建公路，1977 年 11 月 22 日上川公路建成通车。

1977 年

9 月，地区内小学、幼儿园党支部重新归口区教卫领导。

1978 年

10 月，恢复沪东街道办事处名称，杨浦区政府任命郭章宝、许宝玉为正副主任。

1979 年

7 月，对"文化大革命"期间的冤假错案进行复查。

1981 年

9 月 1 日凌晨，上港二区 3 扇防汛门未关（共 7 扇），特大潮水涌入，附近 934 户居民住房进水，商店、工厂、企事业单位遭受不同程度损失。

1983 年

10 月，傅家玫瑰天主堂复堂。

1984 年

川沙县东沟以西，获柴浜以北地段（2.41 公里）划入沪东街道。

同年，拓宽上川路，搬迁上川路集贸市场，庆宁寺长途汽车站竣工。

1985 年

拆除赵家宅廿间、凌家木桥、赵家宅、贾家角自然村，建造凌联新村。

街道医院在上川路建立全市第一家社区精神卫生诊疗部，设有床位 50 张。

1986 年

10 月 18 日，上海港煤炭装卸公司朱家门码头开工建设。

10 月 18 日，上海市杨浦区浦东图书馆举行开馆典礼对外开放。

1987 年

6 月，沪东街道办事处改名为歇浦路街道办事处。

8 月 14 日，沪东造船厂承建的 6.3 万吨远洋油轮"大庆 91 号"下水。

9 月 27 日，浦东居民管道煤气开通仪式在歇浦路街道沪东新村沪一居委 40 号 1 室老红军廖文光家举行，上海市副市长倪天增主持。

1988 年

1 月，全市爆发甲肝，街道有感染患者 1312 人。

沪东新村第一居委张蓉济、盛家骏夫妇评为上海市金婚佳侣。

1989 年

7 月 25 日，上海港煤炭装卸公司朱家门码头建成通过国家验收。

10 月 16 日中午 12 时，潮水冲坍沪东造船厂临时防汛设施，附近 661 户居民家中进水。上海市委、市府领导及时到现场处理事故。

1990 年

9 月，港胞胡雪年捐建进涛小学在居家桥落成，副市长谢丽娟出席典礼。

1991 年

5 月 1 日，杨浦大桥浦东主塔基础打下第一根钢管桩。

6 月，杨浦区政府浦东开发办公室在歇浦路街道办事处挂牌成立。

1992 年

6 月 29 日，共青团歇浦路街道工作委员会成立。

1993 年

3 月，杨浦区歇浦路街道办事处更名为浦东新区歇浦路街道办事处。

1996 年

12 月，洋泾港以西十二个居委分别移交崂山、梅园、洋泾街道。

原上川公路自黑木桥至新金桥路段，改名为金桥路。

1997 年

街道动迁基地 ABC 块建立柳埠路、博兴路、兰城路 8 个居委会。

1998 年

4 月 23 日，中共上海市歇浦路街道工作委员会更名为中共浦东新区沪东新村街道工作委员会。

1999 年

2 月，沪东新村街道办事处办公地点由歇浦路 254 号搬迁至兰城路 247 号。

2000 年

6 月，街道在浦东新区率先成立社区总工会。陆惠章任工会主席。

2001 年

4 月 8 日，沪东中华造船（集团）有限公司挂牌成立。

5 月 11 日，浦兴路以西、东沟港以南 1.38 平方公里地块划入沪东新村街道，调整后的沪东新村街道面积为 5.51 平方公里。

7 月 17 日上午 8 点，沪东中华造船（集团）有限公司船坞工地 600 吨龙门起重机在建造安装中发生倒塌，造成重大人员伤亡事故，直接经济损失 8000 多万元。

2002 年

12 月，街道再就业工作博兴路"4050"一条街事迹，由中央电视二台拍摄成《沪东街道的故事》和《激情创业》纪录片在全国播放。

2003 年

2 月前后，SARS 非典病毒输入，所有社区进入全员防疫状态。

9 月，"文峰购物中心"落户沪东。

2004 年

4 月 15 日，街道首届楼组节在竹园小学东校开幕。

8 月，杨家弄农贸市场搬迁至博兴路，改名"长博农贸市场"。

10 月，柳埠路 135 弄街道社区文化中心正式启用对外开放。

2005 年

5 月，兰城路社区事务受理中心建成。

2006 年

6 月，调整领导组织体制，成立沪东社区（街道）党工委。

8 月，上海预备役部队首个"爱民岗"在沪东新村街道成立。

2007 年

3 月，居民区党支部全部升格为党总支。

军工路越江隧道市政工程完成 96 户居民和 2 家企业动迁签约。

2008 年

6 月初，沪东社区朱家门敬老院开张，拥有床位 100 张。

8 月，街道招聘人事代理制社工 122 名，平均年龄 31 岁。

8 月，编成社区市政管理《建与管》一书，获上海市优秀论文奖。

12，沪东社区"街道"被国家体育总局和中国老年体育协会评为"全国无级健身球之乡"。

2009 年

7 月 11 日，沪东社区西平房动迁。

7 月，街道《人文沪东》社区报创刊。

11 月 18 日，西小黄家宅旧区动迁改造工作正式启动。

是年，沪东社区（街道）被评为全国数字化示范社区。

2010 年

1 月，江南山水居委会入选"上海市迎世博居委会自治家园观摩点"。

4 月，沪东街道志办公室成立，抽调专人从事街道志编撰工作。

11 月，全国第六次人口普查工作历经二个月，沪东街道共登记总户数 46394 户，登记总人数 130852 人，常住人口 112597 人，户籍人口 71972 人。

2011 年

1 月 28 日，军工路隧道建成通车。

2012 年

6 月，沪东街道朱家门敬老院荣获"全国社区服务先进单位"荣誉称号。

2013 年

5 月，文峰购物广场满意工程部荣获"中华总工会全国工人先锋号"荣誉称号。

12 月 29 日，轨交 12 号线金海路—天潼路段试运行。

2014 年

8 月，上川路地块旧改征收签约工作启动，9 月，居民签约率突破 85%，上川路地块征收补偿协议生效。

9 月，街道辖区老朱家门动迁基地 485.1 平方米违法建筑全部拆除。

2015 年

1 月，浦东新区市场监督管理局挂牌成立，原工商、质监、食药监"三部门"完成整合。

"沪东微心愿"获浦东新区社会建设十大创新项目。

12 月 27 日，中环线浦东东段（军工路越江隧道—高科中路）开通。

2016 年

全年拆除违法建筑 6282 平方米，整治违法用地 3420 平方米。

浦东大道 2900 号开办沪东街道社区食堂，7 月投入运营。

2017 年

街道综合为老服务中心和社区事务受理中心建成。博兴路文化中心分中心落成开放。

"家门口"服务体系 APP 设计上线。

街道社区党建服务中心入选全国城市基层党建工作经验交流座谈会现场考察点。

2018 年

"人文沪东、五大家园"建设全面推进。"漫谈船文化"专栏开设。

11 月，《浦东新区沪东新村街道微心愿案例》获中央党校和中国软件与技术服务股份有限公司"互联网 + 基层党建"典型创新案例优秀案例。

2019 年

全面启动沪东"南、中、北公益生态"建设。

成功创建上海市"无违建先进单位"。

2020 年

散发新冠疫情，组建专项工作组、居民区防疫队、街面排查小分队和承担应急任务的"青年突击队"，群防群控、严防严控。

9 月 11 日，14 号线浦东段实现全线贯通。

11 月 2 日，总投资 400 亿元的新区"金色中环发展带"24 个项目集中开工。

12 月 4 日，沪东中华、沪东重机与金桥集团战略合作协议签约，沪东中华船厂 2021 年启动搬迁，原址将打造成世界级滨江亲水区。

一、历史钩沉

沪东成陆年代

老沪东街道地处浦东中部，探讨沪东地区成陆的年代，先要了解浦东成陆史，要了解浦东成陆的情况，先要明确一个概念——冈身，最早的自然海岸线。

"冈身"，是指距今 7000 年—3500 年前的远古时期，潮汐海浪把近海泥沙连同贝蚬螺壳等冲上海滩逐渐堆积形成的自然泥沙堤。《云间志》中提及的"三所"，即为后人所称的"沙冈、竹冈和紫冈"。冈身北起嘉定的外冈、娄塘，南到奉贤的胡桥、柘林。冈身的走向可以基本确定上海远古海岸的大致位置是在今江苏太仓、上海嘉定、闵行、奉贤一线，简称太仓、奉贤南海岸。

浦东是长江三角洲冲积平原的一部分，由长江、吴淞江、钱塘江和海浪带来的泥沙淤积而成。公元 4 世纪以前，相当于我国历史上的西晋时期，浦东的大部分还处于浅海。以后随着长江从上游夹带来的泥沙，在江海交汇的地方被海浪冲顶而加速沉降，致使滩地面积不断增加。到公元六世纪，大致相当于隋朝时候，沿海人口大量增加。早期居民为抵御海潮侵袭，改善生存发展环境，不断地沿海筑堤、与海争地。浦东有史记载的第一条人工海塘是下沙捍海塘，又称古捍海塘，位于冈身以东 40 里处，走向与冈身平行，自宝山黄姚镇往南，途经月浦、江湾、浦东龙王庙、北蔡、周浦、下沙、航头，穿奉贤境，直至浙江海盐，全长约 120 余里。关于这条海塘的修筑年代，比较一致的观点认为始筑于隋唐，至唐开元年间（713 年）重筑。重修后的护塘，西南起自浙江盐官县界，东北抵吴淞江浦口，长约 150 余里。

近年来，地质工作者在这一条线的地下，发现了断断续续的沙带，沙带内侧发掘出许多唐代器物，如瓷壶、瓷碗、瓷罐、陶缸等陶瓷碎片。在原川沙县严桥乡、今浦东东方路附近，发现一处唐代初期村落遗址，即严桥遗址。据此推断，下沙沙带一线古捍海塘以西的浦东西北部，在公元 4 世纪东晋初年已经成陆。至五代时期，吴越国钱氏疏浚柘湖并在华亭县东南设捍海塘堰，后世称为捍海十八堰。到北宋年间，北宋官员欲涸柘湖为田，决堤放水。不料华亭地势东南高亢，西北低洼，决堤之后，不但湖水没有泄尽，反而引入咸潮为害，波及苏、湖、秀（后为嘉兴府）三州土地。南宋乾道七年（1171 年），朝廷派太傅丘宗山重修海塘，于次年（1172 年）恢复捍海十八堰。即后世说的里护塘，或称为旧捍海塘、老护塘。

里护塘的东北段与冈身近于平行，自吴淞江入海口向南，经顾路、龚路、原川沙县城、六团、祝桥、盐仓、惠南镇、大团，至四团折而向西，西南段几乎与冈身相垂直。再经奉贤区的奉城、柘林，在奉贤区与金山区交界处入杭州湾的戚漴，达浙江乍浦。

下沙捍海塘和宋时修筑的里护塘，一条在今浦东西部，一条靠浦东东部。相距时间约为 450 年，新涨的土地近 40 里。淤积成陆的时间自西向东，为唐中期至北宋期间[注1]，也有认为古清浦即今高桥地区在唐时已经成陆[注2]。沪东地处浦东中部，在古捍海塘与里护塘的中间，其南部的南跄浦，唐开元年间已见史载[注3]，说明沪东地区在中唐时期已经成陆。

注释：

注 1：《川沙县文化志》第 1 页。

注 2：《浦东老地名》上册第 129 页。

注 3：《史记正义》松江条。

上海地区成陆冈身、古捍海塘示意图
下沙捍海塘处于今浦东地区中部

南跄村在哪里

沪东新村街道的沿江地区，古时被称为"南跄村"，是浦东历史上第一个有文字记载的古村落。

南跄村得名于南跄盐场，南跄盐场得名于南跄浦，南跄浦为古吴淞江的入海水道。唐开元二十四年（公元736年），学者张守节所著《史记正义》一书中"松江"条下注："松江东历夏驾浦，又东为青龙江，至南跄浦口入海"。历史上的松江又称吴淞江、虹江，夏驾浦、青龙江，都是吴淞江水道不同地段的别称。吴淞江曾东西向横贯上海及现今的浦东北部地区，江的南部称淞南，北部称淞北。南跄盐场是淞南地区最靠北的盐场，与清浦盐场相隔在吴淞江故道两边。那时还没有黄浦江，吴淞江才是上海境内主要的泄洪水道。是历史地貌的变迁和人类生产活动的影响，使得吴淞江的规模大小、河道走向都发生了很大的变化，与我们现在所见到的情况已经大不一样了。

史学专家唐国良先生主编的《浦东老地名》一书中对南跄村位置的表述是十分明确的："元代以前，这里是华亭县北境高昌乡第二十二保的南跄口，东部为南跄盐场，南有南跄港，出海口称南跄口"[注1]，"众多的古村落中，最早有文字记载的要数五代时期（907—960年）形成的南跄村"[注2]，"当时南跄村的区域大致在现庆宁寺至东沟一带"[注3]。明弘治《上海县志》记载："庆宁教寺在二十二保南跄村"。所幸庆宁寺遗址尚存，也在客观上印证了南跄村的确切地理位置。

注释：

注1：《浦东老地名》上册第215页。

注2：《浦东老地名》上册第217页。

注3：《浦东老地名》上册第218页。

南跄盐场所在地

浦东煮海制盐自唐代即已开始，据南宋绍熙四年（1193年）《云间志》记载，当时的华亭县共有五大盐场，自西南而东北依次为浦东、袁部、青村、下砂、南跄盐场。《川沙县志》亦载：盐场划分"以吴淞江古道为界，淞南有南跄盐场，时为华亭县高昌乡滨海之地；淞北有清浦盐场，时为昆山县临江乡滨海之地"。也就是说，古时的华亭县和昆山县是在吴淞江古道两边的，南跄盐场在吴淞江古道的南面，清浦盐场则是在吴淞江古道的北面。唐代时期，吴淞江入海口处宽达二三十里，用现在的话来说，就是差不多有十五公里左右的宽度。这样一条宽阔的大江，横亘在现今高桥地区和沪东、东沟地区之间，东西向日夜奔流，其壮观的场面实在是难以想象，真可谓"吴淞之水震泽来，波涛浩瀚走鸣雷"。

到了宋代，吴淞江尚宽有九里，仍然是太湖水泄入东海的主要通道。元初，庆宁寺迁建现址。这里是吴淞江、范家浜、南跄浦三水交汇的地方，盐民、船民、商贾、农民、渔民在这里集居形成村镇。南跄村落形成的时间，大约在公元907年—960年的五代时期，南跄盐场的历史无疑要比南跄村更早，是盐场盐丁灶户的集聚和生产生活资料的交流，催促了早期集市的发育。商贾们往来贩运，又带动了集镇的发展。

明嘉靖《上海县志》记："庆宁教寺在二十二保南跄村"，《浦东老地名》认为：南跄村来自南跄盐场，南跄盐场在南跄村的东部[注1]，也就是在庆宁寺的东部。这片区域主要包括：西沟港以东，今沪东造船厂及再往东的一片区域，包括现今已是黄浦江水道的一部分。也就是说，现今的沪东新村街道沿江片地区，一直到吴淞江故道，曾经都是南跄盐场的所在地。南跄盐场形成的时间为晚唐五代时期。[注2]

注释：

注1：《浦东老地名》上册第215页。

注2：《浦东老地名》上册第218页。

南跄浦口探秘

南跄盐场因南跄口得名，那么南跄口又在哪里呢？关于这个问题的答案历来都有各种不同的说法，归纳起来大致有：1. 庆宁寺说。来源于《浦东老地名》上册："庆宁寺又称高庙……元代以前，这里是华亭县北境高昌乡第二十二保的南跄口"；2. 复兴岛说。源于 1998 年《虹口区志》概述："吴淞江……宋时出海口改在今复兴岛东北的南跄口" 3. 浦东中部说。2004 年《上海地方志》《青龙觅踪》："自晋至宋的数百年间，涨淤的陆地已将海岸线推移至浦东中部地区，松江出海口则东移至浦东南跄口一带。" 4. 江湾说。2006 年《上海地方志》《上海的出海口》：吴淞江"唐代时……出海口在江湾一带"。另外还有吴淞口说（2001 年《上海港志》，2008 年《高桥镇志》），顾路说（《上海历史博物馆馆刊》第一辑《淞浦二江变迁及上海港的发展》），黄家湾说（1990 年《川沙县志》）。上述各种说法都有相关志书或权威期刊为支撑，之所以还会产生看似不同结论的观点，很重要的原因可能是因为忽视了不同历史时期的时间节点、没有统一的时代为背景。

南跄浦口指的是吴淞江的入海口，其地理标点应是吴淞江与江海岸线的交汇处。浦东是长江三角洲冲积平原中沿海的地缘，在漫长的历史进程中，不同历史时期的海岸线自西向东不断延展。搞清楚不同历史时期的海岸线位置，了解吴淞江的历史地理走向变化，就不难确定不同时期的南跄口位置了。

浦东历史上的海岸线，不同的历史时期有着不同的位置走向，其中有几个历史时期，因有客观的参照物，所以比较容易判断吴淞江入海口的位置。一、冈身形成及相对稳定时期，约在 7000 年前到 3500 年前，大致走向自北向南依次为太仓、娄塘、嘉定、南翔、七宝、闵行、柘林，江海交汇处在今江桥一带。二、下沙沙带捍海塘，形成于 1700 年前左右，公元四世纪前后，相当历史上的南北朝时期。关于这条海塘的确切修筑年代尚无定论，有观点认为始筑于隋唐甚至更早。后又经过统一的规模修筑，《新唐书·地理志》载："盐官有捍海塘堤，长一百二十四里，唐开元元年（713 年）重筑。"下沙捍海塘位置在冈身以东约 40 里，自北向南沿月浦、江湾、浦东北蔡、周浦、下沙、航头，穿奉贤境，直至浙江海盐。江海交汇于今江湾五角场一带。三、里护塘，称内捍海塘、老护塘。南宋乾道七年（1171 年）修，北起吴淞江入海浦口黄家湾，向南经顾路、龚路、城厢、六团、祝桥、盐仓、惠南和大团，过奉贤，入金山，直至今浙江的乍浦，全长约 150 里。江海交汇处在黄家湾。

这两条沿海岸基修筑的护塘岸线，一条在浦东的西部，一条在浦东的东部。它们的走向，除了南部近海处以外，基本是平行的，两者之间的距离约为 40 里左右，形成的时间跨度相差约为 450 年左右。

南跄浦最早见于史书记载，是在唐代的开元年间。学者张守节在唐开元二十四年（公元 736 年）编著的《史记正义》"松江"条下注："松江东历夏驾浦，又东为青龙江，至南跄浦口入海。"此说表明夏驾浦、青龙江和南跄浦都是吴淞江水道的组成部分，是吴淞江不同地段的不同称呼，通达到海的地方即为南跄浦口。

唐代时期的吴淞江宽阔二十余里，巨大的海船可以从吴淞江口直达青浦青龙港。唐代以后，由于多种因素的影响，吴淞江水道渐趋变窄，到了宋代已缩至九里。以后又"渐减至五里、三里、一里"……到了元末，吴淞江下游水道已经到了"潮沙壅障，菼芦丛生，已成平陆"的程度。

在吴淞江壅塞淤涨的过程中，下游水道的地理状况发生了很大的变化，原有宽阔的水道不再通畅，甚至不再连通。入海口两端不断收拢，江中沙丘不断裸露，逐渐发育成为高桥沙岛，原来被称为南跄浦的吴淞江入海段被高桥沙岛分成南、北两条水道。明朝初年，吴淞江南水道仍有潮汐涨水进入，直达庆宁寺高庙一带，沿途与东沟赵家沟、西沟马家浜相通。

明初户部尚书夏原吉奉命治水，上《苏松水利疏》道："松江大黄浦乃通吴松要道，今下流壅塞，难即疏浚，傍有范家浜至南跄浦口，可迳达海……"可见夏元吉所言的"南跄浦口"是指范家浜与南跄浦交汇的地方，也就是可以通过南跄浦通达到江海的地方。正如清人秦荣光所说："未开范家浜前，南跄口以内之江尽塞，而南跄口以外独流。"（《上海县志礼记》卷一）。

夏元吉"以浦代淞"的治理方案得到朝廷的批准，疏浚拓宽范家浜后，新水道在今陆家嘴处与黄浦连接，成了在陆家嘴处转向东流的水道，这就是后来的黄浦江为何会在这里是个比直角还小的弯道的原因。那么，范家浜与南跄浦的交汇处又在哪里呢？从地图上我们可以地看到，黄浦江水道复兴岛南端处呈大角度北拐，这里就是范家浜与南跄浦交汇相连的地方。

关于南跄浦位置的论证，史书多有记载。《读史方舆纪要》："旧志云：（南跄浦）在县（上海）东北三十六里，即永乐中导黄浦由引入江处也……""县东北口有南跄，卅六程遥地近洋。江浦流通唐以后，宋元故道可稽详。"原注："跄浦，在县东北卅六里，案自黄浦日阔，南跄一口全没入浦中，不复可考矣。""口出南跄浦入江，志修嘉庆说非庞。顾诗夏疏都勘证，谁谓难寻岸口椿（桩）。"原注："案元明间，吴淞中塞，而南跄口外独阔深者，缘浦由此入江故也。顾（或）《竹枝词》、夏元吉奏疏皆可为证。今南跄浦故道独不可觅，与范家浜同，该久没入浦中矣。"清同治《上海县志》记："南跄浦……在上海县东北三十六里，其支流为东沟浦、西沟浦、马家浜，今县东北有水曰跄港，曰大跄浜，其南近都台浦，疑此即南跄浦之故迹也。"

史学家顾柄权先生在他编著的《上海风俗古迹考》一书中，特意附录了祝鹏先生《范家浜与南跄口位置》一文中的相关内容："范家浜是从今虹口港口以东到虬江码头一段黄浦江的前身。今虬江码头，就是南跄口所在，南跄口就是北宋郏亶奏疏里所述南及浦流入吴淞江之口。《明史·河渠志四》夏元吉奏疏说：'松江大黄浦（明前黄浦中段尚未称黄浦江，而称大黄浦，大黄浦注入吴淞江，故曰淞江大黄浦），乃通吴淞要道。今下流过塞难浚。旁有范家浜至南跄浦口径达海，宜浚深阔，上接大黄浦，达泖河之水'。《弘治上海县志》所记范家浜也很明确：'范家浦在县东北，旧名范家浜，洪武间吴淞江淤塞，潮汛不通。永乐元年，华亭人叶中行上言疏浚通海，引流直接黄浦（大黄浦），阔三十丈，遂以浦名。'以上都明确记载，范家浜是与吴淞江从虹口港到南仓浦一段平行的渠道。嘉靖和万历《上海县志》都记有范家浜，但都没有《明史·河渠志》、《弘治上海县志》说得明白。"

由此，我们不难得出以下结论：唐开元时所修筑的捍海塘在江湾附近与吴淞江交汇，由此可以认定，持南跄浦口在江湾的观点是据之有理的。之后，随着海岸线的不断东移，南跄浦口也随之不断前移。这才有了"宋时出海口改在今复兴岛东北的南跄口"的说法。明代夏元吉治水浚挖范家浜，在今复兴岛处与南跄浦相汇，其通达到海的地方即为南跄口。新黄浦江水道在水力冲刷下不断变深变宽，强劲的水流越过吴淞江南水道至北涌入长江，旧名曰跄港、大跄浜，现名吴淞口。而唐时所指的南跄浦、南跄口，连同范家浜一样，都被没入于后来的黄浦江水道而"不复可考"矣。

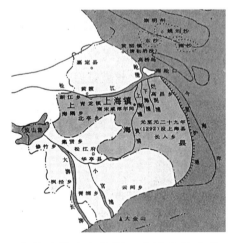

宋元时期上海县图，高桥岛已在吴淞江出口处形成，南跄口在高桥岛的西南

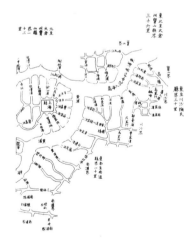

清嘉庆《松江府志载上海县全境图》标明南跄浦在东虹江与朱家浜之间，旁注有黄浦吴淞合流入海处的南部

漫谈庆宁寺

庆宁寺遗址在金桥路渡口不远处，元大德年间（1297—1307 年），由陆行移建到现址。[注1]庆宁寺曾是上海地区很有影响的寺院，曾与静安寺、龙华寺、玉佛寺一起被誉为四大名寺之一。现如今，静安寺、龙华寺、玉佛寺依然香火鼎盛，唯庆宁寺只剩下了躯壳数间……

据有关史书记载，庆宁寺建于南宋建炎二年（1128 年）。建造资金由僧人筹募，这些情况在明嘉靖年的《上海县志》上有明确记载："庆宁教寺在二十二保南跄村，宋建炎间僧圜募[注2]、陈郡马建。后毁于兵，元大德间重建。"有的资料把"陈郡马"写成"陈群马"，后又多有他人附引，以至以讹传讹，谬误四散，混淆了史实。这里需要特别注意的是，明嘉靖年《上海县志》认定庆宁寺初建即在现址，并未提到"初建陆行、后由移建"一说。明嘉靖距宋建炎年约为 400 年，而大德年间重修则因兵灾所致。

纵观我国佛教的生存状况，总与当政者对待佛教的态度相关。据传少林寺僧人曾救过唐王李世民，因此得到过朝廷赏赐。然而到了唐代后期，李家王朝出于统治利益的考虑，对佛教采取了压抑和排斥的态度，使佛教受到很大的打击，许多庙宇都荒废了。到了宋代，尤其是北宋初年，当政者出于巩固自身统治的需要，又一改晚唐以来排佛、废佛的政策，大力保护发展寺院，以图重新构建起与佛教的良好关系，各地也因此恢复、新增了许多寺院。所以说，宋朝实际上是我国佛教从晚唐时的低迷状态起步走向发展的重要时期。

1127 年，宋徽宗、宋钦宗被俘，"靖康之耻"直接导致北宋灭亡。同年，宋高宗赵构称帝，改年号"建炎"，南宋开始。

战乱使人民饱受磨难，"靖康之难"引发了我国历史上又一次大规模的难民大迁徙，大批中原民众逃亡到南方。人民在苦难中祈盼平安，寻求精神寄托。建炎二年，僧圜在陆行筹募建造寺院，取名"观音慈报禅院"。

陆行的"观音慈报禅院"存世不足二百年就在战乱中毁损了。元大德年间（1297—1307 年），移建到现址。这里时称"南跄村"，是吴淞江、范家浜、南跄浦三水交汇的地方。新建的寺院起名叫庆宁寺，寓意镇住海潮保庆安宁。

历史上的庆宁寺规模很大，占地有 200 余亩。元时，庆宁寺界"东抵寺界浜，建有寺桥；西北临范家浜^{（注3）}；南达前浜，通西沟港；北至寺界河，通西沟摇船湾"。前浜即"寺前浜"，东西走向，河上建有香花桥两座，过桥入寺，前有照壁、广场，后为山门，山门内左右设钟、鼓二楼。大雄宝殿巍峨雄伟，重檐飞角十分壮观。寺内供奉释迦牟尼、阿弥陀佛、观世音、善才、龙女、十八罗汉等大小佛像近60 尊。

庆宁寺还归并了"竹隐、孝思、时思、莲隐、圆通、西圆通、五福、法华八庵"^{（注4）}。"庵"在古时专指小草屋，有所谓"结草为庵"的说法。汉以后出现了专供佛徒尼姑居住的庵堂，于是"庵"成了佛教女子出家修行的专用建筑名称。

莲隐庵又名金家观音堂，原址在金桥乡金巷村四队，建于宋宝祐五年（1257年），现已无存。法华庵原在张桥乡嘴角村龚家宅生产队振南学校内，元至正年间（1341—1368 年）建，已无存。圆通庵在浦东杨家渡，初为草房 3 间，内供观音，为劝人性情圆活，不执己见，故名圆通庵。西圆通庵，在西门外十三图，曾有殿宇二十余间。竹隐庵是归并到庆宁寺中声望最盛的一处庵堂，原址在庆宁寺东 3 里许的东沟朱家浜村，建造年代为宋建炎年间（1127—1130），占地 300 多平方米，曾有殿宇 11 间。1984 年建浦东煤气厂时被拆，主持尼妙师太去了龙华寺。

庆宁寺在康熙年间毁于战火，后由僧香海等募资重建，至乾隆四十五年（1780年）才陆续建成。1862 年又毁，乡人又集资再修建。

民国以后，寺景日趋衰弱，僧人相继出售寺中田产。民国 19 年，仅剩庙基 17亩 5 分 2 厘 2 毫。民国 26 年，出租瓦房 50 间，土地 11 亩 2 分。抗战爆发后，庆宁寺一度成为难民收容所。上海沦陷后，侵华日军强占寺宇，将偏殿当作马厩。抗战胜利后，这里曾辟为警察局派出所。

1946 年，庆宁寺住持龙廷欲整顿寺风，曾将佛像集中到 3 座偏殿，在寺内举行过 49 天水陆道场。1956 年农历 10 月，又举行佛七讲经法会^{（注5）}，由大愿法师开讲全部阿弥陀经、海灯法师主持弥勒和十八罗汉开光典礼。

龙廷的努力终究未能挽回庆宁寺败落的颓势。1964 年 3 月，龙廷离寺去了玉佛寺，庆宁寺再无人管理。1965 年 5 月，市佛教协会将庆宁寺房地出租给区手工业局。"文革"期间，寺庙遭到破坏，大雄宝殿被拆，扩建上川路小学；东部偏殿改为浦江工具厂招待所。北部僧房收作民宅。沿上川路街面僧舍，均改建为商店。至 1990年，庆宁寺仅存的东部偏殿躯壳两座尚有寺庙痕迹。^{（注6）}

注释:

注1:《杨浦区地名志》1989 年出版 272 页。

注2:关于僧名"圜",是多音字,本意为环圆。有两种读音,huán 和 yuán,浑圆为圜,平圆为圆。

注3:元时还没有黄浦江,黄浦江是在明永乐初年开浚范家浜后才形成的,现今陆家嘴到庆宁寺的这一段黄浦江即为以前的范家浜。

注4:明嘉靖《上海县志》卷之三《祠祀》。

注5:设七天为一周期的道场做佛事,若念阿弥陀佛,则称念佛七,若念观世音菩萨,则称观音七,若禅坐,则称禅七,此外还有楞严七、大悲七等说法,可以统称谓"佛七"。

注6:2020 年庆宁寺遗存建筑大部分被拆。

庆宁寺历史老山门

庆宁寺山门当年安放门当的残基

庆宁寺历史存疑

　　历史上名声显赫的佛教名刹庆宁寺，历代志书史籍多有记载。明嘉靖《上海县志》（1542 年刻印）卷之三《祠祀》："庆宁教寺在二十二保南跄村。宋建炎间，僧闇募，陈郡马建，后毁于兵，元大德间重建。归并竹隐、孝思、时思、莲隐、圆通、西圆通、五福、法华八庵。"明万历《上海县志》（1588 年刻印）卷五《建设志·寺观》："庆宁教寺在二十二保南跄村，宋建炎间建。后毁，元大德间重建。北碉有僧堂记。"明崇祯《松江府志》（1630 年刻印）卷之五十二《寺院三·上海》："庆宁教寺，在南跄村，宋建炎间，僧闇募，陈郡马建。后毁于兵，元大德间重建。北碉有僧堂记。归并庵八。在二十二保。"清康熙《松江府志》（1663 年刻印）卷之二十六记载："庆宁教寺在二十二保南跄村，宋建炎间僧闇募，陈郡马建。后毁于兵，元大德间重建。北碉有僧堂记。"清嘉庆《松江府志》（1818 年刻印）卷七十六《名迹志·寺观》："庆宁教寺在二十二保南跄村，宋建炎间僧闇募，陈郡马建，北碉有僧堂记。后毁于兵，元大德间重建。"清同治《上海县志》（1871 年刻印成书）卷三《杂志二·寺观》："庆宁教寺，见通志，在四十三图，宋建炎二年僧闇募建，北碉有僧堂记。元大德间移建南跄村。国朝康熙间毁，雍正间重建，至乾隆四十五年寺成，奚廷鑑有记。同治元年为贼毁。基十八亩免科。寺前有银杏一株，相传为元大德间物，今存。"清光绪《松江府续志》（1884 年刻印成书）卷三十八《名迹志·寺观》："庆宁教寺，在南跄村，同治元年寇毁。寺前有古银树，相传元大德间物，今存。"《上海近代佛教简史》（1988 年 4 月版）对庆宁寺的记述："庆宁寺，在浦东上川路。宋建炎二年（公元 1128 年）建。元大德间（公元 1297—1307 年）移建到南跄村。清雍正间（公元 1723—1735 年）重建。至乾隆四十五年（公元 1780 年）寺成。同治元年（公元 1862 年）毁于兵燹，后又重建，原来规模很大。寺中有古碑，大约即清代重修碑记。"《杨浦区地名志》[注1]对庆宁寺的记载最为详细："位于本区东南部。黄浦江以南，上川路 136 号。系佛教寺院，属禅宗临济宗。占地 1.13 万平方米。有大殿、三圣殿及房屋 8 幢 60 间，另有寺产土地数百亩，是浦东较有影响的寺院。传说为上海四大名寺之一（静安、龙华、玉佛、庆宁）。寺始建于南宋建炎二年（1128 年），由僧园、高僧传募建。初址在陆行，元大德年间（1297—1307 年）

移建于南跄村（即今址）。当时地处范家浜和松江下游相交处，其南即南跄江，船舶商贾集于此，船民、渔民众多，故建庙祀神，以保安宁，而名庆宁寺。清康熙时寺毁于火，雍正时复修。同治元年（1862年）又毁于战火，里人又筹资再建。寺旁有明户部侍郎顾彧墓，东有宁海知州陈宾墓，两墓今已湮没。寺前有巨钟重七千斤。寺旁有宋代无字碑横卧（已断裂）。寺内供奉释迦牟尼，大、小西方三圣，观音，十王，文殊，普贤，东岳，雷神等神像。藏有华严、法华、金刚、地藏等多种经典。寺内有清人秦少涵所作丹青牡丹大中堂挂轴，与小檀香佛、五彩观音，称庆宁寺三宝。寺全盛时有僧200余人，每年五个香期，香火很盛。斋佛事皆以钟声为号，声达吴淞镇。九华山小莲花峰派僧每年两次于弥罗法会时来寺受戒收徒。最后两年佛协派来的和尚名园音，最后主持僧名龙廷（现在玉佛寺），1958年寺闭。正殿现为浦江工具厂，西部为上川路小学，大殿后的僧房现为居民住房，其他房屋亦皆改建为住房。该寺房屋尚完整，除佛像及经典移交佛协外，其余宗教什物与寺前巨钟均已荡然无存。庆宁寺现仅以地名为人所熟知。"《上海市浦东新区地名志》（1994年出版），书中3次提到庆宁寺，一是作为地名介绍（147页），一是作为宗教场所介绍（683页），一是还有出现在大事记中（第5页）。其中作为宗教场所的介绍，除极个别的字与《杨浦区地名志》所载有所不同外，极大部分内容都是一致的，显然是转载整理所致。

二、"重建还是移建"的疑问

关于庆宁寺所在的地点，明清志书都提到了是在南跄村，说明南跄村的名称在光绪年间还在使用。至于建造年代，除了清光绪《松江府续志》没有提及外，其余六本志书都明确记载，是在宋建炎年间（1127—1130年）。还有建造人，前五本志书都提到是僧圜募，陈郡马建，并无其他不同的提法。也就是说。对于庆宁寺建造的时间、募款建造人，以及所在的地方，明清志书的记载都是一致的。明清志书还都提到了庆宁寺曾毁于兵火，元大德年间重修。至于大德年间的重修是在原址还是从他处移建过来，明及清中期以前的志书都没有提到，同治《上海县志》记载中出现了"移建南跄村"的字样，《上海近代佛教简史》《杨浦区地名志》《上海市浦东新区地名志》也都有"移建"内容的记载。浦东新区地名志大事记载："大德年间"初建于陆行（今张桥陆行镇）的"观音慈报禅院"移建于南跄村（今址在歇浦路街道高庙居委会），改名"庆宁寺"。

三、居简禅师与"庆宁僧堂记"

潼川北磵，南宋时期著名禅林大师、诗僧，居简禅师的自称[注2]，居简禅师是临济宗"居简系"的开山鼻祖，曾在南宋绍定四年（1231年）留有"庆宁僧堂记"

传世。宋绍定四年比元大德年间要早六十多年，书中已见庆宁寺名，可见"大德年重修后改名庆宁寺"的说法难以成立。附"庆宁僧堂记"如下，供参考。

"庆宁自某年月日，智圆创建，若干年，殿宇厨库，容众之具，凡所当有，次第而集者，其徒师训之力居多。又若干年，而僧堂之役未举，缁白之有力者，未尝过而问焉。今成于圆公之孙、训公之子古镜、文杲。祖作之，父述之，子成之。君子曰：善继志也。僧堂之作，非古人意，古无招提，况堂耶。自枯榴香后，天下较奇策胜，翚飞炫耀，床榻窗几，惟恐不壮丽。毫釐疾痰，无雾霾风雨暴露之惨。既适既宁，精励胜进，当倍蓰异时。塚间树下，不三宿者，何反无闻焉。方其滑辈疏橱，一单三椽，正国者，莫不凛然反观，惕然内求，绝意生死荣辱外，形骸于死灰槁木，志节独苦于塚树间不相下。充其所学，饫其心。初不惩先圣决定明训，然后以其所觉而觉他人，答此施。味甘者反是，苟安宅形，冥冥鸟鸢，念念臭腐，坐驰于庸鄙涝杂。今夕何夕，飒然白首，入死生轮，出没异类，靡所底丽，展转酬酢，无有穷已。于戏，释竿岩迤，燕生石泠，赤城华顶，万八千丈。我念昔者，峻蹐嵬陟，日死魅区，草腥虮落，百世之下，道震吴越。举此话头，夜款古境，惟此古镜，是则是效，苦心松筠，制行冰檗，不独居此堂无愧焉，抑又率人臻无愧之地。欲镵余文，余则有愧。绍定四年良月旦，潼川北磵记"。

注释：

注1：1989年7月版272页。

注2：潼川北磵，居简自称，居简（1164—1246），字敬叟。俗姓王（一说姓龙），潼川府通泉县（四川射洪县南）人。宋代临济宗高僧。世称"北涧居简"。居简一生著作颇丰，现存著作有《北涧文集》十卷、《北涧诗集》九卷、《北涧外集》一卷、《北涧和尚语录》一卷。《四库全书》收录有居简的著作。

黄浦江的由来

黄浦江是人们治理吴淞江带来的结果，是自然河流与人工开挖河道相互结合的产物，黄浦江的由来与太湖流域的泄水密切相关。

太湖古称"震泽"，远在两千多年前，太湖流域诸水主要通过松江、娄江、东江三大水系从不同方向宣泄入海。先秦史书《尚书·禹贡》就有"三江既入，震泽底定"的记载。三江中的"松江"又称"淞江""吴淞江"，唐代时最宽处达二十多里，是那个时期太湖、浙西一带泄水排涝的主要水系。黄浦江有一段河道的前身叫黄浦，是东江萎缩后遗留的河段，后与吴淞江相连，成为吴淞江诸多支流中的一条。

吴淞江的入海口连通着长江，长江流水中裹挟着的巨量泥沙，在潮汐的作用下顶推倒灌进入吴淞江水道，并淤积在江底。北宋庆历二年和庆历八年，分别在吴江县修建了长堤和长桥，使得太湖下泻水流受阻，吴淞江的淤塞愈发严重，河道渐减至五里、三里、一里，直至两岸涨沙渐与岸平，大片泽土露出水面，入江浦口不断东移，以至最后"河道仅存江洪一线，浦面阔尽一矢之力"。吴淞江水系的萎缩，直接导致水患的恣意泛滥。元末年间一次大水，使得苏、常、湖、秀四州（秀州即今嘉兴）尽成泽国，治理疏浚太湖浙西诸水的入海通道已刻不容缓。

明永乐初年（1403年），朝廷任命户部尚书夏元吉南下治水。经多方论证，夏元吉决定采用松江府生员叶宗行"弃吴淞江故道，浚范家浜引水归海"的治浦方略，即将一部分上游来水经夏驾浦入吴淞江、通浏河，成为一条汇入长江的水道。而重点则是疏浚范家浜，使范家浜上接黄浦水，下连南跄浦，形成一条以"大黄浦为上游、范家浜为中段、南跄浦为下游"的新河道。这项工程在永乐二年（1404年）基本完成，共开掘大黄浦、范家浜河道12000丈。后来人们把这条治理后的新河道称为"横浦"或"新吴淞江"，原来的吴淞江则称为"旧江、虬江"。"横浦"，水色泛黄，沪语中，"横""黄"音近，慢慢地就被叫成了黄浦江了。黄浦原是吴淞江的支流，基本呈南北走向，两岸分称"浦西、浦东"，吴淞江则是东西走向，两岸称为"淞南"和"淞北"。

经夏元吉治水分流后的黄浦江河道宽30丈（约为百米），水流通畅，直达东海。而吴淞江的水力却大减，冲淤能力更弱，渐至下游河道无法继续行船。到了明正德十六年（1521 年），工部尚书李允嗣完全废弃了吴淞江下游故道（今上海虹口区虹江路一线），另掘宽宋家港 70 余里的河道，将时称横潦泾的古东江来水截流改道，在陆家嘴处汇入新吴淞江（黄浦江），以期达到合流冲刷下游水道，以水力疏淤河道的目的，这就是浦江历史上著名的"江浦合流"。

上游来水汇入"新吴淞江"后，水力猛增，河水猛烈地冲击着河道两岸，使河道不断变深变宽，原有的河道根本无法约束汹涌而至的水流，咆哮的河水越过堤坝，冲断南跄浦，径直向北涌向长江，在入江口冲开了一个巨大的口子⋯⋯后来人们将这次浦江改道称为"龙头向北摇"，黄浦江也因此成了长江的最后一条支流。以后随着径流的冲刷，使河道宽至二里，80% 的太湖水通过黄浦江排泄入海，浙西诸水也经过黄浦江东流，不致淤塞。吴淞江则愈发萎缩，最后反倒成了黄浦江的支流，历史上称这次水文地理的演变为"黄浦夺淞"。

黄浦江形成前后对比图

话说高庙

作为地名，"高庙和庆宁寺"常被连用，也常被叫做"庆宁寺高庙"，或分别称作"庆宁寺""高庙"。泛指今金桥路与浦东大道交汇处一带，马家浜以西、友林路以东、黄浦江沿岸、浦东大道两侧的这一片区域。

作为道教场所，高庙又称道堂庙，浮霄庙，习称浮庙，也称浦东萧王庙。庙宇初建于清康熙二十五年，即公元1687年，原址在庆宁寺西北角的黄浦江边护塘基上。这里的护塘，是庆宁寺为防止浦江水溢损毁寺院而加高堆积修筑的。由于庙基高，傍边还有横跨在寺界河上的桥，当江面起雾的时候，从远处望来，桥与庙忽隐忽现，都好像飘浮在江面之上的云霄里，所以被称为"浮庙""浮霄庙"。当地乡民则习惯称其为"高庙"。

咸丰十年（1860年），太平军进军上海，高庙毁于战火。同治年间（1861—1874），乡民重选庙址，向南改迁至庆宁寺西南现址，重建大殿、偏殿等建筑21间，供奉的神像有护海神、城隍、阎罗、杨老爷等。另有一厅二房的善礼堂，专供乡民集会、做道场、捐献之用。每年的二月廿一、七月初一、九月廿九为斋期，信徒都会集众前来念经、捐献。每年清明的前七后八为庙会，要抬着城隍老

高庙善礼堂外观图摄于2018年

爷举行迎神赛会，远近乡民迎神队伍长达数里。还有抢城隍的习俗，十里八乡的农民都要来抢抬城隍老爷到他们那里去，以护佑一方平安。

高庙一度在浦东很有影响，有浦东城隍庙之称。抗战后，高庙的影响日趋没落，但清明庙会的习俗一直保留到解放后至"文革"前，展销的棚子搭满上川路和浦东大道两边，浦东大道向东也要一直搭到八号桥。

淞浦东南岸土塘记

浦东东南靠海，易受风雨大潮海溢水灾的侵扰，历史上多有关于风潮海溢事故的记载。明代以后，黄浦江替代吴淞江成为上海地区最主要的水道，海潮事故对沿江及其支流两岸的安全不断造成威胁，于是在浦江两岸渐次出现了多段土塘。这些土塘的出现，反映了上海先民利用、改造大自然，改善生存条件的客观需求，对浦江两岸集聚村落、拢合人气，促进地区经济的发展起到了至关重要的作用。

清乾隆十八年（1753 年），在黄浦江的北岸，今杨浦区沿江地区，高昌乡二十三保乡民蔡于忠、黄希年等，挑头筑起了一条长 2640 丈的护塘，史称"淞浦西北岸土塘"。十余年后的清乾隆二十九年（1764 年），在今浦江的东岸，由二十二保乡民凌英泰、卢启丰等人发起，也修起了一条从今歇浦路贾家角到高桥界浜，全长 2902 丈的"淞浦东南土塘"。到了乾隆四十二年（1777 年），又从贾家角塘尾接连朝西转南，沿江岸修筑另一条土塘至张家浜口，全长 2400 丈，史称"西新塘"。

淞东南土塘共分七段，第一段从西新塘浜口至美孚油池北墙，长 682 丈，第二段火油池墙北至庆宁寺后，长 246 丈，第三段庆宁寺后至西沟口，长 256 丈，第四段西沟至东沟口，长 366 丈。以上四段都在老沪东沿江地区，合计长 1550 丈。第五段从东沟口至严家宅后，341 丈，第六段严家宅至北陶家宅 567 丈，第七段北陶家宅至界浜 504 丈。七段全长共计 2902 丈。

沿浦筑塘，使水道和江岸都相对得到稳固。塘即可挡水，又可供人行走，促进交通。淞浦土塘的修筑，使得塘边村舍骤增，渐次形成了朱家门、寺前浜、居家桥、贾家角、傅家宅等 20 多个自然村落，并促进了沿江道路和桥梁的发展。在上川路高庙，现在还有以道塘命名的路——道堂路，即为浦江土塘的遗留。从东沟向东过去的"东塘路"，也是淞浦东南土塘的历史遗存。在浦东大道北再靠江边的"昌邑路"，很可能就是在遗存的原浦江土塘基上修筑而成的。

"八三海潮"黄浦坍

清朝以来所发生的浦东沿海大水灾害中，有历史记载的就有二十多次。其中最为严重两次大的水灾，一次发生在雍正十年（1732 年）的 7 月 16 日。这天深夜，先是"东北风大作，暴雨倾盆，海浪腾空，惊涛击岸。之后飓风席卷，拔树摧房，声震大地。半夜时分，阵阵巨浪冲破外塘，席卷塘内二十余里区域。平地水深三四尺，禾稼尽烂，饥民求乞他乡，所弃子女，死亡不计其数"。这次灾害后，南汇知县钦琏组织乡民重修了海塘，后人称为"钦公塘"。

还有一次就是光绪三十一年农历八月初三，即 1905 年 9 月 1 日发生的特大海溢，史称"八三大海潮"。这次灾害是由风雨潮汇聚肆虐造成的。八月初二的傍晚，西北角天空灰蒙，出现大团大团黄褐色云雾。入夜凌晨，也就是到了八月初三，飓风骤起，暴雨如注。加之天文大潮、吴淞口潮位高达 5.55 米，狂风裹夹着暴雨，掀起一阵阵滔滔巨浪，将钦公塘外多处护塘冲垮摧毁，塘东乡民尽遭灭顶之灾，江水侵漫之处一片泽国，"庐舍、牧畜、浮厝（即棺材）漂没无数"，"禾稼久浸尽烂，饥民求乞他乡"。横沙岛一带淹死的渔民数以万计。漂浮在合庆到杨园之间的尸体难计其数，仅合庆、青墩、蔡路、黄家圈等处义冢埋尸就多达 3250 多具。

黄浦江沿浦土塘也多有损毁。庆宁寺一带的沿浦土塘原来靠江边就比较近，是沿着庆宁寺的西北面、也就是靠庆宁寺后面的江边修垒的。在江水的冲击下，从居家桥到西沟的四十三图塘身损毁十分严重。西沟到东沟的沿江五十图塘身也有多处被冲毁。汹涌的江水不断从塘堤缺口冲进塘内，水势所到之处，房屋倒塌无数，田地悉数被淹，乡民纷纷四处逃难。

灾害发生后，时任上海知县汪懋琨旋即指挥各图塘长、地保抢堵缺口、遏制横流。次年 3 月 27 日又专设临时机构加固移筑土塘，委任谢源深、凌汝曾等人负责管理施工。共修整老塘 1467 丈，移筑新塘 813.5 丈，合计修整护塘 2285.5 丈，化洋 2000 多元，史称"汪公塘"。

诞生在庆宁寺里的塘工善后局

　　"八三大海潮"灾难给社会造成的重大损失，给人们敲响了警钟。时任东乡学区高桥陆行局职董的谢源深、乡绅朱日宣、朱有恒、朱有常等一批有识之士，意识到此次灾难的发生与土塘常年无人管理，年久失修有关。为加强新修护塘的管理维护，商议提出设立"塘工善后局"，以便随时修葺维护、预防水患。1906 年 6 月呈报上海道审批，7 月 20 日上海知县汪懋琨^(注1)批示同意，8 月 2 日松江知府戚扬^(注2)，8 月 12 日江苏巡抚陈启泰^(注3)，8 月 22 日江苏布政使濮子潼^(注4)，9 月 20 日两江总督周馥^(注5)，10 月 8 日苏松太道端澂都对此议作了回应，并要求上海知县抓紧办理。

　　1906 年 12 月 16 日，"塘工善后局"在庆宁寺宣告成立。此时原知县汪懋琨已因健康原因卸任，接任知县王念祖^(注6)安排暂借庆宁寺开办塘工局，任命谢源深、朱日宣为局董。所辖区域为 45 个"图"，即上海县二十二保的 23 个图，二十三保 1 个图，二十四保 20 个图。民国 2 年又从川沙县划入 1 图，合计共 45 个图。今沪东新村街道沿江地区当年属上海县陆行乡二十二保，西沟港以西为二十二保四十三图，西沟港以东、东沟港以西为二十二保五十图。

　　塘工局自 1906 年成立至 1927 年结束，短短的 21 年间，共处理各类案件 332件，进行了 243 项工程建设，辟筑新路 37 条，修筑道路 26 条，修建桥梁 40 座，开浚河道 29 条，建造码头 35 座，建造房屋 170 间，修护塘工 15 次，建碑亭 9 处，合计用洋 1388957.414 元、银 32579.162 两。建造轮船 3 艘购买拖轮 2 只，用洋325378.698 元。还创办了 8 所学校。

　　塘工局"上不请公款，下不捐民资"，钱款从何而来？"惟以清理公地缴价为籍手，不足则以设公轮为邑^(注7)"。经营者们倾尽全力、惨淡经营、殚精竭虑、备尝艰辛，书写了一段既感人肺腑又充满辛酸的悲怆历史。

　　1920 年，谢源深逝世，时年 52 岁。1927 年 7 月 29 日，上海特别市政府 169 号训令撤销了浦东塘工局。到 1928 年底移交大致完成，留下完整卷宗 368 卷，现存上海图书馆。

注释：

注1：汪懋琨（？—1912），字瑶庭。山东历城县人。曾任山东商务总会总理。1886年（光绪十二年）进士。1890年入仕，后先后出任桃源县、甘泉县、长洲县知县，1900年任上海知县，在任6年。

注2：戚扬（1857—1945），字升淮，山阴（绍兴）安昌白洋西塘下人。曾任江西省省长。1895年入仕，1904年任江苏省松江府知府。

注3：陈启泰（1842—1909），字伯屏、鲁生，自号瘴庵。长沙县人。同治六年（1867）中举人。陈启泰为官清廉正直，光绪三十一年调任安徽按察使，次年迁江苏布政使，后升任江苏巡抚。

注4：濮子潼（生卒年不详），字梓泉，号霞孙。浙江杭县人。光绪三年（1877）丁丑二甲进士，散馆改步主事。官至江苏布政使。

注5：周馥（1837—1921），字玉山，号兰溪，安徽至德人，诸生出身，深得李鸿章赏识。为淮系集团中有影响的人物。1906年7月补授闽浙总督，未成行，随即奉旨移任两广总督。

注6：王念祖（1847—1914），又名王少谷，安徽太湖县人。光绪庚辰科大挑二等癸未科进士，1906年接任上海知县，民国时期曾任皖岸榷运总局局长。

注7：1918年版《上海县续志》已有塘工善后局相关记载："凡修培塘身以及筑圩灌泥、开辟道路、修建桥梁、码头、渡亭、开挖东沟口、设置轮渡、创立小学、施医种痘、赊让棺木、戒烟所等，无不次第兴举。所需经费大都以清厘洋商隐占之地价充用，又禀准以旧塘基留步免课公地八十余亩，二十二保二十九图沿浦坍剩免课公地八十余亩植芦取息……"吴馨、洪锡范修《上海县续志》卷二。

塘工善后局局所楼房拆除前样貌

塘工善后局局所办公楼
拆除前的内部情况

塘工局在沪东地区留下的市政业绩

　　1908 年 4 月，塘工局开始在今东沟开工建造局所，1909 年 8 月完工。庆宁寺地区因事务繁忙，一直设有办事机构，1920 年 1 月还专门成立了庆宁寺分局。所以说，庆宁寺地区一直是塘工局活动办公处理事务的主要场所，塘工局在沪东地区兴办的市政工程和利民善举有——

　　道路：1908 年修筑寺前浜路两段，长 483 丈。这两段路实际是从寺前浜自然村到西沟马家浜的合计，后来分别发展成为道堂路和嘴角路。1918 年修筑苗圃路；1919 年辟建庆宁寺干路、辟筑庆宁寺分局前支路、辟筑寺前支路、辟筑道堂路；1920 年辟筑苗圃土路，修培朝路、平倪家浜路；1922 年参与建造上川县道；1925 年东渡码头筑路。

　　桥梁：1909 年重修寺前浜东西香花桥两座、寺前浜东嘴角路木桥两座；1918 年修建横沥浜桥、横沥浜小木桥造倪家浜木桥，1920 年建造东浦第一桥^{（注）}；1923 年修建倪家浜桥、横沥浜桥、杨家沟桥、津桥湾水桥、寺前浜王家木桥；1925 年建造东渡路寺前浜桥。

　　浚河：1907 年开浚马家浜；1909 年开挖东沟口涨沙；1911 年开浚五十图塘沟 55 丈；1914 年开挖大将浦盘湾；1916 年开挖东沟外拦门沙；1919 年开浚寺前浜；1920 年开浚取直摇船湾、倪家浜开坝；1921 年开挖东沟港口；1922 年开宽大将浦、摇船湾河道，截挑马家浜钱家湾；1923 年再浚寺前浜。

　　办校：资助八所小学维持运作，1910 年在庆宁寺创办"问道小学堂"，为沪东地区最早的学校。

　　房屋：1923 年修理庆宁寺大殿东次间，添建庆宁寺租房 20 间；1924 年又添建分局房屋 19 间以兴庆宁市，修问道学校校舍 11 间，建庆宁市分局码头渡客休息间 8 间。

　　码头：1919 年建造塘工分局水泥轮船码头；1921 年修庆宁市分局码头、修理分局码头护桩；1924 年改建庆宁市分局水泥码头。

　　塘工：1917 年填筑西沟口塘沟及圩岸各坝；1918 年修筑苗圃港南圩岸；1922 年修筑东浦第一桥村圩岸。

筹建苗圃：1918 年，由朱日宣筹办在大将浦琵琶湾建立县立苗圃，占地 40 亩，同年，塘工局置地 24 亩建花圃，民国十七年（1928 年）两园合并成为市立园林场。

以上仅是塘工善后局当年在沪东地区所做的部分工程项目，具体详细的情况，在其他相关文章中另有介绍。

注释：

注：1920 年建造东浦第一桥见《浦东开发的先驱》第 93 页。另据《高行镇志》第十二章交通邮电第一节交通建设载，此桥建于宣统元年即 1909 年。

嘴角路现貌，最早在 1911 年由塘工善后局修筑，1938 年重筑

塘工善后局历史遗踪寻访记

1906 年 12 月 16 日，浦东塘工善后局宣告成立时，局所就设在庆宁寺内。三年后，东沟局所落成，庆宁寺这里的事务也一直没有停止。到了 1920 年 1 月，因所遇事务繁忙，经呈请江苏省批准，在庆宁寺设立了分局。直到 1927 年塘工局被上海特别市政府接受，庆宁寺局所一直是塘工局的主要工作场所，一些重大的历史事件，如塘工局的成立、与上川交通股份有限公司签订租用上川县道合同、上川县道开工仪式等活动，都发生在这里。

一、塘工局所今何在？庆宁寺后见端倪

关于塘工分局建立的时间、地点，相关资料都有明确记载。《浦东塘工善后局河工案牍九》记载"暂设四十三图地方庆宁寺内"。《浦东开发的先驱》第 39 页中这样写道："庆宁寺后有楼房五幢，本属地方绅士捐建，当时正空余，便作为设置分局的地点。"笔者自小在庆宁寺一带长大，曾多次到庆宁寺四周实地走访、查看，询问、拜访当地乡民，结果发现塘工分局当年的局所房屋至今还在，只不过连住在这里的人都不知道这其中的故事了。

金桥路 94 弄，过去叫上川路 94 号，原是庆宁寺后门的出路。进入弄内顺路而行，可见一座拱门。穿过拱门和两旁杂乱建造的房屋，一幢低矮破旧的二层楼房掩映其中，从斑驳的墙砖门窗，看得出已经很有些年头了。楼房西面紧挨美孚的老围墙，通过走访，知道这里的楼房就这一幢，一排数来共有五六间房间。该楼房既紧邻庆宁寺，又不在庆宁寺内，实际情况与相关资料的描述相符。

二、当年修建的浦塘、道路遗迹犹存

从浦东大道沿金桥路北行，不足百米处可见一与浦东大道平行的道路"道堂路"。

道堂路的修筑是塘工局成立初期的一项重要工程。1906 年 3 月 27 日，上海县衙设立临时机构修葺护塘，整个工程由谢源深全面负责，共修理老塘圩岸 1467 丈，移筑新塘 813.6 丈。到 1907 年春，护塘又有坍塌，经谢源深协调，此次的修复工作，

主要由留防营十三队官兵承担。1911 年，塘工局又在道塘基上重新筑宽了 483 丈的"寺前浜路"路，乡民习称"道塘路"。1920 年，再次扩宽从东渡路到寺前浜村 350 米长的道路，改名称为"道堂路"。

三、置地修房造屋　兴办庆宁集市

高庙庆宁寺地区之所以最后形成"庆宁市"，全缘于塘工局修桥铺路，聚集人气，又能看准时机及时因势利导，购地造屋，兴办集市。在塘工局留下的《庆宁市创兴市面购地建造房屋案》《塘工善后局经筑县道租驶汽车案》等卷宗中，客观地记录了当时兴办庆宁市的一些情况，并早在上川铁路修建之前就有了修筑县道的计划。

从庆宁寺地区遗留至今的一些建筑情况来看，当时的庆宁市布局主要还是集中在从黄浦江边到庆宁寺正门通道一带。今金桥路 94 号到庆宁寺遗址 136 号，共有 21 个门牌号，除 94 号是一片房子外（现称 94 弄）实为 20 间房，这与史料的记载是吻合的。从 94 号到江边，还有一段路，这里原先应该也是商业集市，是美孚后来不断蚕食东扩，把东渡码头的十几间店铺连同渡客休息的房子都挤掉了。

四、开学办校　教化乡邻　问道遗址今尚在

塘工局存世期间，正是列强加剧入侵、恣意扩张租界之时，同时也是爱国图强的新型士绅不断觉醒的时候，谢源深、朱日宣等无疑是其中的杰出代表。他们认为，浦东地处荒僻，当务之急就是"开化乡愚"。1910 年，谢源深与朱日宣一起在庆宁寺创办"问道小学堂"。学校取名"问道"，就是为了探究学问、寻求正道，足见办学者对培养后人的重视。

当年曾是由庆宁寺僧房改建的
问道小学教室

塘工局还每年出资支助学校办学，从几千文到数千大洋，1924 年，还专门拨款修缮了问道校舍 11 间。问道小学后来改名庆宁寺小学、上川路小学，再后来又与进涛小学合并，成了进涛小学的一部分。如今，学校虽已停办，然遗存的校址校舍依然还在。

艰苦劳作的盐民

——沪东先民生活形态之一

在漫长的历史进程中，沪东先民从事过多种生产劳动，出现过多种谋生方式。熬盐、种田、修塘、行船、打鱼、经商，都曾是沪东先民的生活形态。

盐是人类生存条件中不可或缺的重要物质，早在唐宋时期，沪东先民就已经开始在这块土地上熬波煎盐。将海水引入围起的田地，让太阳照射蒸发水分得到的、天生而成的盐称作"卤"，放在器皿里熬煮而成的才叫盐。

沪东沿江地区曾是南跄盐场的所在地，先民们在这里平整滩池、筑堤蓄水、棹水灌浸、撒灰摊铺、卤水浇淋、架镬熬煎……从事着难以想象的艰苦劳作。元朝人陈椿是管理盐场的官吏，司职盐司令，曾作《熬波图咏》一书，其中有描绘盐民的劳动场景："男子妇人若老若幼，夏日苦热，赤日行天，则血汗淋漓，严冬朔风，则履霜蹑冰，手足皲裂。人面如灰，汗如血，终朝彻夜不得歇。"俗话说，"伤口上撒盐，痛彻心扉"。我们实在难以想象，寒冬季节手足开裂的盐民还要在盐地里行走，用双手操作来熬盐，全家老小都得"悉登场灶、无敢闲惰"，可见盐民的生活是多么的艰难凄惨。

煎盐就得垒灶，故宋代时称盐民为灶户。那时，滨海一带数百里之地，灶户相邻、盐田相接。煎盐工人称作灶丁，用来煎盐的大锅称作"铁镬"，一家一夜可熬盐两镬，约合盐六十斤。当时，按照"计丁输课"的规定，每个灶丁每年的生产定额为正盐三十五石，合盐五千二百五十斤。官府发给灶户工本钱、煎盐铁盘和一定面积的滩地草荡。北宋天圣年间，每斤盐可得四文，绍兴年间每斤十七文，约合市场售价的十分之一。但这个收购价还要遭到贪官污吏的层层盘剥，真正到灶户手中的已所剩无几，以至绍兴年间华亭各场灶户十五年都领不到工本钱，欠款金额达十九万七千缗之巨。北宋中后期，统治当局对灶户采取了集中强制管理的办法，在"场"下设"分场"，"分场"下设"灶"。一个"分场"下辖十"灶"，一"灶"之下拥有二十家盐户。宋时，华亭府自南朝北共有浦东、袁部、青墩、下砂、南跄五处盐场，分场二十七处，总产量为五十四万七千三百五十石，其中南跄场的产量为一万九千五百四十石。

元时盐场打破了宋代分散生产的形式，采取了并灶聚团的措施，由两三个灶并为一团，以便集中劳力。熬盐的工具也有了改良和发展，已能使用直径数丈的大型铁盘来煎盐，一昼夜就可得盐三千斤左右，产量大为增加。"团"是元代盐业生产的基本单位，也是那时的地方行政单位。下砂场曾发展到新旧八个分场二十七个团。现在的浦东江镇那时叫着"七团"，川沙、蔡路、合庆叫"八团"，顾路、龚路叫"九团"。还有一些"灶""场"等名称，作为地名一直沿用至今。

元代的财政收入大半依靠盐业。所以，朝廷对盐业生产的控制格外严密，对灶户的压榨十分残酷。华亭、上海两县都设有盐局，派有正副盐大使来管理盐业，各盐场派有盐司令。团场周围还筑有围墙，墙上置有突刺，外围挖有堑壕，并派有兵卒驻守。灶户就像关在牢狱的囚犯，毫无人身自由。

元代还是官售盐价最高的朝代，曾达到宋时盐价的四五倍之多。但付给亭户的工本钱却是最低最少的朝代，约为售价的三十分之一。由于所得工本钱无法养家活命，致使许多灶户冒着被杀头的危险也要拼着命地逃跑。华亭五处盐场原有一万七千余家灶户，一度减少至不足七千家。

元代以后，滨海的自然条件发生了很大的变化。随着江水中夹带泥沙的不断沉积，浅海滩涂涨淤日甚，咸潮离岸渐远，近海海水含盐量日益稀薄，已不易成盐。到了明代，渐渐从盐民中分划出滨海和水乡两类不同生产性质的灶户。滨海灶户依然靠煎盐纳课、领取工本银为生。水乡灶户不再参加煎盐生产而改行从事农副业生产。然水乡灶户仍隶籍盐民，必须出钱给滨海灶户代为煎盐纳课。后来改为水乡灶户可直接将盐课折合银量交纳给官府。再后来，即到了明朝后期，"改征折价，盐不复入官仓"，连滨海灶户也可以折银代盐了。这就为灶户们摆脱煎盐劳役提供了条件。从南跄村所处的地理位置来看，这里的约七百户灶户应该是较早脱离煎盐而成为水乡灶户的。

古代盐民劳作图 1

古代盐民劳作图 2

乘汐持竿摇橹扯帆的船民

——沪东先民生活形态之二

濒海临江的浦东，河流交错、浜埕纵横，古时交通全靠舟楫。元代，沪东现今之沿江地区称谓南跄村，是吴淞江、范家浜、南跄浦三水相交的地方。舟船在这里云集，船民临江聚居，市面逐渐发达，吸引了许多船舶驻滩停泊。船民们上岸补充生活资料，在人烟多处寻觅活计，渐渐成了此地的常驻居民。

说起船民，先要说到沙船。这是古时上海地区江海航运中最常用的船型，也称"防沙平底船"。这种宽体方尾，底平篷高的船型，即便是浅水多滩的河道也不易搁浅。这里所说的"沙"系指江河中沉淀的泥沙，也称涨沙，会造成河道的淤塞。涨沙堆积是个渐变的过程，唐代时期吴淞江入海口曾宽至二十多里，到元明时候已淤塞成不足一百五十丈了，原来的河道，涨沙渐露成浅水多滩，唯有平底宽舱的沙船才适合在这样的航道上航行。

浦东航运发达源于盐业，各盐场生产的盐，需要用船运往各地。南宋时王安石曾孙王珏来浦东查办官府欠盐户工本费案时，还下令沿捍海塘开挖疏浚河道二百里，史称运盐河（即今天的川沙运河）。南宋后期，中国南方经济已经超过北方，大量粮饷需要北运。但由于长期战乱，导致大运河淤塞不能通航。元时，朝廷决定起用海运。元至元十九年（1282年），在丞相伯颜的领导下，高桥人张瑄协助上海总管罗壁造平底沙船六十艘，运粮四万五千石，开创自上海运粮由海道去京师的先例。到了至正元年（公元1341年），通过海道运输的漕粮已达三百八十万石，较第一次海运漕粮翻了九十多倍，可见当时海道运输的繁盛场面。

明初，随着河运漕制的完善，海运的主导地位又迅速丧失。但并未阻止民间海运贸易的继续发展。明中叶以后，沙船航运贸易已经相当繁荣，据明弘治《上海县志》记载，当时的沙船商人"乘潮汐上下浦，射贵贱够贸易，疾驰数十里如反掌，又多能客贩湖襄燕赵齐鲁之区"。无论是航行速度、航行线路还是航行区域，都有了很大的提高与拓展。

清初，朝廷实行"海禁"政策，沙船贸易又遭到严重的阻碍和破坏，不少沙船业主只得弃船另谋他业。清康熙二十二年收复台湾后，"海禁"的理由已不复存在。

康熙二十四年开放海禁，沙船贸易很快复苏并有了新的发展："沙船聚于上海，约三千五六百号，其船大者，载官斛三千石，小者亦有千五六百石，船主皆崇明、通州、海门、南汇、宝山、上海土著之富民。每造一船，须银七八千两。拥船多者，一主有船四五十号，故名曰船商。"海运的发展，使得有些船主籍此发家，成为富商。然更多的船民依然是一家一船的小户人家，有些连自置小船的能力也没有，只能为船主雇佣。

到了清末民初，南跄盐场早已不复存在，漕运不再是这里的主业，船民们除了保留运输业务以外，需开辟新的生计，摆渡行业应运而生。高庙陈家宅的陈家，靠行风船摆渡起家致富，后人陈谷生所造的祠堂，远近闻名。西沟浦口的奚家，拥有行风船，居住摇船湾，后代子嗣兴旺，发宅至塌水桥、塘湾桥、五十图新宅、二塘大沟头等处。寺前浜沈家，为这一带的大姓，与五十图沈家、居家桥沈家同宗。后人沈桃桃行船为业，人称"撑船桃桃"。寺前浜张家，祖上有兄弟俩从崇明摇船到庆宁寺落锚，后在江边替人修船为业，在陈家宅购置民房居住。20世纪初，张氏后人四兄弟名下十三个平辈兄弟在寺前浜南建造绞圈房四幢，习称"张家门"。庆宁寺渡口处的顾家，也是从崇明摇船过来，在黄浦江摇船摆渡为业。上川路开通后，市面渐旺，顾家盘下几间门面，开了"上川食品店"谋生，就此不再摇船渡客。

黄浦江面上的沙船

黄浦江摇橹载客的划子

置籪布沪临水撒网的渔民

——沪东先民生活形态之三

历史上，沪东沿江一带曾是地道的水乡，沟河浜塘纵横交错；乡民依水而居，房前屋后环水萦绕。有水就会有鱼，所以历史上不乏靠捕鱼谋生的渔民。

上海简称"沪"，其名称来源于一种捕鱼的工具，本意是指捕鱼的竹栅，这种捕鱼工具常在有潮水进出的江河滩涂边使用。"沪"的制作方法是将一定长度的苇竹或木棍密排插到江边的泥土里，再用绳子把这些竹子木棍连结起来。潮来时淹没，鱼虾随潮而来；潮退露出。鱼虾被沪挡住，渔民随之捕获。

"沪"有时也被称为"籪"。陆龟蒙集载："编竹取鱼曰沪，吴俗谓之籪"。意思是说沪和籪的捕鱼原理是一样的，都是让鱼虾进来了出不去。但在形制样式和使用地点上还是有区别的。"沪"的形制较大，普遍沿江边近水处安插，两头靠岸基，围成半圆。有时可达数里甚至更长。"籪"有螺旋状的弯道，常横置在活水浜水道上，鱼虾生物进入籪后，就会顺着弯道游入而无法再出。所以说，籪不是非要淹没才能捕鱼的。

网也是渔民捕鱼的主要工具。水域形状多，渔网的种类也多。最普遍的叫"振网"，四角用竹竿撑开，中间一根长竹竿上拴上绳索，将张开的网置于江河边，不断沉下去拉起来网鱼，这种捕鱼方式也叫"振鱼"。振鱼不但要有耐心，还要掌握好时机，了解鱼的习性。渔民常说"十网九网空，一网笃隆嗵"，有耐心才会有收获。还有一种长方形小网，底下和三面有网，留下一边是空的，捕鱼时一手将网放到河底，一手用绑成三角形的竹竿往里赶鱼。这种只能在浅水河边捕捉鱼虾的小网，因形似棺材，故俗称"棺材网"。还有称撒网的，在塘里捕鱼多用撒网，须用船才能到塘中撒网。这种网的四边缀有重物，能帮助撒开的网坠入河底。使用时，渔民奋力将网撒出，使网呈圆形罩下，就像天上掉下来一样，所以也叫"天落网、天打网"。还有一种网，两头各系一杆竹子，沿着河边将网撒下，用两边的竹竿拍水赶鱼，叫"拷网"。也有在河塘里下丝网的，利用网眼扣住鱼鳃捕鱼。

鸬鹚是天生的捕鱼高手，有的地方叫鱼鹰。鸬鹚能将鱼整条吞下，所以要用绳子将鸬鹚的脖子扎细，不让它把大鱼吃掉。20世纪五六十年代，沪东一带的长浜河塘里还常见到渔民驾船用鸬鹚捕鱼的场景。

从前的黄浦江中，鱼虾之类的水生物是很多的，而且还经常会在某段时间突然大量出现，乡民呼其为"发汛"。常见的有蟹汛和鳗汛，鳗汛发在春季，蟹汛发在秋季。发蟹汛时，成群的大个河蟹从浦江水道通过，有时能抓到几十个。还有鳗汛，除了鳗鱼苗外，成年的鳗鱼也会顺江水经过。浦江有潮水，发鳗汛时，江的两岸边都是游动的鳗鱼。等退潮时水位下降，江边堤坝的窟窿石缝里，会留下成群的鳗鱼在里面翻滚。此时，常有渔民农夫手提木桶，拿着小网信手拈兜，往往收获颇丰。

置簖布沪图

渔民持网捕鱼

农耕垦荒浚河护塘的农民

——沪东先民生活形态之四

明清时期、开埠以前，沪东先民中有相当部分的乡民是以从事田地劳作为生的农民，他们的主要生产形式是垦荒、种植和浚河护塘。

浚河护塘。浦江水系形成以后，为防止江洪泛滥，沪上的先民们陆续在浦江下游两岸垒起了长长的护堤，其中，位于浦西的淞浦西北土塘形成于清乾隆十八年，即1753年，浦东的淞浦东南土塘于清乾隆二十九年（1764年）筑成。这种被称作"护塘"或"土塘"的浦江护堤，对先民的生活和生产劳动的影响是广泛及深远的，以至直到今天，浦东沿江地方的方言中，还有把"地方"称作"护塘"，把到哪里去说成"到哈护塘去"。

在黄浦江水道、包括其支流水道与岸边滩涂田地之间垒起的护塘，起着围拦、阻挡洪水、保护田地免遭水患的作用。在潮汐江河相通的年代，水网密布的农耕时期，护塘的作用无疑是至关重要的。护塘靠水道的一边称作"护塘外"。护塘外到水道边主要是裸露的滩涂湿地，生长着层层丛丛的水草、芦苇和灌木小树，且离水流越远，这类植物就越多。护塘外的另一侧、靠陆地农田的一边称作"护塘内"。由于有了护塘的保护，加上农夫们常年累月的垦拓种植，使得原先的荒蛮之地渐渐变成了便于耕种的农田。当然，农民垦荒是不能紧挨着护塘堤坝的，政府为了保护塘堤，规定在护塘边上要留出一定宽度的土地为公田，也称塘田。政府把护塘连同塘地划成一段一段的，交由专人管理，称为"塘长"。所以，即便是塘外滩涂上的芦苇柴草也是不能随便乱割的，须向塘长缴纳一定数量的芦柴或等值的钱量，塘长则用这些钱财来维护土塘。农夫从滩涂合法获得的芦柴可以到集市出售，也可以卖给专门买卖芦柴的店家——柴行。

辛苦劳作的农民

旧时水利落后，江海常发水患。明洪

武至清道光年间的四百多年间就发生过四十多次大的水灾。在救灾过程中，地方政府往往采用"以工代赈""按亩出夫"等做法，组织农民参加救灾，"郎是前朝濠上户，疏浚河渠过一生"。许多从事田地劳作的农民，一辈子都要为浚河护塘辛勤劳作。

垦荒耕织。除了在滩涂割草打柴外，农夫们还在护塘两旁垦荒种植，晚清时期，这种现象尤为普遍。农民把荒地垦植成熟地后，可以向官府申领地契，以取得土地的所有权。沪东地处沿江，河浜塘沟交织，土地被分隔成一块一块的，在长期的垦拓过程中，土地逐渐成为各家各户所有。也有把多余土地租给别人耕种，自己收取一定地租的农夫，称为"老田户"[注]。沪东沿江一带最大的地主当属"庆宁寺"了，全盛时期拥有的庙产土地多达200多亩。到清末时期，庆宁寺日趋衰弱，僧人相继出售寺中田产。其中相当一部分土地为美孚石油集团所购，至民国19年，仅剩庙基17亩5分2厘2毫。

农民种植的农作物以麦稻棉为主。棉花又名木棉，是从热带、亚热带引进的农植物。由于浦东这里没有原产地的温度条件，所以棉花长势并不理想，不仅植枝矮小，长仅尺余，而且片叶开裂，形如鸡脚，农夫自称"鸡脚棉"。晚清时期，已经采用轮种技术，即在麦子收割前就把棉籽播撒在地里。这样，待麦子收割时，棉花已经破土发芽。稻麦隔年轮种、水旱轮作，以减少虫害杂草，增加肥力。曾有竹枝词这样描写此情景道：

半栽禾稻半棉花　丰歉还征谚语嘉
白露看花秋看稻　农家卜岁未全差

棉花的采摘及后期的加工大都是由农妇来承担的。引进种栽初期，棉花的加工方式简单又落后。"初无踏车椎弓之制，率用手剖去籽，线弦竹弧置按间，振掉成剂，厥功甚艰"，去籽、成线全凭手工，其劳作辛苦的程度是难以想象的。即便是后来经过改良的矮脚棉，棉籽是和棉花的纤维还是缠绕在一起的，不借助机械工具，很难用手剥离，可见农妇们的劳作是多么艰辛。后来黄道婆从崖州带回了先进的加工、纺织技术，大大提高了棉花加工的能力，促进了浦江沿岸的棉花种植量。

拥有土地的农民，还需向朝廷缴纳赋税，称为"官租"。官租的征收不论丰歉，还要逐年增加，使得农民的负担十分沉重。"昨日官租科正急，街头多卖木棉纱"，"民租官税无有办，落尽阿侬红泪双"，封建社会里，农民的日子过得艰难而又贫困。

注释：

注：田户的本意指农户，引申为有田地的农民。沪语中老田户的名称有特定的含义，是指把部分土地租给别人耕种的农户。

二、岁月踪影

上川铁路和小火车

上川铁路源于上川路，上川路又名上川公路，原是民国时期上海县至川沙的县道，后发展成为上川铁路。上川铁路是中国近代历史上第一条通过发行股票集资建造的民营股份制铁路。

民国10年（1921年），黄炎培、穆湘瑶、陆莲溪、张志鹤、凌云洲、顾兰洲等人发起筹组了《上川交通股份有限公司》，由黄炎培出任董事长，顾伯威担任总经理。同年11月，上川公司以"筹备事务所"名义与川沙交通事务所和上海县浦东塘工善后局订立租借上川县道的合同，租期30年。

1922年2月8日，修筑上川路开工仪式在庆宁寺塘工善后局所举行。原计划运营长途汽车，后改为铺设米字钢轨^(注)行驶小火车，上川路也因此被称为上川铁路。

上川县道自1922年2月开工修筑，至1925年10月，高庙庆宁寺到龚家路口工程先期建成通车。行驶中的小火车自高庙庆宁寺轮渡码头口出发，先一路奔南。经金家桥镇后转向东，过马家浜、越都台浦，经奚家桥、循庄家桥北岸至曹路，再沿大护塘西侧奔南，全长14公里。沿途设庆宁寺、金家桥、新陆、邵家弄、曹家路、龚家路6个站点。第二年1月，上川公司又募集股金15万元，继续修建龚路至川沙路段，7月10日通车，增设大湾、小湾、暮紫桥、川沙四站。至此，上川铁路基本建成，线路全长21.15公里，有机车4台，客货车6辆，每天发运班车22台次。

1931年始，上川公司将沿线的木桥全部改为钢桥，其中包括今沪东街道域内的黑木桥。向德商购进蒸汽机车，于1933年9月投入使用。1934年5月，上川公司又分别与川沙县政府和南汇县政府签订合约，承租了川钦县道和川南县道。11月，铁路由川沙向东延伸至钦公塘，设小营房站。1936年3月15日，又向南展筑至南汇祝桥镇，增设江镇、邓镇、祝桥3个站点，线路全长达35.5公里。

修建上川铁路时，规定路面实宽为三丈，两旁开挖水沟，宽各五尺，两项合计占地为四丈。工程建设时，由于不少地方需要征用农地，给价赔偿就成了当时的一大难题。为防止可能造成的社会混乱，事先邀请上川两县士绅集会讨论，订立细则，规定靠近黄浦江的二十二保四十三图（今西沟港以西的上川居委和陈家宅居委一带）每亩结价60元，其余地方每亩结价50元。具体工作由附设在警察分所下的收地局负责。县公署还发布公告，规定日后路旁如有建筑，一律要距离县道一丈五开外，以利行人。

上川铁路的建设者个个都是社会精英。首要发起人黄炎培，字任之、号楚南，晚清浦东六举人之一，著名爱国人士，社会活动家、实业家。黄炎培在其撰写的《上川交通股份有限公司章程草案序言》中写道："自筹备以来，顾君兰洲主任工程，凌君云洲主任测量，上川两县同志，群策群力，于材未尝外求，而于事引为己责，滋可感也。若炎培者，惟奔走追逐诸同志之后，张目以盼筑路之告成功而已。"

顾兰洲（1853年—1938年），名家曾、号兰洲，浦东合庆建光村人，1892年创办顾兰记营造厂，为20世纪上海滩著名营造商。承建过外滩英国领事馆、先施公司大楼、太古洋行等大型建筑。筹建上川铁路时，顾兰洲带头认购四分之一股金，其余缴款不足部分也由他独资垫付，以保证施工的如期进行。顾兰洲1938年病逝，享年85岁。1947年，上海营造界举行先贤入祠仪式时，赞誉他"禀性亢爽，处事坚毅，重然诺，勇负责"，"卒一生之敬力，贡献于营造界，诚诸先进中杰出之人才也"，是对他一生功绩的褒奖。

顾伯威（1899年—1988年），顾兰洲之子。中国民主建国会会员，高级工程师，上海化学化工学会多届理事。年青时就读圣约翰大学和清华大学。1918年与其父顾兰洲一起创办懿文女子学校。1924年出任上川交通股份公司首任经理。1952年12月，回上海筹建并成立国家轻工业部基本建设局华东设计分公司，任副经理。公司后改为上海轻工业设计院，顾伯威相继任副院长、设计院顾问。

凌云洲（1870年—1939年），又名凌宗耀，川沙顾路光明村人，工商企业家，知名建筑师。他曾在上海工部局任职，在上海开了第二家华人设计事务所，曾经设计过荣记大舞台、新华村等。地方公益事业屡有捐助，资助创办惠北小学、明通小学和佛教寺院潮音庵等。在上川铁路的建设过程中，凌云州当选为协理，主要负责线路测量，是铁路铺设施工的技术总监。

陆莲溪（1862年—1924年），名清泽、字莲溪，川沙暮紫桥人。本姓张，因娘舅家姓陆，故用陆姓。早年经商，曾在十六铺开设"陆家地货行"。陆家土产"大黄鱼肚"在南洋劝业会、巴拿马赛会上都获过奖，致使陆家地货行名声大振。中年后热衷社会事业，创立县商会，筹办平粜局，发起成立电灯公司、参与上川长途汽车公司筹建等。清季兴学，创设源清小学，后捐建校舍，改办竞新女子学校及莲溪小学校。办理社会事业，20余年如一日。家乡人民为纪念这位商海贤达，在2019年新建成的唐镇文化公园内建有一桥，取名"清泽桥"。

张志鹤（1879年—1963年），又名访梅，字伯初，龚路启明村人。1903年与黄炎培一起陷入南汇党狱案，遂逃亡日本。回国后参与创办浦东中学。1909年任川沙抚民厅视学员兼劝学所总董。1911年当选为川沙厅议事会议员、参事员。民国年间任江苏省民政司总务科长，兼代教育科长，江苏省行政公署第二科科长。回川沙后任县劝学所长、教育局长、交通局长等职。民国20年（1931年）当选为浦东同乡会理事。翌年，受聘担任同乡会会务主任，在任长达20余年。

车船对接辐射三县。上川铁路在鼎盛时期，因线路长，载客量大，跨地区多，故社会影响十分广泛。每天接送客量多达千人以上。在庆宁寺站点还与黄浦江轮渡线对接，旅客从北京东路外滩就可购买车船联票，坐船到庆宁寺后直接乘小火车继续旅行。官办对江渡庆定线开设后，从浦西定海桥摆渡过来的旅客，可换乘小火车继续旅行，交通十分方便。那时候，鸣鸣欢叫的小火车，驰骋在浦东广袤的大地上，成为串联上海、川沙、南汇三县各乡间的一道独特靓丽的风景线。

抗战期间，上川铁路不断受到日军的恣意骚扰，甚至轰炸破坏。在惨淡经营了一段时间后，无奈将路产抵给了德国禅臣洋行。后又被日伪大道市政府收为"市营"。之后，江镇至祝桥路段的各种设施被拆毁，直到抗战胜利后才恢复通车。

上海解放前夕，上川铁路因路轨、桥梁屡遭国民党军队的破坏，一度处于停驶状态。1949年6月3日，高庙至新陆段经抢修恢复通车，11月1日至小营房路段修复，全线通车。1951年8月，庆宁寺新车站建成使用。1954年9月，改由公私合营上海市浦东公共交通公司经营，上川铁路线定名为庆江线。1958年接长了庆宁寺月台，拓宽西半侧路面。1965年9月，川沙至江镇路轨被拆，庆宁寺站改称沪东站，庆江线改名为沪川线。1975年12月10日，铁路全线拆除，设备运往江苏大丰。路基改建上川公路，1977年11月22日竣工，第二年沿线桥梁建设工程竣工。

改建后的上川公路，南至川沙县城瞿家港与川黄路相接，全长22.33公里。1994年，高庙至杨高路的沥青路面改为白色水泥路面，并在1996年改名为"金桥路"。1999年，把向南延伸至龙东大道的路段也改名称为"金桥路"，将杨高路金桥路立交桥南侧、东西走向、西至红枫路东至金穗路路段命名为"新金桥路"。金穗路通往曹路方向的路段仍称为"上川路"。

注释：

注：米字钢轨指轨道间距为 1000 mm 即 1 米轨距的铁路，较我国普遍采用的 1435 mm
标准轨距要窄 1/3，故又称窄轨铁路。

奔驰在上川南三地窄轨铁路上的欢快小火车

外滩到高庙直接乘小火车的凭证"车船联票"

上川铁路鲜为人知的故事

一、上川县道由谁修筑，上川铁路有多长？

上川铁路究竟有多长？答案是这样的：上川铁路源自上川路，上川路是上海县到川沙县的县道，始筑于20世纪20年代初，由"上川交通股份有限公司"（简称"上川公司"）垫资修筑，全长21.15公里。后来上川公司在上川路上铺设了米字窄轨铁路，并把铁路延伸到了南汇祝桥。所以说，上川铁路和上川路实际上是两个概念，长度也各不相同。上川铁路共分三个阶段修成。第一阶段从1922年2月开始到1925年10月，用了3年半多的时间，修成了从高庙到龚路、长14公里的工程并通车。第二阶段从1925年底到1926年7月，把铁路从龚路修到了川沙县城计长7公里多，全长为21.15公里。第三阶段1929年5月，上川交通股份有限公司追加投资，上川铁路继续延修。1934年11月，铁路由川沙向东延伸至钦公塘。1936年3月15日，又向南沿川南县道铺轨延伸至祝桥镇，至此，上川铁路全线建成，自上海庆宁寺到南汇祝桥全长为35.5公里。[注1]

二、当年修路的起端在哪里？

从路的起端而言，庆宁寺码头上来，就是路的开端了。但上川公司当年修路的时候，不是从码头边开始修，而是从寺前浜路桥[注2]开始的。原来，塘工善后局当年已经在庆宁寺地区进行了多项市政建设工程。如在江边修码头，建亭子供行人休息；辟建庆宁寺主路和支路，造了几十间房子以兴办庆宁市等。所以，当年签订上川县道租借合同时，塘工局与上川公司双方约定：从上川县道第一座桥开始，往江边的路由塘工局负责修建，上川路的第一座桥就是寺前浜桥，即今嘴角路与金桥路的交汇处。

三、征地赔偿公平合理

在上川县道的建造过程中，征用土地的给价赔偿是一大难题。上川交通股份公司及上海塘工善后局和川沙交通局在这方面的工作做得仔细认真，事先邀地方士绅社会名流开会订立赔付细则，上报上海、川沙两知县、沪海道尹、直至报到江苏省政府。赔偿标准合理区别。四十三图高庙等地靠近黄浦江，赔付标准为每亩60元，比其他地方要高出10元。具体执行时，通过行政手段会同各地地保与业主完备具结。上海县公署还发布公告，规定距离县道一丈五尺内不得建筑，以利行人。

四、随势应变　公路变铁路

上川县道建设之初，上海近郊抵达闵行、太仓的沪闵线、沪太线、通往南汇的上南线都已经竣工并投入汽车行驶运行。所以，在上川线开始建造的时候也只是计划行驶胶轮汽车。不料开工二年后得知，上述诸线的运营效果都不理想，上南线甚至已经准备着手改换铁路小火车了。在那种情况下，董事会经过反复斟酌、权衡利弊，认为改公路为铁路，路幅小、成本低，维护方便。而且，建造过河铁路桥要比建公路桥更为简捷。于是果断决定随势应变，将公路变为修建铁路。

五、首要功臣顾兰洲。

1921年，上川公司决定募集股金50万元修建铁路，当时正逢上海发生"橡皮股票风潮"不久[注3]，不少人心有余悸，即使购股，也多有拖延缴款。为此，经上川公司董事会商定，每股先收十分之四股金，50万先筹20万。顾兰州再带头认购其中的四分之一计5万元。即便这样，缴款不足部分，仍由顾兰州先期垫付，以保证工程能按时开工。之后，在上川铁路的建设过程中，曾三次增股，1926年增股15万元，以解决龚路到川沙的路轨工程；1927年增股10万元，解决自备"川南、通达"小火轮；1934年增资27.8万元，使铁路通往南汇祝桥。在此过程中，凡遇到筹资缺口不到位时，都是顾兰洲慷慨解囊，垫资解决。

六、首创沪上第一座立交旱桥

说起立交桥，不少老上海都以为1957年建成的共和新路旱桥是上海第一座跨越铁路的车行立交桥。其实不然，上海最早的立交桥建于1926年，是上川铁路向南延伸时，在川沙城北门外的王桥街所建的，建造时间要比共和新路旱桥整整早了30多年。因建在街道路上方，故称旱桥。桥长11米、宽12米，离地有2米多高，桥面北侧为路轨，南侧有4米宽的人行道，是名符其实的车行立交桥，该桥由上川公司经理顾伯威设计建造，桥名"飞虹复道"由时任川沙县县长李冷所写。2008年建华夏高架路时，"飞虹复道"被拆，2013年由川沙新镇将"川沙火车站"与"飞虹复道"合并复制，成为川沙城厢新的一景。

七、开通车船联票促进市镇商业发展

上川铁路通车运营后，每天上午 7 点到下午 5 点，每小时 1 班，双向对开。为方便客运，还开通了外滩铜人码头（今黄浦公园一带）到高庙轮渡站的"长江渡"[注4]联运业务。在内河，备小火轮接驳川沙以南六团、南汇、祝桥等一带的旅客。此举不但大大方便了浦江两岸人员的往来，也促进了高庙庆宁寺地区的商业发展。沿上川路两侧，各种商家毗邻相连，"丁丰顺酱园、禾丰盛食品店、陆长丰糕饼店、上川食品店、肖张林文具店、柴行、轧花行、修车行、阿陆饭店、照相馆、旅店、中药房、布店、碗店、饮食店、剃头店、打铁铺……"行业繁多，门类齐全，遂使高庙地区成为浦东沿江很有名气的繁华市镇。

注释：

注 1：上川路原计划是运营长途汽车的，从上海县的高庙地区到川沙县城，但由于后来改为铺设钢轨行驶小火车，并一直通到了南汇祝桥，上川路也因此被称为"上川铁路"，全长曾经达到 35.5 公里，就不是上海县到川沙县"上川"概念了。

注 2：相关史料称"寺前浜县道第一桥"见《浦东筹建上川铁路史料选辑》。

注 3：晚清时候发生的橡皮股票风潮使上海金融界几近崩溃，钱庄倒闭一多半，史称"金融股灾"。

注 4：黄浦江官办轮渡有两岸摆渡，称"对江渡"，还有长线路载客，称"长江渡"。

上川铁路立交旱桥飞虹复线

昔日繁华的高庙庆宁市

　　从庆宁寺江边渡口到浦东大道，长约 350 米的道路两旁，林林总总的商铺，鳞次栉比，接连不断……加上道堂路、嘴角路两旁，浦东大道上川路南北两边、左右两侧，高庙庆宁市大大小小的店家总数不下上百家。(注1)

　　从渡口一路向南，不远处便是上川路 90 号了，这里早先是杨姓人开的杂货店，当地人称杨麻子店，后来成了丰洋烟杂店。上川路 94 号原是庆宁寺的后门，里面有不少房子，后来成了居民住宅。从 94 号到 134 号，一排都是临街商铺。先是一家汰衣裳店，店名叫上川洗染店。这是后来的名字，原先这里开过裁缝店和丁家电器商店，丁家和马路口的丁丰顺老板是自家人，上一辈弟兄三人都在这里经商为业。再过去的棉布店，是综合商店的门店，早先里是陆长丰糕饼店，开设于 1924 年，是庆宁市开设最早的商店(注2)。"陆长丰"老板娘是崇明人，精精瘦瘦的，能说会道，很会做生意。和她合伙开店的伙计原是高桥镇上的食品师傅，知道做松饼的秘方。到庆宁市开店后，对松饼配方和包装进行改良，所产松饼香糯可口，很受顾客欢迎。隔壁开理发店的老景，平时很注重自己的发型，常年梳着大背头，看上去很精神。老景给自己的店铺取名叫"景华理发店"。在这里还有过一家水果店，店主姓滑，家属在高庙幼儿园当过保育员。再隔壁又是一家理发店，店名叫"黄恒记理发店"，后来并到了上川路 162 号的江东理发店。杨家羊肉店老板杨强郎，崇明来此开店，专做羊肉生意。杨强郎待人和善，人头熟、人缘好，后来成了国营菜场的员工。上川路 126 号的顾家也来自崇明，店主顾宝郎，16 岁时逃难到上海，先是在黄浦江摇划子渡客，后来集资开店。顾宝郎为人厚道，遇到股东撤资也不阻拦解释，几经起落才站住了脚，后来独资经营高庙食品店。顾家隔壁是无锡人开的蒋记牙齿店，也修钟表。他家的橱窗里一边摆放钟表，另一边放镶牙的模具。蒋家孩子都很文静，书生气十足。再往南就是王源泰切面店和上川路 134 号的良友皮鞋店了，他们两家是亲戚，房子是两层楼的。王家的孩子名字里都带玉，读书聪明，用现在的话说起来，都是学校里的学霸。皮鞋店老板姓张，浦东张桥人，以手工制作皮鞋质量上乘闻名。张家是侨胞，后来小辈中大都去了海外发展。从上川路 94 号到 134 号的店铺，存世的时间有长有短，还有的歇业转停被其他行业替代。公私合营后，原来的店主大都成了国营商业的员工，原有的店铺大多成了住房，有的经重新布局，成了各种类型的国营商店。

从上川路 134 号往南到道堂路，有上川路 156 号的阿六饭店、162 号上川理发店、顾咸林鞋子店、阿吾肉庄、豆腐店、肖张林文具店等。鞋子店后来成了经营渔网的杂货店，阿六饭店改名叫临川饭店。肖张林文具店最初名叫"肖同盛烟杂百货店"，开设于 1940 年，后改名为"上川文具店"^{（注3）}。

由道堂路口继续南行，是南汇人开的香烛碗筷店和居家桥奚姓人开的烟杂店。还有严家弹花衣店、钱桥杨姓人开的寿材店、居家桥人开的脚踏车行、鞋子店、南汇郁姓人开的裁缝店。这里还有过一家泡开水的老虎灶，后来改为上川合作饮食店。附近还有过陆家打铁铺、周家电气店、柴行、照相馆等。说起 226 弄口的浦江照相馆，当年还蛮有名气的，女老板高高的个子，拍照技术很好。遇到满意的作品，还会放大着彩，摆在橱窗里招揽顾客。

上川路东侧，设有小火车站以及后来的公交公司维修车间，沿街商铺主要集中在中段，有上川路 155 号的杨玉嘉上川中药店，高安旅馆、羊肉面店、陆家烟纸店等。高安旅店在上川路 165 号，原先是丁家开的米店，店主丁友涛待人和蔼，老少和气，很有人缘。丁友涛后来并到了国营 49 粮店工作，店址在浦东大道 2769 号。和这家粮店在一起的还有 65 油酱店和春雷糕点房。在嘴角路上川路口，最出名的要数开设于 1934 年的"禾丰盛南货店"了，初时有杨园大同来的陈家和朱家门村的沈姓人合伙开设，地址在上川路 173 号。禾丰盛以盛销松饼和薄脆闻名，尤其是自产的薄脆，又香又脆。当地人称赞为"禾丰盛薄脆"。禾丰盛后来更名为"上川食品分店"，隶书体的店招牌由综合商店员工余小留手书。

上川路、浦东大道交叉口，当年安置有一只蛮大的电钟，由铁架杆高高竖起，是这里很有名气的地标建筑。十字路口西侧第一家"丁丰顺"酱园，店面开宽，柜面气派。"丁丰顺"经营思路朴实，大小生意不拒，零拷绿豆烧、买半块乳腐这样的小生意都热情接待、一视同仁。酱园旁边有一个租看连环画的小书摊，摊主身宽体胖，大人小孩都叫他"大块头"，书摊前时常围着看小人书的人群，主要是学校里的小学生。浦东大道往西的街面商铺群，也是庆宁寺街市的组成部分：一路排去有公交公司调度室、大庆西药房、轧花衣店、三林车行、皮鞋店、杨春林脚踏车行、江东百货商店等。其中，浦东大道 2663 号的江东百货商店曾是当年高庙地区最大的百货店，两层楼的商铺，建筑面积就有 1100 平方米，职工多达 99 人。那时棉布买卖是店里的主要业务，开放式的货架上摆满了各种颜色的面料。柜台和收银台是用铁丝相连接的，收钱和找钱都是用铁丝上穿着的夹子来回滑动传递的。这样的场景，年轻一点的恐怕都没有见过。浦东大道 2659 号的庆宁寺邮局，原为邮电所，1986 年升格为支局，配备有机动车一辆，自行车 20 余辆。最多时有职工 38 人，当年的服务范围一直辐射到金桥、东沟、高行、张江、龚路、唐镇等乡镇。现如今，邮局还在，牌子却换成了"邮政储蓄银行"。其场景与当年相比，冷清萧条得多了。

嘴角路往东有豆腐店、烟纸店、茶馆店，道堂路以西有老鸭面店、理发店、老虎灶茶馆店、煤球店。有一段时间，这里还成了露天菜场。每天早上熙熙攘攘的人群你来我往好是闹猛。记得当年庆宁寺那块断了的石碑，就横卧在路旁。

（依据陈永浩、张裕华、顾长庆等提供的资料整理。）

注释：

注1：庆宁寺兴市，缘于塘工善后局，始于1920年前后。据浦东塘工善后局《庆宁市创兴市面购地建造房屋案》披露，"修筑东渡码头公路并筹款建筑市平房25间借以兴市，名曰庆宁市"。1924年，庆宁寺分局添建房屋19间、渡客休息室8间。

注2、注3：《歇浦路街道志》106页。

如今已然萧条的庆宁寺街境，
（自南向北拍摄，2020年）

东沟炮台的故事

东沟，亦称大将浦、赵家沟，现为沪东新村街道与高行镇的界河。河的西南岸是沪东街道的区域，东北岸为高行镇的地界。站在横跨东沟的浦东大道九号桥上眺望浦江对岸，错落林立的楼群清晰可见。往近里瞧，左手边，江河交汇处、绿树簇拥间，是东沟油库的所在地，右手边则为原东沟镇的外码头地区，历史上的东沟炮台就在这河道的两边。

历史上，这里是上海县高昌乡二十二保五十图的所在地。"图"，晚清时期的行政区辖地籍制单位，县、乡以下实行"保、图、圩、号、丘"五级地籍制，这样的地籍制度一直保留到民国。五十图从西沟起到东沟止，过了东沟就是五十二图了。

东沟，地处吴淞口至上海老城厢的中段，战略地理位置十分重要。川沙县志记载："道光年间，为抗击英军入侵，自吴淞海口以内，沿黄浦江堤上筑有土垒。东沟壁垒居于吴淞口与上海市区之间，有重要战略地位，保留最久。"另据高行镇大事记录："顺治十六年，先后在东沟北岸，筑土寨一围，内设官署、营房，沿黄浦江设炮台6座，黄浦营[注1]派把总领兵镇守。"据此记载可知，东沟炮台曾经多次修筑，地点似乎都在东沟北岸。其实不然，东沟浦口的南岸、也就是今属沪东街道的东沟油库地方，正对着黄浦江吴淞口入口主航道方向，战略位置更为重要。这里不仅有过炮台，而且还是东沟炮台的主要阵地。民国上海县志明确记载："邑境二十二保五十图内向有营基地多亩。道光二十一年海疆不靖[注2]。知县刘光斗[注3]莅勘东沟浦塘内外，相度机宜，招勇筑垒。以浦塘外民田三十亩一分五厘四毫给予官价筑为炮台，将浦塘内塘沟开作濠沟挖废民田四亩九分三厘五毫注册免赋。以后夷患敉平[注4]，兵勇裁撤，营地无人经营。同治九年五月，川沙营宝山汛移县籍[注5]，称乡民戙佔霸种，吁请查追。知县朱凤梯[注6]亲临勘丈，所有营中应管炮台基地三十四亩一分八厘四毫当场丈归该营收管。以外民田仍听各业户管种。后以柘林营都司改驻南汇，浦东各营汛及营基地亩原隶川沙营管辖者均改隶柘林营。宣统元年塘工善后局董谢源深朱日宣等以该炮台基周围之地均已被人售卖洋商转立道契，仅存此炮台基地三十余亩，除江海北关划租五亩为存储军火处外实存二十七亩余，亟应留作公用保守主权。署呈南京督练公所由参谋处详请江督札道饬县拨作淞沪巡防第五营[注7]操场之用。"

关于东沟炮台，还有许多资料记载。《中国近代战争史》第一章第七节："吴淞与上海间的东沟两岸添设了数十尊大炮，驻兵四五百名，防止英军进窥上海。"《鸦片战争新传》第二十节"吴淞口强攻"中写道："第二道防线在东沟口和沈家滩一带，由扬州营参将继伦负责，游击封耀祖统率，兵力约四百人，配有小炮小船。此防线主要为阻止英舰南进上海县城和吴淞江新旧水道。"

可恨恨的是，两员驻守东沟炮台的清军江防将领继伦和封耀祖，在1842年6月吴淞口战事兵败后，临阵逃脱，不战而退松江府，以至经营多年的东沟炮台未能发挥应有的作用。后来这两人都遭到了朝廷的严厉处罚，被判了斩监候。

东沟浦口处原是东沟炮台所在地

注释：

注1：黄浦营，顺治十三年（1646年）巡抚张中元奏请设立。

注2：指鸦片战争爆发，清廷战败。道光二十二年（1842年）六月，英军侵犯吴淞口，总督牛鉴畏战逃遁，老将陈化成七处负伤，仍坚贞不屈，直至战死。

注3：刘光斗，字错山，道光二年（1822年）恩科进士。道光十九年（1839年）任宝山知县，曾组织修缮过大成殿。道光二十一年（1841年）改任上海知县。次年因临阵退逃而遭革职。

注4：敉平，指安抚、安定的意思。

注5：川沙营，清顺治三年（1646年）由堡改置，设守备、千总、把总。清营规制始自前明，顺治初实施，主要收编前明军队组成，因部队的旗号为绿色，故称绿营，以区别旗营。绿营编制分"标、协、营、汛"四级。总督、巡抚、提督、总兵所属均称"标"，副将所属称"协"，参将、游击、都司、守备所属称"营"，千总、把总、外委所属称"汛"。汛，还含有军队巡逻防守范围的概念。

注6：朱凤梯，顺天大兴（即今北京大兴）人，同治七年（1868年）接替叶廷眷任上海县知县一职，1871年由陈其元接任。

注7：光绪三十一年（1905年），上海部分驻军改编为巡防十一、十二、十三、十四步队。光绪三十三年（1907年），以上四支步队又改编为淞沪巡防营，其中淞沪巡防第五营由原来的第十三、十四步队编成，分防东沟、庆宁寺、陆家行、金家桥等浦东地区。

杨家弄猛将庙与"轧闹猛"

在沪东路与莱阳路的交汇处北侧，原有一家"杨家弄菜场"，因这里原是杨家弄村的缘故。

历史上的杨家弄村，东近朱家门、西靠西沟镇，南有马家巷、北抵浦东大道，占地约有三万平方米。相传该村形成于明代，因杨姓居民居多而得名，村民中还有徐姓、倪姓、张姓、黄姓等姓氏。

清代时，杨家弄已是附近较大的自然村落，一条活水浜自西向东从村前流过，河上有桥，桥畔有庙，习称猛公堂，又称杨家庙。据东沟乡志记载，此庙建于清雍正（1723—1735）年间。清道光三十年（1850年）大灾，乡绅沈文耀、凌暄等曾捐米施粥于庙前。庙宇在清光绪年间重修，日本人侵占上海后，害怕人民聚众抱团，竭力干预乡民信奉猛公，致使庙舍衰破，渐次没落。1960年，成为朱家门行政村综合厂用房。

猛公堂，又称猛将庙。据史料记载，信奉猛将的文化现象源于宋景定年间（1260—1264年），至今已有八百多年的历史。其主要内容是祈盼消除自然灾害，庇护黎民百姓无灾无难、禾穗丰收。封建社会倚重农耕，自清嘉庆朝起，纪念猛将的活动纳入国定例事，明确规格须有地方行政长官主持方能进行。同治皇帝还特意下诏加封猛将为"普佑上天王"，所以后来的猛将庙一般都写有："灭蝗猛将军，普佑上天王"的楹联。

关于猛将的来历有多种传说：有的说是在宋朝有一个名叫刘佛寿的牧童，因灭蝗殒身而奉为神；也有说猛将是南宋的抗金名将刘锜，南宋景定四年，封为扬威侯、天曹猛将之神，敕书除蝗；还有说猛将为刘锜的弟弟刘锐，"退老平江，旱蝗为灾，攘除有效，殁为神"；也有说是元末将领刘成忠，民间传说他在蝗虫成灾时，为感动苍天禳灾而沉河自尽，嗣后授猛将军之职。由此可见，不管何种传说，都说明猛将在人们心目中是为驱除蝗灾、祈福百姓，为黎民百姓的生计而献身的英雄人物。

纪念猛将的活动一年要举行二次，春季举行的叫"春节"。从农历正月初一开始，最热闹的高潮是正月十三，因为传说这天是猛将的生日。活动一直延续到正月十五元宵节后才结束。秋季举行的称为"秋节"，也称"青苗会"，时间多在农历七月半的前后三天，届时人们会在田里插上五彩三角纸旗，称作"猛将令箭"，以示猛将下令驱除害虫，实际作用是驱赶啄食稻谷的麻雀飞鸟。最后一天"出会"，也称"走会"，要抬猛将出巡。抬像者可以在田头毫无拘束地恣意奔跑，寻乐开心，俗称"嬉猛将"。

纪念猛将活动的最大特点就是"闹"，叫"闹猛将"。旧时，民众对神佛都是恭敬有加的，唯独对"猛将老爷"可以抬着、背着，任意跑、跳，甚至在地上翻滚，同"老爷"开玩笑，"老爷"也不会发怒。清时有文人曾这样记载："农人弁猛将，奔走如飞，倾跌为乐，不为慢亵。"民众以此为乐，"猛将老爷"也以此为乐。出会队伍中，有各种各样的歌舞、杂耍、武术、民俗表演，还有许愿、了愿的群众扮成犯人赎罪，或用铁针刺穿过自己的手臂，吊挂上香炉或锣，称为"臂香锣"。也有请草台班演戏酬神的。另有"水路猛将会"，在船头表演各种武术、技艺。后人将纪念猛将的活动比喻是中国最早的民俗体育运动会，是富有中国特色的狂欢节。由于活动时人多拥挤，热闹异常，人们也常把纪念猛将的活动称为"轧闹猛"。后来，"轧闹猛"一词渐渐演变成"多人挤在一起寻看热闹"的意思，也就是吴语中"轧闹猛"的来历。

杨家弄猛将庙曾遗留有铁钟两口，铸有嘉庆十九年四月十五等字样。铁钟在沪东厂浦东大道大门扩建时被发现，当时由街道市政部门收置于长岛路办公场所围墙边，后不知所踪。

当年发现的杨家弄猛将庙铁钟，上有"嘉庆年……"等字样

闻名遐迩的津桥角花园

昔日津桥角苗圃
今朝文化休闲园

百数年前，沪东的东波苑地区曾有过一座风光秀美、颇具规模的花园苗圃——上海县立苗圃，后来还成为了上海特别市的市立苗圃，当地人习称"津桥角花园"。

对于这个花园，金桥镇志《津桥角花园》条目下作了这样的描述：

"民国7年（1918年），上海知事委浦东塘工局朱日宣（新陆村人）建，历时2年竣工。耗资5899.70元，占地30亩。位于东沟港（大将浦）南，西起摇船湾，东至津桥角（浦东第一桥，俗呼水门汀桥，跨东沟港），建有花园，供外国人游览休憩用。园内置花木、置草坪、造土山、建凉亭，花园内绿树青草，小桥流水。民国26年，日机欲炸毁园东的水门汀桥，因投弹不准在园内留下弹坑。炸后，管理人员失散，园景日渐衰败。抗战胜利后，国民政府接收后不事复建，致园林荒芜，景物全非。建国后翻种粮油棉作物。1990年浦东开发后，摇船湾、津桥角等宅拆迁，建成居民新村（即东波苑）。"（金桥镇志第502页）

由此可知，自今浦东大道一直到张杨北路的东沟港南畔一带，曾经是座美丽的花园。关于这个花园的整个筹建过程，《浦东开发的先驱》一书作了较为详细的描述："苗圃的位置在'大将浦南，高行乡之琵琶湾'。琵琶湾系因昔日之大将浦（即东沟）'迂曲过甚'，自浦江入口后，往北迁曲，复向南廻流而形成的一个形如琵琶的湾口，舟行十分不利。清光绪三十年（1904年）疏浚都台浦（即曹家沟）时，与大将浦浚成捷径，旧河道淤成新陆，称'琵琶湾'，亦称'盘湾'。"从民国七年版的《上海县续志》中有关浦江水系图上，我们仍然可以清楚地看到东沟当年的走向和湾口的位置，从今东高路的走向也可见当年河道弯曲的一些痕迹。

琵琶湾苗圃于1918年建成，这年的四月九日，沪海道尹王庚廷、上海县知事沈宝昌、审判厅厅长陆达权、检查厅厅长林仲立、江苏特派代表陈震东及官绅，学校教员、学生等200多人在这里举行了隆重的开幕式和植树仪式。以后，从民国7年到民国15年，除民国14、16两年因军阀战争未举行植树节仪式外，县知事公署（前期还有沪海道尹公署）每年都要在这里进行植树节活动，每次活动的人数都在200人以上，可见当年的场面是何等的热闹。

"浦东第一桥"的传说

东陆路，东沟到陆行的公路。地铁 12 号线东陆路站，就在浦东北路和东陆路的交汇处，现在这里是东陆路的西端点。历史上的东陆路是从东沟镇起始，越过东沟（赵家沟）桥后，沿着曹家沟向南通往陆行镇的。当年经过东沟的桥就在今张杨北路桥傍边，俗称"水门汀桥"。此桥建造至今已有 100 多年的历史，而且还是用水泥建造的。百年前用水泥建桥，比较稀罕。水泥又称"水门汀 Shui Men Ting"，是从水泥的英语发音翻译过来的。《金桥镇志》载："水门汀桥，历史老桥，水泥桥，故俗称水门汀桥。桥梁上镌有'浦东第一桥'5 字。桥跨东沟港，位于今沪新村津桥角，东陆路北端。长 15—20 米，宽 4—5 米，桥堍西南大将浦畔有花园，传说花园与桥同建，时间不晚于民国 9 年"（《金桥镇志》第 481 页）。另据《高行镇志》第十二章《交通邮电》第一节《交通建设》记载："宣统元年（1909 年），塘工善后局在东陆路（东沟—陆行）途经的大将浦上建钢筋水泥桥，名旋河潭桥，俗称水门汀桥。桥稍呈圆弧形的三孔桥，可通行小汽车。"《高行镇志·大事记》载："1909 年，浦东塘工局加筑东高路东沟到西牌楼桥一段路面。"这段路即为过水门汀桥后东沟地面上的道路。可见，建造该桥的确切时间应在 1909 年，是由浦东塘工局主持修建的。所不能确定的是桥上镌刻的字，究竟是"东浦第一桥"还是"浦东第一桥"，两书的记录有所不同。我们在走访当地一些老人的过程中，大多反映说桥上刻的是"浦东第一桥"。然据实际情况分析，镌刻"东浦第一桥"的可能性较大，因为浦东塘工局所还曾修筑过东浦第二桥，所留的档案（G203-3-22）卷宗就明确写着"五十图内建筑东浦第二桥"。还有一个情况说明，就是现在我们的书写习惯是从左到右写的，以前写条幅都是自右往左写的，是否会因此把"东浦"看成"浦东"？

当年的水门汀桥很有些名声，是连接东沟两岸民众交往的通途。桥的北端是市面繁华的东沟镇，桥的南边为津桥角村落，附近居民都通过此桥来回往返。

大壶春与大楼房

在上海，要说做生煎馒头出名的店家，"大壶春"必名列其中。大壶春的创始人是沪东朱家门小区、原朱家门村中沈家宅的唐妙泉（音）。唐妙泉祖籍江苏丹阳，出身贫寒，年少起就靠做大饼为生，在上海弄堂口设摊做早点、卖大饼。

说起唐妙泉创办大壶春，还与海上闻人黄楚九有关。黄楚九学医出身，精明能干，商业意识特别强。他从做药起家，发展到开新世界、办大世界游乐场、建银行……所办企业多达百家，商界称其为"百家经理"。20 世纪 20 年代初，黄楚九在南京路浙江路口开了一家茶楼，取名叫"萝春阁"。开店初期，萝春阁只做早茶，不供点心，茶客想吃早点就要出茶楼到他处另觅，难免影响客源。见此情景，黄楚九心生一计，物色了一个原在福州路弄堂口做生煎馒头的唐师傅，让他到茶楼下摆摊做生煎。此人就是唐妙泉的叔叔，后来，唐妙泉也跟着叔叔一起在茶楼下面做生煎。叔侄两人做的生煎又热又鲜，皮薄馅大、汤汁浓郁，吃在嘴里味美十足。

1931 年，黄楚九因受到黄金荣流氓势力的挤兑，加上投机生意遭遇失败，心力交瘁，抱病而亡，萝春阁因此易主。叔侄俩眼见黄老板下场凄惨，不愿再在原处做生意。离开茶楼后，唐妙泉决定对原有的生煎制作进行大胆的改革。他观察到来茶楼喝茶的客人经济条件好，偏好制作精细、多汁味鲜的生煎。而普通老百姓对早点的需求就是能吃饱耐饥且便于携带。于是，唐秒泉从普通老百姓的早餐习性和便于携带的需求出发，把"皮薄馅大汁多"的做法改为"体大发面无汤汁"的本帮做法，结果做出的生煎馒头大受市民的欢迎，唐妙泉也因此发迹。1932 年，唐开创了自己的门店，取名"大壶春"。

十多年后，唐妙泉翻建了在浦东中沈家宅的老屋，盖起了别具风格的楼房，当地人称"大楼房"。大楼房刚盖好不久，就被国民党军队占用。解放后，大楼房成为西沟乡政府所在地。扫盲运动时还在这里办过民校，校长叫秦全发。教员有张国新、倪锡昌等人。大楼房原址在朱家门居委附近，浦东房地产开发时拆除。

上海画家村始末

　　2001 年 3 月 28 日，画家刘刚策划成立的一家公司和浦发（控股）集团公司签订了一份为期三年的合同，整栋租下了浦东沪东地区朱家门小区一幢 24 层楼高的空置楼，办起了上海首家以画为传媒的文化艺术有限公司——"画家村"。

　　当年的画家村以营造高雅文明的艺术氛围闻名。入住合同一年一签，实行优胜劣汰，出不了成绩就会被请出画家村。画家在这里可以设立个人展示厅，也允许将个人作品出售，更主要的是在这里可以安心创作并获取更多的信息。这些措施对当时的文化人很有吸引力，不久，来自全国各地及海外的一百五十多位艺术家陆续搬进了画家村。不同的地域文化、不同的思维方式在这里汇聚交融，艺术家们在这里生活、创作，为众多高级宾馆、酒店、会所、高档住宅区、公司、企业、私人公寓等提供高水准的画作。金茂大厦、波特曼大酒店、新国际博览中心、中国银联、上海盛捷高级服务公寓、北京盛捷高级服务公寓、上海粤海大酒店、浙江宝罗大酒店、上海璞邸精品酒店、台湾亚稚酒店、新加坡慈善中心、韩国外换银行、江苏华润电力集团及众多高档会所、私人住宅，都曾购置过出自这家画家村的艺术作品。

　　画家村所取得的成就很快在国内外产生了广泛反响，各种媒体报道纷至沓来，上海市及新区政府也给予了画家村很大的鼓励和支持，市、区两级政府的多位领导亲临视察或参观画展，沪东新村街道办事处对画家村的未来发展寄予厚望。画家村的经营者们更是雄心勃勃，策划着筹办画院、设立实验学校、创办美术院、邀请外国艺术家来这里开展学术交流和办画展，甚至还有了让巴黎卢浮宫美术馆来画家村举办中国现代艺术展的计划和打算……

　　然而到了 2003 年，随着租赁合同的到期、房产业的复苏和商品社会经济大潮的冲刷，存在了三年的画家村终究还是撤离了朱家门，留给了人们许多难忘的回忆和思考。

注释：

注：当年入住画家村的有：史建　彭蓬菁　宁佐弘　艾应栩　朱永红　朱神刚　刘

非　土凤　刘斌　贾布　徐小国　爱国　吴晓申　张旭波　刘竣　王昆　吕晓文　潘海　赵春　林中江　蔡红　周云侠　张文华　王耀华　李增国　潘海　尹恩江　韩峰　李国芳　苏胜前　朱文清　顾亮　蔡小华　余威　霍广成　刘伟光　陶文元　方亮　向光　金红梅　冯贵林　周军　胡杰　王瑞浩　孟晓为等诸多画家。

当年的画家村就办在朱家门小区的这栋高楼里

未来网球冠军的摇篮

创建于 1993 年的莱阳小学，是沪东朱家门地区住宅建设的配套设施。该校重视学科教育，以培养"合格＋特长"的学生为宗旨。2001 年，学校被浦东新区命名为科技特色学校，2004 年命名为"上海市知识产权试点校"，2005 年被命名为"上海市知识产权示范校"，学校的"在科技教育活动中培养学生创新精神的探索和实践"课题被列为浦东新区小学重点课题。

2008 年起，莱阳小学开展网球特色学校项目建设，建造有两个标准的网球场，配备了必要的网球器材，组织开展网球培训。该校以网球为特色项目的做法，得到浦东新区社发局、学校领导和老师以及学生家长的高度重视和积极响应。

莱阳小学"以网球为抓手"的办学理念，细化成三个层面的实际行动，普及层面上，1 至 5 年级的学生，每周上一节网球课；兴趣层面上，开展三个免费的兴趣班，每个班有 30 几名学生，由 3—5 年级的学生组成；专业层面上，拥有一支 20 多人的网球队，每天进行训练，其中有 10 名为体育局注册学生。

经过多年不懈的努力，莱阳小学的网球水平得以快速提升，多次代表新区参加全市的各类比赛。学校网球队的成员，个个都取得过前三名的好成绩，学校多次入选"全国青少年校园网球特色学校"名录，也因此被誉为未来网球冠军的摇篮。

莱阳小学校园内的网球场

两航起义人员丁增康

　　浦东高庙丁家宅人丁锦山，家境贫困，无力供孩子读书，只有大儿子丁金龙在家乡的问道小学念过几年书。抗日战争爆发后，在全民抗战、共赴国难思想感召下，三个儿子先后参加了中国航空公司，成为我国民航最早时期的地勤工作人员。大儿子丁金龙，又名丁超（1904 年—1996 年），飞机维修高级工程师，曾为美援华十四航空大队地勤人员。二儿子丁增康（1911 年—1982 年）、三儿子丁晋康（1914 年—1998 年）也都是飞机维修工程师和机场地勤工作人员。丁增康在 1949 年参加了著名的两航起义。

　　1949 年 11 月 9 日，原中国航空公司总经理刘敬宜和中央航空公司总经理陈卓林率领 2000 多名员工在香港宣布起义，丁增康为其中之一，一起参加起义的还有寺前浜村的张金弟。1982 年，中国民用航空总局给起义人员颁发"两航起义人员证明书"，丁增康的证件编号为 1597 号。

　　两航系指原中国航空股份有限公司（简称"中国航空公司"或"中航"）和中央航空运输股份有限公司（简称"中央航空公司"或"央航"）。中国航空公司成立于 1930 年 8 月，由国民政府交通部与美商合资经营。抗战爆发后，国民政府撤到重庆，为加强同外界的联系，保障战争物资的运输，打通了缅甸公路运输线，还开辟了重庆至香港至加尔各答的国际航线。中航的业务主要是为转运美国来的援华物资，美国政府曾为此配备了 100 架运输机给国民党政府，其中大部分给了中航。经过抗日战争后期的"驼峰空运"和抗战结束之后的"复员运输"，到 1948 年，两航的运输业务已有很大发展。拥有 C-46、C-47、DC-3、DC-4 和 CV-240 型飞机近百架。空地勤人员 6780 人。

　　1949 年春天，国共双方的军事政治实力发生了实质性变化。曾经在国民党军事运输中发挥作用的两航陷入困境，航线急剧萎缩，运输业务比 1948 年下降了 60%。两航迁到香港后，同英资航空之间的业务矛盾冲突日益尖锐。1949 年 6 月 10 日，港英当局通知中航须将飞机大修厂与发动机修理厂迁出启德机场，限期一个月。7 月 29 日、8 月 11 日，又先后两次下令征用中航的两处厂房，并限于 8 月 15 日移交港英当局。此时，两航已被逼到了山穷水尽、走投无路的境地。

上海解放后，中共华东局向中央军委写了《争取两航公司的工作报告》。1949年6月，中央军委副主席周恩来指定由李克农负责，罗青长具体办理两航起义策动工作。1949年7月，派遣吕明偕留在大陆的央航副总经理查夷平前往香港开展工作。临行时受到周恩来的接见，对策动工作作了明确指示。

1949年8月24日，吕明、查夷平到达香港，9月初，吕明和查夷平、朱汉明、何凤元、陆元斌、陈耀寰组成起义工作核心小组。在党的领导下，起义领导核心小组反复研讨行动方案，确定方法步骤和实施措施，召开两航骨干会，指导技术行动部署，协调各部门的行动配合，为排除各种困难做了大量的工作，

两航员工在香港加紧准备北飞，北京也在时刻关注事态进展。周恩来总理多次召开会议研究两航起义问题，10月底，周总理向聂荣臻、粟裕、李克农、刘亚楼、蒋天然等传达了中共中央书记处的决定，批准两航起义飞机降落地点、起义时间、具体飞行计划、机场选用的安排，刘、陈总经理的接待工作，以及对两航公司的政策，总公司、分公司设置，机场使用和经营方式等相关事宜。

1949年11月9日，两航12架飞机胜利飞抵北京、天津，回到了新中国的怀抱。11月9日晚，中央人民政府政务院总理周恩来在北京饭店宴请刘敬宜、陈卓林一行。11月12日，毛泽东主席电贺刘敬宜、陈卓林和两航员工，赞扬其"毅然脱离国民党反动残余，投入人民祖国怀抱，是一个有重大意义的爱国举动"。

两航起义是我党领导下的伟大壮举，是中国民航史上的重要转折点，广大两航员工在波澜壮阔的革命大潮中，遵循党所指引的方向，发扬爱国主义精神，投向人民祖国怀抱的正义行动，将永载中国人民解放事业的史册。

丁增康的"两航起义人员证明书"，编号"民航办字第1597"

注释：

注：本文根据丁家后人口述整理，图片资料由丁世平提供。

秦怡祖居寻踪记

秦家的祖上叫秦伯裕，是上海的城隍老爷。明朝初年朝代更迭，秦伯裕不愿为官。死后，朱元璋下令封秦伯裕为王，建庙供奉，说生前不能为大明朝出力，死后也要为大明朝管理一方土地。所以，当初建来供奉秦伯裕的庙叫秦王庙，后来才慢慢叫成了"城隍庙"。

在沪东街道五莲路莱阳路交叉口附近，过去有个三面环水、地势幽静的小宅村，当地称谓"小秦家宅"。秦家的祖居就在这个小宅子里。秦怡的同胞兄长叫秦驾鹏，是家里的老大，他要比秦怡大十多岁。秦驾鹏受过良好的教育，毕业于上海大华大学。后在陆行中学任教。1956年秦怡参加拍摄"女篮五号"时，有一场篮球赛的场景，其中的篮球裁判就是由秦驾鹏出演的。秦驾鹏在反右运动中被划为右派，开除公职，遣送到青海劳动改造；落实政策回到上海后，正式工作没有了，只能在陆行中学做代课老师。

秦家祖居是一排五间堂房子，是由秦驾鹏卖掉的。日伪时期，我在木行学生意、跑街，人头比较熟，认识洋泾镇红星木行老板。秦驾鹏要卖房子，找到我，我就介绍给了红星木行的老板，最后把房子卖给了红星木行的老板了。洋泾有个红星木器厂，不知与红星木行有没有关系，是不是从红星木行发展而来？秦家老母亲后来一直住在浦西南市，与儿子驾鹏住在一起。秦怡对秦家的付出多有所闻，秦驾鹏自己也常常说起的。

本文依据倪锡礼先生口述整理（倪锡礼，浦东西沟杨家弄人，住沪东新村街道同方锦城）

筹办沪东城市人民公社

上点年纪的人对 1958 年大搞农村人民公社都有所记忆，而对城市人民公社则可能少有所闻。实际上，那个时期还推行过城市人民公社，在沪东地区建立过以街道区域为范围、沪东造船厂为中心的城市人民公社。

1958 年 8 月 29 日，中共中央政治局在北戴河召开扩大会议，决定在各地推广建立农村人民公社。到了 1960 年的 3 月 9 日，中央又发出《关于城市人民公社问题的批示》，要求"上半年全国城市普遍试点"，"下半年普遍推广"。1960 年 3 月 31 日，第二届全国人民代表大会第二次会议在国民经济计划草案的报告中指出，全国各地城市大办人民公社、大办街道工业、大办公共福利事业，不仅有利生产建设的发展，而且有利于城市社会主义生活的彻底改造。建立城市人民公社，可以承担起组织生产运作枢纽的职责，还可以兴办各种社会福利和服务事业。经济上可以尽快实现国家的工业化，政治上可以更好地实现党的领导，可以加快进入共产主义。

1960 年浦东县撤销，洋泾办事处划入杨浦区，改名为"中共浦东地区街道委员会"。同年 4 月，杨浦区委根据上海市委的指示，成立了以沪东造船厂为中心、浦东地区街道委员会为区域范围的城市人民公社，共包括有：里弄居委 6 个，大小工厂 32 家，商店 114 户，公立中小学 12 所，民办中小学 4 所，业余中小学 5 所，医院、门诊部 3 个，电影院、文化馆、新华书店各一个，银行营业所 7 个。到了 7 月底，共建立食堂 26 个，托儿所 21 个，服务站 17 个，民办中小学 5 所，业余中学 15 所。生产组织由 36 个发展到 56 个。这些组织机构所用的设备、房屋等物品大都由沪东厂等单位无偿支援或向集团、个人借用。在城市公社化运动中，曾有三千多名妇女解放出来参加工作，一批食堂、托儿所、服务站等生产组织经过整顿得到巩固和发展。

1960 年下半年，国民经济困难开始显露，1961 年 4 月，对大办城市人民公社时占用国家、集体、个人财产的共产风进行了检查和纠正，大厂党委的负责人不再参加地方党委领导班子，存在了约一年左右时间的沪东地区城市人民公社悄然隐出了历史的舞台。

"水鼠帮"覆灭记

——记解放初期沪东沿江清剿反动武装势力的故事

上海刚解放不久，浦东沿江一带，溃败的国民党军散兵游勇，勾结土匪盗贼、地痞流氓、社会渣滓结成帮伙，依仗情况熟悉，水性又好，常在黄浦江上利用艍船作掩护，偷盗商船，强取豪夺，打家劫舍，无恶不作。船民百姓恨之入骨，称其为"水鼠帮"。当年活动在老沪东十八间、洋泾一带的水鼠帮阮家班，人数多、势力大，作案手段残忍，严重危害到当地的社会治安。

1951年新年临近，2月6日夜晚，浦东洋泾港边一间低矮的棚屋里，忽地闪出五六个农民装束的人，窜进停靠在河边的艍船。不一会儿，两条小船一前一后，沿河划到黄浦江边，悄无声息地靠上煤栈码头326号拖驳轮旁。名叫阮小兔的鼠帮成员蹑手蹑脚爬上拖轮，将一捆重达230公斤的白色棕揽绳挪到了船舷边，阮金才、阮小三子划着另一条船靠过来接货，正当他俩将缆绳往艍船上拖运时，不料脚下一滑，"噗通"一声，缆绳掉入了江里。"谁?!"随着一声厉喊，一道雪亮的手电筒光"刷"地射出，在驳船的四处扫搜起来。艍船上的阮金才使劲将缆绳捞起，赶紧摇离了驳船。来不及逃上舢板的阮小兔躲在一边窥察动静，恰被值班员毛师傅的手电照见，毛师傅手拿电筒疾步冲来，一把揪住了阮小兔的衣领，阮拼命扭身挣扎，一个趔趄，两人紧搂着一起坠落到滔滔的黄浦江中……5天后，在黄浦江发现了毛师傅的尸体，经剖尸检验：系溺水窒息死亡。

为了尽快解开值班员溺水死亡和缆绳被盗之谜，公安机关迅速布控销赃场所，抽调警力展开侦查。可8个多月过去了，案子仍茫无头绪。而黄浦江上又陆续发生了多起抢劫案：一艘船上失窃了十几块价值昂贵的锌板；一伙持枪歹徒拦截了一艘宁波运输船，将船上的大批粮食、布匹和现金一抢而空；五六个持枪歹徒抢走了一艘苏南船上的一批食糖、肥皂等日用百货，吓昏了头的船主只记得歹徒中有个瘸腿老头，装百货和肥皂的木箱上烫有黑字"裕丰号"印记。

一天凌晨3时许，水上民警和纠察人员在巡逻时，发现一艘苏北艍船舱内有5箱肥皂及半麻袋的糖，木板肥皂箱上赫然烫有黑色"裕丰号"印记。查询来源时，2个船员支支吾吾答非所问，又拿不出购货的凭证和税单，经仔细搜查，民警又在船舱底层搜出 2 支步枪。在确凿的证据面前，匪徒牛大、牛二不得不俯首供认参与抢劫的罪行，并供出了同伙银苟子、瘸腿老头等人。于是侦查员们迅疾兵分三路。一路继续审讯牛大、牛二，一路立即赶赴苏北追查银苟子等人的下落；另一路留守沿江布控。3 名去苏北的侦查员在当地公安机关的配合下，化装成下乡的农贷工作人员，在村干部、民兵的协助下，终于在张港追踪到银苟子和他的小船。侦查员以托运农贷物资为由，将其诱上岸来予以逮捕，从他腰间搜出短枪一支，但船上并无其他可疑赃物。起初银苟子以为公安机关不掌握他的犯罪材料，拒不交待。后听说是上海来的，才供出匪首牛大驹子藏有 4 支枪、现在北大桥河渠修船的线索。

次日，侦查员们寻遍各条河渠，仍不见牛大驹子的下落。后来打听到他有个义弟叫牛小驹子，自幼父母双亡，孤身一人沦为乞丐，后被牛大驹子收养。牛小驹子名为义弟，实为佣工。每次外出抢劫，都由牛小驹子撑船，但作案时又令其避开，生怕他泄露内情。侦查员们依靠当地干部，几经周折，在一间破草棚里找到了衣衫褴褛的牛小驹子。经教育，他反映牛大驹子有 4 支枪，1 支常带在身边，3 支藏在其老母处，目前正撑船外出。于是侦查员们化装成拉纤的船工，令牛小驹子躲在船舱内指认，沿着七曲八弯的河道急起直追。到了第三天的下午，发现岸边一间草屋后的河湾边停有一艘破旧的艒船，牛小驹子蹑至墙脚细听，里面传出的正是牛大驹子和他老婆的谈话声。

当地公安机关接报后，派来 12 名精干人员包围了草屋，将牛大驹子夫妇双双擒获。

侦查员们从几名匪首的口供中获悉，出没于浦东一带的还有"阮家班"一伙人。据收赃的肖老板交待，"阮家班"撑船人阮小弟，半个月前曾向他出售过船上盗窃的油管等物，肖请求立功赎罪，愿意协助公安机关抓捕阮小弟。

肖老板摸清了阮小弟的藏身处，并了解到煤栈码头的缆绳就是阮小狗他们干的。肖老板及时向公安机关作了报告，侦查员们连夜赶到阮小弟藏匿的窝棚，将其从床上押进了警车，审讯持续了两天两夜，阮小弟才吞吞吐吐地说出了"阮家班"掌舵老三阮小兔的临时落脚点。深夜，一部分侦查员摸黑赶到洋泾西侧一间陋屋边，以查户口为名，敲门入内，将一高一矮两名粗壮中年汉子擒住。另一路驾车直奔杨树浦军工路港口附近，将另一掌舵人阮金才捕获归案。阮妻小林娣在屋外闻声，急忙驾艒船逃逸。侦查员们立即登上快艇跟踪追击，直追到苏州河附近一条河湾里，将"阮家班"骨干人员阮小狗、阮年宝及小林娣等人一并捕获。过了几天，侦查员又将其余匪徒、窝赃、销赃犯共 50 余人全部缉拿归案。至此，这伙横行黄浦江上，作案 200 多次，抢劫无数财物，残害百姓的"水鼠帮"全军覆灭，有力地巩固了新生的人民政权。

注释：
注：本文据《歇浦路街道志》相关资料整理。

沪东地区日军慰安所揭秘

二战期间，日本侵略军采取极其野蛮的手段，迫使被占领国的妇女充当性奴隶。这种惨无人道的慰安妇制度，是日本政府和军队运用国家力量有计划实施的军事性奴隶制度，是日本军国主义违反基本人道和性伦理、违反战争法的国家犯罪行为。这段世界妇女史上最悲惨的血泪记录，也是数千年人类文明史上再找不到第二例的残酷暴行。

据有关档案披露，二战时期，在浦东的沪东地区，就有过二处日军慰安所。

一、庆宁寺慰安所

抗战时期浦东庆宁寺地区水陆交通发达，上川铁路有小火车直通川沙、南汇，黄浦江市轮渡可直接摆渡到今天的外滩。这条交通线成为那时中国军队重要的补给线。加之英属马勒船厂就在江边，上川铁路两旁又活跃着好几支抗日游击队，更显得庆宁寺战略位置的重要。所以，日军占领该地区后，立即强占了马勒船厂并改名为"三井造船所"，派出海军在八号桥两头站岗，后来乡民就把这座桥称为"海军桥"。日本侵略军把庆宁寺偏殿改作养马的马厩，宪兵队驻扎在庆宁寺旁边的上川路144号市轮渡工房里，指挥所则设在距此不远的上川路226弄3号沈生记营造厂老板沈生大的住宅内。

沈生大是20世纪二三十年代上海建筑行业有名的包筑头，他开办的沈生记营造厂打桩技术一流，家乡人称"打桩生大"。沈生大发家后，在上川路西面临街处，按当时流行的石库门样式修造了一幢两层楼房。由于是自家居住，沈生大本身又是建筑老板，因此楼房的建造比一般石库门房子更为讲究，除有花园、晒台、屋顶露台外，还在住宅周围造了一圈十三间平房，起到拱卫保护主楼的作用。

1937年"八一三"淞沪抗战爆发，日军进攻上海。沈家为避战火逃到金家桥乡下亲戚家居住。沈家住宅被日军占领后，还在这所房子里开设了慰安所。

为了了解日军慰安所的情况，上海师大人文学院教授、中国近代史专业博士生导师苏智良，曾在1999年采访过沈生大之子沈文奎和居民马瑞坤。沈文奎生于1927年，据他回忆：日军入侵上海时，他已10多岁了，和母亲及哥哥住在楼房里。

后为避战火，母亲领着全家躲到了金家桥乡下亲戚家。日军宪兵队在他们家设立了驻军指挥部后，为适合日本人的生活习惯，把好端端的八仙桌腿锯短成了矮桌，还在二楼房间里生火取暖，地板上都留下了烧焦的痕迹，再后来还在这里设立了日军慰安所。据居住在沈家平房里、1931 年出生的马瑞坤说，他 9 岁时搬到庆宁寺地区居住，搬来此地时，这幢房子已经成为日军的慰安所了。据此推算，这家慰安所的开办时间应为 1940 年前的一两年，约莫在 1938 年或 1939 年。据两位老人回忆，当地人习惯上称这座日军慰安所为"东洋房子"，里面的慰安妇都是从外地掳掠来的中国妇女。据马瑞坤说，当时慰安所有慰安妇两三人，其中有两个慰安妇经常在门口活动，穿着同当地妇女一样的旗袍。出入慰安所的都是穿着军装的日本军人，这些日军大都步行而来。当时驻扎最近的一支日本宪兵队，就驻扎在上川路 144 号的市轮渡工房里。马先生还清楚地记得，慰安所的老板名叫小野，当时和小野一起居住在慰安所的还有他的老婆和孩子，这个小野和附近中国居民的接触不多。后来小野不知什么原因也去参军了，马先生亲眼看见日本女人出门送别的情景。日本战败投降以后，小野及其家人随日侨回国了，那几个中国慰安妇的行踪也再无人知晓。

二、窑浜角慰安所

　　1939 年 2 月到 12 月，日伪上海特别市警察局局长卢英给时任日伪上海特别市市长、大汉奸傅筱庵的呈文中，明确地记载了当时有个名叫杨水长的汉奸在日本军队占领区开设慰安所的情况。杨水长开设慰安所是经当地日本宪兵队、警备队许可的，杨水长分别在东沟镇浦上路 6 号、南塘宅 37 号、草镇 71 号、洋泾十八间、窑浜角 24 号等处开设了多个慰安所^{（注）}，每个慰安所各有 5 至 12 名慰安妇，其中最小的只有 15 岁。面对日军明目张胆的宣淫活动，日军一手扶植的伪警察局除"严密保护，据情上报"外也别无他法。更有甚者，日军不仅指使汉奸开设慰安所，还直接命令汉奸机构寻找妇女，供其淫乐。

　　窑浜角在今东波路浦东大道口、靠东沟港一带，过去这里是朱家门大队窑浜角生产队，几十户人家依浜而住。1994 年，窑浜角因赵家沟水利建设需要撤销了生产队建制。

沈生大故居，曾被日本人占领，还在这里设立过慰安所

注释：

注：相关资料部分摘自上海市档案局编著《日本帝国主义侵略上海罪行史料汇编》、上海交通大学出版社《证据——上海 172 个慰安所揭秘》。

二战劳工血泪仇

　　二战时期，日本军国主义为了补充国内重劳动人力的严重不足，野蛮采取"以战养战"的政策，四处掳掠青壮年劳工到日本国内充当劳力。1942 年 11 月 27 日，太平洋战争爆发近一年时，东条英机内阁做出了强制抓捕中国人到日本充当劳力的《关于将华人劳工移入日本内地》的决议。从 1943 年 4 月到 1945 年 5 月，日本侵略者就从中国的河北、河南、山东、山西、以及江浙、上海地区等十多省市强掳劳工多达 169 批 41762 人。其中，仅上海地区被强掳的劳工就多达 5000 多人，是当年强掳劳工最多的地区之一。沪东地区寺前浜村的居民张阿根（化名）就是当年被强掳到日本的中国劳工之一。

　　张阿根，浦东高庙寺前浜村人。船厂工人家庭出生，十多岁时便随父到工地做小工，16 岁时托人介绍进高庙华一机器造船厂当学徒。后来又在裕丰纱厂、申新纱厂做揩车工，在江南造船厂、黄浦机器造船厂做冷作工。1943 年到 1944 年间，因战事紧张工作难找，基本处于失业半失业状态，只能四处打短工零工维持生计。

　　1944 年 5 月的一天，22 岁的张阿根正在码头附近寻找工作，看到有人在招募工厂临时工，说是船厂需要技术工人，工资一天一结，去留自便。报名的话还可以马上领到三块大洋的预付工资。这时的张阿根已经成家，家中有一个二岁多的孩子，还有六十多岁的老母亲，生活负担很重。看到这样诱人的招工条件，心想现在家中都已经要等米下锅了，自己有船厂工作的技术，不妨做几天试试。于是就填表报了名，把三块银元往家里一放，就去了指定的码头。谁知这一去就再没有能回来，直到 1945 年抗战胜利以后才辗转回到上海。

　　据张阿根后来讲述，当年他一到集合的地方，就觉得不对头了，陆续到来的人被领到离江边码头不远的一处仓库后，就被集中看管了起来，失去了自由。后来又听说是要去大连的船厂去做工，硬是把他们押上了船，到了大连，根本没有让他们下船，还上来了不少劳工，把货船底舱挤得满满的。劳工们按不同的来源分成一队一队的，由专人看管，完全失去了自由。船一直在海上颠簸，一路上还不断传来有人死伤的消息。到了日本以后，更是如同到了人间炼狱，饱受折磨尝尽了苦头。

　　日本北海道是当年强掳劳工最集中的地区，4 万多华人劳工中，就有 16282 名中国劳工被强制在北海道的 58 处场所。和张阿根一起被强掳到日本的这批上海劳工，所在的煤矿属北海道住友奔别矿务所，从事的是劳动强度最大的煤矿作业。煤矿井下作业的劳动环境异常恶劣，低矮的坑道里昏暗闷热，煤尘漂浮，空气十分浑浊。除了一块兜身布、一条擦汗巾、一顶矿工帽外，再无其他的劳动防护。劳工都是光着身体干活，凿煤、挖煤、装煤、运煤，滑倒砸伤是常有的事，还有被塌方砸伤砸死的。吃的食物也是定量的，根本不够吃。晚上睡的是大通铺，一个挨着一个，翻身时都要影响左右两边的人，加上还有呼噜声、梦呓声，想家时的哭喊叫唤声，经常有人因此受到训斥和打骂。北海道的冬天特别严寒，破旧的毯子根本御不了寒，不少人因此得了伤寒，还有冻死病死的。面对如此恶劣的环境，劳工们用各种形式进行反抗，有消极怠工的，还有伺机逃跑的，但大多都被抓了回来，受到愈加惨无人道的暴打示众，甚至被活活打死。

为了争取起码的生存条件，劳工们自发团结起来，很快有人成了大伙的核心人物，据张阿根回忆，有一个姓周的劳工，为人正直，敢于在劳工受到打骂时站出来帮劳工说话。被大伙推举为代表，与矿上交涉，要求改善劳工的生活条件。大家私下议论，认定老周一定是地下党，都愿意团结在他的周围。互相帮助，相互勉励活下去，坚持等到回国那一天的到来。

1945 年 8 月日本战败前夕，日本政府深知罪恶滔天，匆忙下达密令，要求各部门和占领区当局销毁罪证，掩盖罪行，其中就包括强征和奴役中国劳工罪行的档案资料。同时，日本政府还要求直接奴役中国劳工的日本企业销毁罪证。

1945 年 8 月 15 日，日本宣布无条件投降，受尽磨难的劳工们陆续开始返回祖国。张阿根回到上海的时间是当年的 10 月。回国以后，张阿根极少谈起在北海道煤矿的那些事。1953 年填写的"工人职员劳动保险登记卡"时，写明是在 1944 年的 5 月去了日本，在北海道本别煤矿矿下开矿，1945 年 10 月回国。"文革"时候，他写过有关在日本北海道当劳工的情况，单位组织上还几次找他谈话，以后他更是几缄其口，再也没有在私下谈及那些悲惨的往事。张阿根在 1995 年 10 月去世。后来，上海淞沪抗战纪念馆来过电话，张阿根的家属子女如实反映了他们所知道的情况。

据日本外务省《华人劳工工作情况调查报告书》记载，1943 年 4 月到 1945 年 5 月，从中国掳掠的 41762 名劳工中，乘船前及在运输途中死亡 3645 人，实际运到日本 38117 人。在日本死亡的劳工 6830 人，死亡率高达 18%。其中死在北海道的劳工人数有 3047 人，差不多占了死亡劳工人数的一半。如果战争延长，被抓中国劳工的死活难以预料，很可能会全部遇难。这是日本军国主义对中国人民犯下的罪恶，中国人民永远不能忘记。

浦东张阿六部抗击日本鬼子的故事

　　浦东大道八号桥南堍，是莱阳路的起端。这里原是西沟老街，解放前与"南官道"相通。从这里出发朝东，经钱郎中桥，过赵家沟河，可一路蜿蜒抵达杨园、顾路，直至东海滩。抗战时期，这一带都是张阿六部队活动的地盘。1945 年秋，抗战胜利后不久的某一天，西沟老街显得特别地热闹，当地居民簇拥在道路两旁，好奇地目送一支队伍过境。这支队伍中有国民党第三战区顾祝同部的代表，有政府的官员，还有几个美国人。原来他们要去国民党忠义救国军江浙边区特种行动总队张阿六部的活动区域，以嘉奖该部抗击日寇、营救美国援华飞行员的行为。

　　张阿六，又名张慧芳、张为邦、张弩，1907 年出生在川沙龚路一户贫苦农民家中，爹娘早亡，6 岁时过继给其舅龚金荣，改称"龚阿六"。龚金荣好吃懒做，嗜赌成性，使少年张阿六染上了许多恶习。龚金荣死后，张阿六失去依靠，只能以讨饭、偷摸度日。14 岁那年，张阿六跟随叔父去上海学做泥水匠生意，靠手艺糊口。学徒学生意没有工资，日子过得还是很艰辛，自由散漫恶习在身的张阿六哪里过得了这样的生活。后来，他见贩卖私盐赚头好，来钱快，就扔下泥桶瓦刀，干起了贩卖私盐的营生。结果没多久就被官府捉拿吃了官司。出狱后的张阿六认定没有人、没有势力就难以在社会立脚。于是入帮会、拉队伍，结党营私，打家劫舍。在白龙港一带抢劫过往船只，窜到启东、崇明、江浙海面，越货打劫，掠夺财物，逐渐成为长江口、杭州湾海面的一霸，当地人都以"土匪张阿六"称之。抗战时期，张阿六通过关系，由国民党第三战区司令顾祝同收编了他的队伍，成立"江浙边区民众自卫队"，后改称"江苏省海上游击队"。1939 年秋，国民党军统头子戴笠将张阿六所部改编为"忠义救国军独立第一支队"，"忠义救国军海上游击支队"，张阿六被任命为少将总队长。

　　"七七"事变后，中国共产党发表宣言，号召全国人民团结起来，停止内战，建立统一战线一致抗日。在事关民族危亡的大是大非时刻，张阿六作出了他的选择，下决心抗击日寇的侵略暴行。

一、抗击鬼子惩处汉奸帮助新四军

有一次，占领浦东的日军在川沙、南汇交界地区实施"扫荡"，张阿六率部在施湾地区阻击，指挥队伍拼命抵抗，战斗打得很激烈。此役以后，日军再不敢轻易进入到沿江沿海地区。

日军在川沙顾路设有据点，使张阿六部的活动严重受阻。张阿六组织敢死队袭击了日军据点，战斗中牺牲了好几个部下。以后，张阿六每次路过这几个部下的坟地时，都要停下来行鞠躬礼，以示他内心的哀悼和抗击日寇的决心。

张桥地区武装头目许志飞，原是张阿六的手下。许与川沙别动队秦兴炎勾结，投靠了日本人。打出"浦北区武装警察队"旗号，接受日军给养，向日军提供情报。张多次规劝，许置之不理，最后被张阿六派出的部队枪杀。还有一个汉奸叫徐洪发，投靠日本人后，部队改编为伪"人民自卫团"，队伍一度发展到600余人，势力从川沙唐镇扩大到南码头一带，后来也被张阿六部枪杀。

苏北新四军派人到上海采购军用物资时，曾得到张阿六部的合作，使货物能够顺利出海，安全运抵苏北根据地。

二、机场炸飞机浦江炸日舰

日军在大场有个军用机场，从这里起飞的战机给中国军民带来了无数的灾难，张阿六决心炸飞机，打击日军的嚣张气焰。1943年春，张阿六和爆破组长葛绍基制定了炸毁飞机的行动计划，并电告重庆的戴笠，要求提供高性能炸药。戴笠当即派出爆破专家携TNT炸药来到上海，对爆破队员进行长达3个月的训练。其间，葛绍基还以干杂活的民工身份深入大场机场，把内部地形、设施及岗哨活动等情况摸得一清二楚。11月2日深夜，葛绍基率领14人的爆破分队携带炸药潜入大场机场，迅速将炸药放置到飞机的要害部位。随着几声巨响，9架日机被全部炸毁。爆破分队人员安全撤离，无一伤亡。

1944年8月27日深夜，葛绍基又率领了一支12人的爆破分队，潜入月浦王浜机场，炸毁飞机1架、汽车4辆。

1944年8月6日，爆破队员黄明初冒着生命危险，携带装有20块TNT炸药和定时器的火油箱，混进上海香港路日本侵华海军俱乐部，成功实施爆炸，造成日寇的惨重伤亡。

最惨烈的一次爆破当属在黄浦江边炸毁日寇40吨汽油船，当爆破手在船边行动时，被日军哨兵发现，爆破手毅然拉出胸前炸药包的导火索，翻身跃上汽油船，最后与油船及船上的日军同归于尽。

三、营救美国飞行员

1945 年 4 月 2 日，美军驻华空军第 14 航空大队 75 飞行中队 23 分队分队长、少校飞行员斯诺克姆，奉命掩护轰炸日军江湾基地，不幸被日军炮火击中，坠落在浦东高南乡顾家宅一带。飞机坠落时与擦到的民房一起着火，把一名老妇烧得面目全非。张阿六部的凌关根、丁麟和黄明初等人马上赶到现场，用商贩黄兴良的自行车把受伤的美国飞行员推到驻地，请军医处理了伤口，换上大个炊事员凌长安的中式对襟衣服后，迅速向他处转移。

起初，日寇以为飞行员已被烧死，后来发现死者不是美飞行员，于是，日寇出动了几百人展开大搜查，意欲活捉美国飞行员。凌关根、黄明初等人带着斯诺克姆天天转移，有时一天要转移好几次，几次差一点就被日寇发现。经过 40 多天的艰苦周旋，最后由张阿六派人把美飞行员送到舟山，安然抵达盟军驻地。中美建交后，斯诺克姆在报上发表文章，回忆被救之事，还出示了珍藏多年的中式衣服（见图）。

张阿六部先后营救过多名美军飞行员。为此，他受到美军的嘉奖，美国政府还授予张阿六将级勋章，并获得去美国的绿卡。

1989 年，张阿六回大陆探亲，曾对家乡人说道："但愿两岸尽快统一起来，到那时就能经常喝到家乡水了。"1990 年，张阿六在美国病死。

对历史人物的评价，要公正全面，要结合当时的社会形势，是非曲直、客观公正。张阿六是一个毁誉参半的复杂人物，张阿六曾为非作歹，对人民犯下过罪行，对他在抗战期间敢于抗击日本侵略者、晚年认同祖国统一的立场应该予以肯定。

美国飞行员斯诺克姆保存的中式衣服

儿时记忆中的"高庙庆宁寺"

我的故乡在浦东，一个名叫高庙庆宁寺的地方，这里有我的故居，是我自小生活长大的地方。

"月是故乡明"，眷恋故乡实为情系所致，这是一种天性，人的天性。我怀念故乡，常在脑海中浮起那些难以忘却的往事……

在浦东，高庙庆宁寺曾是很叫得响的地方，有时也被叫着"庆宁寺高庙"，或分别称作"庆宁寺""高庙"。我对高庙的印象如同一帧帧画面，清晰、深刻，互相之间又缺乏联系。我是在1956年上的幼稚园，地方就在这所庙宇的屋舍里。年幼时的记忆是不连贯的，只记得有时候午睡醒来，隔着窗户就能见到虔诚的信徒们集合在院子里，排着长长的队伍，边兜圈行走边念念有词。遇到大的斋期，信徒们还会四处去兜米，一个米袋一个钵，四方街邻挨家游走，愿给的一家一钵，不方便不愿给的也不勉强。到了斋日谁都可以去庙里吃免费的百家饭，院子里摆好了桌椅，有空位了谁都可以坐上去，不嫌人多，饭菜管够。这一天最忙碌的是前来帮忙的信徒，淘米洗菜、刷锅烧饭、端凳摆桌，收拾碗筷，忙得不亦乐乎。

1958年我上了庆宁寺小学，上学的路从庙前经过，时常会看到庙里住着的那个卖糖果零食的老头，佝偻着瘦骨嶙峋的身躯，常年披着一件破旧的大衣，嘴里老是嘀咕着说个不停。那时我们都还小，放学回家都会结伴而行，一路上小伙伴们跳着跑着，嘴里还叽叽喳喳说笑个不停。但凡哪个同学有了几分钱，便会有一大帮人簇拥着，找老汉买东西分着吃。钱少不能买多，主要是买一种名叫"饴糖"的麦芽糖，可以敲成很小的块块，以便大家都能分到。买糖的时候，我们常常会挤在老汉房间的门口，幽暗的屋子里满是凌乱摆放的佛像，有瓷的，也有木头的，还有老人极其简陋的货郎担和支着破旧帐子的小矮床。有时在路上会遇到做白事的人家，记得有个患眼疾的老和尚，乡人都叫他"坍眼和尚"。给亡人超度时，只见坍眼和尚神情凝重，面西而立，手摇法器，嘴里喃喃有词，也听不清在念些什么，只是最后一句"直上西天"倒是念得很响、很清楚的。

"大跃进"的时候要在庙里办食堂，把老爷的塑像都给砸了。后来还在庙里办过民办小学，把善礼堂改成茶馆店和泡开水的老虎灶。家父有早起喝茶的习惯，常带着我一起去。茶馆的管理员叫老光伯伯，和我家带着亲。偶尔，老光伯伯会从桌上拿起一个五分钱的硬币塞到我的手里。得到大人许可后，我就会把钱币紧紧地攥在手里，赶紧跑回家中藏起来，很长很长时间都舍不得花掉。那时的茶馆店还有说书，讲三国、岳飞传、隋唐等故事，一本大书总得讲上十几、二十多天，甚至更长。说书人很会摆噱头，每回讲到紧要关头，便会卖关子，戛然而止吊你的胃口，让你欲罢不能明天再来。听书是要花钱买票的，没有票就不能入内，只能扒在窗口外"听白书"。窗户离地高，要用脚尖跐在突出的墙沿上，才能用手抓着窗栅栏。经常是好几个孩子拥挤在一起，还常常被挤轧下来。尽管如此，孩提时的我们仍是长此以往、乐此不疲。

每年的四月初八前后，高庙都会办庙会。上川路两边搭满了展销的棚子，浦东大道往西要搭到邮局过去，朝东一直要搭到近八号桥。庙会期间，吃的穿的、看的玩的样样都有，几分钱可以买一碗油豆腐细粉汤，又便宜又好吃。现在沿街也常能看到卖"麻辣烫"的，但食材和做法都和以前不太一样，味道更是无法和小时候吃的细粉汤相比了。庙会对我们小孩子来说就是好玩，觉得热闹开心。那时就看到有人在卖季德胜蛇药，卖蛇人会当着围观人群的面，抓出蛇来咬自己的胳膊，被咬的手臂瞬间肿胀起来，人群中一片惊呼，那种场面真是既惊险又恐怖，胆小的人常常吓得掩面而逃，买药人则不慌不忙拿出药来，口服手涂，果然一会儿就消肿了，真是神奇的妙药。还有"小热昏"说唱，一个人，一张凳，自嘲说笑，包袱连连，常惹得观众哈哈大笑。唱京戏的也是一个人，一把琴，自拉自唱。还会根据剧情角色的不同更换不同颜色的胡子（长大了我才知道这个叫"髯口"，不能叫胡子），一边放在上嘴唇上，两边挂在耳朵上。还会用男女声一个人唱，着实是有本事。还有卖膏药的，光着膀子穿着灯笼裤，一边不停地说、时时不停地捶打自己的胸脯，把个胸脯拍得红红的。这些人也不是一直光说不练的，表演气功时，会在身上鼓起一个形似鸽蛋大小的气团，在手臂上、身上滚来滚去，让停就停叫走就走。有人说这里面不是气，是鼓起的肌肉。其实这不管是什么，能让身体表面随意鼓出这么一个包来，还会在身上来回滚动，这就是本事，是辛辛苦苦练出来的真功夫。

庙会的举办，主要是为了经济的发展，促进城乡物资的交流。当这样的功能被其他形式的商业活动所取代时，庙会的消失也是自然的事。只是对于亲历过那些场景的人来说，那种喧嚣热闹的场景总是脑海里记忆中抹揩不去的浓浓乡情。

记忆中的高庙门口前场景 王象新绘画

高庙寺前浜、西香花桥茶馆老虎灶 王象新绘画

道堂路背后的历史故事

从浦东大道沿金桥路往北行走，不远处就是道堂路了。道堂路东西走向，自金桥路始起迤西，不足几十米就不通了。历史上的道堂路可是不短，三四百米长的道路，从这里一直通往寺前浜自然村的西头。

道堂路的历史很长，前身是通往洋泾的官道。原来也不叫"道堂路"，而是叫"道塘"，它的修筑与光绪三十一年（1905 年）八月初三的那场大水灾有关。

关于 1905 年农历八月初三的那场风潮灾害，《中外日报》曾这样报道："初三飓风挟潮，南邑海溢，漫过圩塘，并有数处冲成缺口，自沙岭以东，水高二三丈，如是者二团至七团，漂没沙民无数，""死者暴露，棺殓不验，且将漂泊入海，尸骸无著，而生者亦庐舍荡然，风餐露宿，沉灶产蛙，炊烟俱断，深恐不日亦将就毙。如此奇灾，近百年来所未有……"横沙岛一带淹死的渔民数以万计，仅合庆、青墩、蔡路、黄家圈等处义冢掩埋的尸体就有 3250 多具。上海县城，也是街巷尽没，水深及膝……黄浦江中倾翻的船只不计其数。

灾害发生后，上海知县汪懋琨旋即组织力量，指挥沿浦各图塘长地保、四方乡民抢堵缺口。第二年初春，又设立专门临时机构，并亲自主持制定灾后护塘的加固修葺工程计划。

浦东沿江出现成规模的防护堤是在清乾隆二十九年（1764 年），自上宝界浜口起，到洋泾港东端止，全长 2902 丈，史称"淞浦东南土塘"。护塘修成后，由于没有专门的管理机构和必要的资金维护，加之沿浦各图塘长的管理严疏有别，"虽曾迭次兴修，大率救弊补偏，未能一律修筑完固"。土塘的维护修葺一直存在很大的问题。有些地段的塘身已经逼近浦滨，即使修整也难以持久。所以在最后确定方案时，决定对原东南土塘全线加固修整，并把其中的四十三图和朱家浜以东严家宅至北陶家宅二段护塘移地重筑。整个工程委派高陆两行乡董谢源深全面监理，乡绅凌汝曾组织施工。

1906 年 3 月 27 日，土塘整修工程全面展开。从美孚围墙到庆宁寺移地新筑的护塘共长 246 丈。"系二十二保四十三图顶筑一百八十六丈，均田均役、按亩出夫。二十四保四十八图协筑六十丈，自愿按亩筹资雇工承包。"塘身的规格质量要求：

"塘身高八尺，面宽八尺。塘基宽二丈，塘内留步一丈，塘沟宽二丈，""塘内外筑码头六处、内二处"。整个工程历时 40 天，至 5 月 6 日全线修固完工，共修整老塘1562 丈，移筑新塘 813.5 丈，合计 2375.5 丈。[注]淞东南土塘原长 2902 丈，那相差的 526.5 丈分别在 1896 年和 1901 年被外商耶松船厂、美商美孚侵吞攫取。

由于护塘具有塘和道的双重功能，所以老百姓直呼其为"道塘"；这便是道堂路最早的来由。又因为这段移筑的新塘也被称为"新西塘"，所以陆行乡绅王镇把他在 1926 年创办在居家桥的学校取名叫"西新小学堂"。

需要说明的几个情况：

1. 1906 年移筑新塘时，从庆宁寺到美孚火油池围墙之间还是一片农田，是美孚不断蚕食扩张，侵吞了这片土地，才形成了后来庆宁寺西面后面都是美孚的局面。

2. 美孚当年围墙的东侧边上就是东渡路，是美孚后来的扩张吞并，挤掉了东渡口，才造成了"只知西渡在歇浦，不知东渡在何处"的局面。

3. 现今居家桥双拥大厦的地方原是部队的驻地，这里原有一个很大的圆形水塘，是当年取土筑塘时留下的遗迹。

4. 1911 年塘工善后局又对道塘进行了重修，把原来拐向庆宁寺后的塘身拉直，即沿着寺前浜一直通往西沟。长度也增加到 483 丈，取名叫"寺前浜路"。乡民仍然习称"道塘路"。1920 年，再次将庆宁寺到寺前浜村的 350 米道路加以拓宽，确定名称为"道堂路"。

注释：

注：《浦东塘工善后局案》记载：修整老塘 1467 丈，移筑新塘 813.5 丈，全长 2280.5 丈。

道堂路路牌尚在只是道路仅存几十米了

从东渡口屡次东迁看美孚的扩张野心

地处洋泾歇浦路的轮渡站俗称"西渡"，意即"西面的渡口"。那么有没有东面的渡口——东渡呢？有的！从塘工局留下的相关历史资料中，我们可以看到多处有关东渡口的记录。在《浦东塘工善后局案》浦东沿浦土塘图上还标有"东渡码头"的明确记载。

东渡口，原先是在居家桥黄浦滩，清光绪二十七年（1901 年），美孚建火油池时，将东渡码头挤到了美孚火油池的东侧，这里通往黄浦江边东渡码头的路称为东渡路，大致位置在今浦东大道 2639 弄 11 号西侧边。有关这段历史，《上海县续志》有明确记载：东渡码头"浦西在沈家滩，浦东俗称东渡。光绪年间被美商美孚油池移毁，交涉多年至三十三年议结"。

到了 1906 年，塘工善后局组织移筑新护塘时，东渡路尚在美孚油池东侧，这里与庆宁寺也并不连接，中间仅坍剩的民田合计就有十一亩多。也就是说，那时候从美孚东侧围墙到庆宁寺西侧的护寺河"寺西浜"（注）之间，是一片长约 350 多米狭长的田地。美孚一直觊觎窥视这片土地，不择手段向东蚕食，并最终得逞，东渡码头又一次被向东挤到了庆宁寺的寺西浜边。据相关材料记载，1911 年，塘工善后局对道塘进又进行了重修，并把原来拐向庆宁寺后的塘身向东拉直，沿着寺前浜一直通到了西沟。长度也增加到了 483 丈，取名叫"寺前浜路"。新塘修筑于 1906 年，为什么仅仅相隔了 5 年又重修了呢？原因只有一个，那就是相隔在美孚与庆宁寺之间的那块地大部分已经落入了美商之手。

庆宁寺院四周原来都有河浜护围，在寺前面的称为"寺前河"，寺西面的称为"寺西浜"。美孚的这次东扩，把地域范围一直扩到了"寺西浜"，东渡口也被挤到了庆宁寺西靠后的江边。1911 年，塘工局还在庆宁寺西侧修了木桥、重修了通往新的东渡口的路，地方就在今金桥路 226 弄西侧，高庙邮局的旁边。

1921 年，上川路拟定修筑方案，美孚见有机可乘，再次采用了不当手段，把庆宁寺后面的地皮都圈进了美孚的围墙内，东渡口再次被挤到了庆宁寺的东侧。1920 年塘工局再次辟筑所修的东渡路，已经是从道塘路、嘴角路往江边、即现在的庆宁寺渡口到道堂路那一段路了。

　　关于这一段历史，从现存的高庙市轮渡工房边的围墙、庆宁寺小学操场西北围墙，包括现存美孚围墙走向的状况中都可以得到佐证。塘工善后局所留档案《浦东塘工善后局规划沿浦公渡码头案》"四十三图之东渡被美商美孚移毁……"（档案编号：Q203-3-36）也明确记载了东渡码头被美商蚕食的情况。《浦东塘工善后局庆宁寺创兴市面购地建造房屋案》，"修筑东渡码头公路并筹款建筑市平房25间借以兴市，名曰庆宁市"。

注释：

注：寺西浜，庆宁寺西侧的界浜，亦称寺界河。

寺前浜村的故事

　　历史村落寺前浜村，东临今浦东大道 2659 号庆宁寺邮局西侧道路、这条路往北延伸，与当年庆宁寺的寺西河在一条线上[注1]；南靠浦东大道，民居基本都在浦东大道的北边；西到美孚油库东侧老围墙、今浦东大道 2639 弄 11 号楼、22 号楼西侧，这里历史上曾有一条向北一直通到江边的东渡路；北到寺前浜河北畔、美孚油库的东西向围墙[注2]。整个村落呈长方形，东西长约 350 米，南北宽约 150 米。浜北人家较少，仅为寺前浜北 1 号到 4 号 4 个门牌、浜南人家从寺前浜南 5 号到寺前浜南 28 号，有 24 个门牌号。寺前浜南、北两岸共有居民 28 个门牌号。

　　过去这里曾是典型的水乡村落，寺前浜河从村中东西向横贯而过，因河流就在庆宁寺的前面经过，故将在这一段河道称为"寺前浜"。据史书记载：寺前浜开浚于明朝的万历年间[注2]，是连接黄浦江支流马家浜和洋泾港的一条活水浜。20 世纪初的 1909 年，塘工局曾组织民力疏浚了寺前浜村西头南北向河道，1919 年、1923 年又两次疏浚了寺前浜东、西两段河道。此外，村中还有多条河流交叉纵横、互相贯通，如同一张水网罩住了整个自然村落。这些河沟的形状、大小、长短、走向不一，在西头的称为西浜，在后面就叫后浜。在历史上，这些河流承担着时代赋予的许多功能：生活用水、交通运输、农业灌溉、泄洪排涝，为这里的人们提供生产生活的基本条件。这些河流中还有先民们为改善生存环境而留下的劳作遗迹，如村西头不远处，今双拥大厦的东侧，过去有一个很大的圆水塘，就是当年谢源深领导乡民移筑新塘取土夯坝时留下的。

　　村南的浦东大道是条高等级的道路，修筑于 20 世纪 30 年代。先是煤屑路、后是石子路再到沥青路。不像村中的那些小路，一到下雨便泥泞不堪，难以行走。村北有道堂路，从高庙一直通到村西头。道堂路曾经是官道，由护塘演变而来。20 世纪五六十年代，这里还是用石头铺成的弹格路。道堂路在寺前浜北，到浜南来就要过桥，从寺前浜西香花桥一路排过来共有四座桥，差不多相差数百米就有一座桥，因原来浜北也都有民居，江边还有渡口。桥是为了方便两岸居民的往来行走，是美孚油库一次又一次的蚕食东移，硬是把油池东围墙到庆宁寺之间的那片土地占为了己有，才形成了后来道堂路边上就是美孚围墙的局面。

　　寺前浜村地处浦东大道以北，属于浦东沿江片较早城市化的地区，浦东开发之前是杨浦区沪东街道的所辖地域。村里除了房屋、河流以外，剩下的就是农田了。这些土地中，除了少数自留地、宅边地以外，其他都是生产队集体的地。寺前浜生产队属洋泾公社高庙大队，洋泾公社属川沙县，这些土地也就自然成为了川沙县在杨浦区地域范围内的"飞地"。当然，寺前浜生产队的大部分农地还是在浦东大道南面的原川沙县地界内，在一片"水烂泥高地"里。所谓"水烂泥高地"，俗称"吹泥地"，是由黄浦江疏浚船挖起来的淤泥排放到四周封闭的圈地里才形成的。当初在寺前浜村南面吹泥时所围的圈地很大，从今团林路往西一直要到云山路、往南要到栖山路，往北到浦东大道。这一片圈地不全是高庙大队寺前浜生产队的，以友林路为界，西面就是居家桥金浜大队的土地了。[注3] 后来在这片土地盖起来了上海港技校和上海港湾学校。上海港湾学校后划归海运学院，2004 年更名为上海海事大学（东校区）。

　　20 世纪七八十年代，村中尚有砖木结构老宅基房 55 幢和少数二层楼房。建筑面积 7354 平方米，居民 164 户、六七百口人。后来寺前浜被逐步填没，村庄南部沿浦东大道北侧建造了 22 幢六层工房，面积达 2.66 万平方米。另编门牌为浦东大道2639 弄 1 号 –22 号。再后来，又建造了浦东大道 2641 弄多幢六层工房，寺前浜村逐渐演变成了浦东大道北侧颇具规模的居民住宅区。

注释：
注 1：寺西河，又称寺界河，在庆宁寺西侧。
注 2：《杨浦区地名志》122 页。
注 3：居家桥沿江、陶家宅沿江、朱家门沿江都曾有过大小不一的吹泥地。

如今的寺前浜村已是浦东大道旁居民集中居住的住宅小区

浦东本地人过年习俗

　　在历史长河中，我国的大部分地区都是农耕社会。改革开放之前的浦东郊区基本也是以农业为主，所以浦东的许多风俗也都与农业生产有关。例如春节过年，就是在农作物收获储藏已毕，又是在不宜耕种的冬冷闲暇时段，这才有了这么一个时间跨度长，内容又特别丰富的重要节日。

　　浦东本地人过年，从农历的十二月廿三就开始了。这一天，有个"灶君太太上天"的习俗，传说灶君太太是在年三十夜上岗的，以后便整天整夜守在岗位上不再离开，把这家人的种种言行都看在了眼里。到了十二月二十三这一天，此君就要上天述职、汇报这户人家一年来的情况了。故此，家家户户都要"祭灶"，用糖糕瓜果来甜灶君的嘴，希望灶君太太在玉皇大帝面前多说自家的善行善德。供糯米圆子，为的是粘黏灶君的牙，不让他说不好的话。过去，浦东本地人裹圆子，糯米粉是用石臼舂出来的，不像现在都是机器轧粉。而且还要用烧稠的米粥汤来揉粉，这样揉出的面团裹出来的圆子才又糯又好吃。裹圆子时还有个俗成的约定，就是把肉馅的搓成圆形，带尖头的为枣子馅，而长圆形的便是豆沙馅的了。

　　到了大年三十，拜年夜饭祭祖才是最隆重讲究的习俗，各家各户都会烹饪丰盛的菜肴。全鸡全鸭、大鱼扣肉自然必不可少，还有平时很难吃到的传统特色菜，如"油氽蹄膀、四喜烤麸、爆鱼、白斩鸡、八宝饭"等。拜年夜饭的仪式开始前，先要将八仙桌抬起来转九十度方向，让桌面的拼缝从原来的东西向转为南北向对着门口，以示阴阳两界有别。还要在台脚上绑上"台围"（读音 tai yu），就是围桌子的布幔，从台面一直遮挂到地面，表示虔诚和隆重地迎接先祖故人回家过年。摆上菜肴后，要在桌子的南面放置香炉与蜡钎，东、西、北三边摆满酒盅，配筷子时一定还要放一双左手筷，意思是方便有左手习惯的先人用餐。"酒"一般用糖汤水替代，隔一段时间斟一次，一共要斟三次，意喻酒过三巡。然后供上米饭。其间，长辈们口中常会喃喃自语说一些吉利的话，祈求先辈祖宗保佑全家平平安安。拜年夜饭还要焚香点蜡烛，香炉放在桌子南边前端的中间，蜡钎分放在两旁，等到香烛自然燃尽，才开始焚烧锡箔，家里人按辈分和长幼秩序向先辈祖宗跪拜磕头，以示尊敬。等到锡箔也燃尽无烟火了才可以撤席。撤下的菜肴先要放在灶台上，桌子撤空后还要转向，使台面拼缝恢复东西走向，再把热好的菜肴端上桌，这才一家人围坐在一起，高高兴兴地吃年夜饭。

第二天大年初一叫"新年"，新年新年，寓意在新，衣服鞋子都要是新的。这是一种风俗，也是一种观念。我家是双职工家庭，母亲在纱厂三班倒上班，即使春节也不一定轮到休息。那时的经济条件，不够给四个孩子都购买新衣服，往往是自家买布裁剪缝纫。母亲为了给我们赶做新衣，常常几天通宵不休息，再累再倦也要一针一线精心缝制孩子们的新衣……"慈母手中线，孺子身上衣"，大年初一的早上，我的枕边总会有叠得整整齐齐的新衣服和几毛钱的压岁钱。

这一天的早上，是一定要吃"糖圆"的，糖圆比圆子要小，比现在超市里卖的汤圆要大些，糯米搓成，实心无馅，吃的时候放糖，寓示新年伊始，日子过得甜甜蜜蜜、圆圆满满。

到了正月十五，又是一个热热闹闹的狂欢日子。这一天，有"调龙灯、猜灯谜、扭秧歌、划旱船"等各种各样的社戏表演，"社火娱神、香火娱人"，煞是闹猛。孩子们喜欢玩"兔子灯"，竹片做骨架，外面糊上白纸，长长的耳朵，大大的红眼睛，里面点上蜡烛才是灯。还有一种最让少男小伙们醉心的游戏，叫着"炭茅柴"，也叫"烧荒"。这是由远古"刀耕火种"式的荒耕方式流传演变而来的习俗，就是用火把河边田埂、荒野杂地的茅草点燃，一时间，缕缕烟雾渺渺而起，在田间地头徐徐飘绕。遇到有风时，燃着的茅草还会趁着风势四处蔓延，在烧过的地方留下片片枯黑的土地。

与少年小伙狂野的嬉闹方式不同，少女姑娘们常会在这一天玩"杠三姑娘"的游戏。"三姑娘"，指的是田角姑娘、场角姑娘和门角姑娘。三个姑娘中，门角姑娘最有灵气，知道的事情最多，也最肯帮忙。在沪语中，"杠"含有"抬""请"的意思。"杠三姑娘"先要请三姑娘，姑娘羞涩，要有"阿舅"代为应答。"阿舅"要选未谙世事的孩童担当，请者问"大姑娘嘞浪伐"，应答曰"勿啦"（沪语不在的意思）"二姑娘嘞浪伐""勿啦""三姑娘嘞浪伐""啦浪额"，于是请者大声说"请三姑娘噢"，由阿舅领着把三姑娘请进屋内。少女们挨个提问，三姑娘逐个回答。方式是先在淘箩上缚一只筷子，然后把淘箩翻过来，由二人扶着淘箩，让筷子在装有面粉的团箕里来回划动，从筷子划动的痕迹里寻求答案。其实大多是牵强的附会，无非是寻个乐趣和寄托安慰而已。

民俗是文化的凝练，是传统文化的时代表现。民俗具有地域性，浦东人的民俗有浦东地域的特质。民俗需要继承，继承的是文化、是伦理、是知识、是道德行为规范。民俗需要发展，随着时代的进步而不断舍取、充实、调整、演变发展，使得富含文化精髓和民族的价值观念代代相传。

2018 年 2 月

沪东历史民居谈

沪东地区临靠浦江，在浦东中部偏北的地方。这块土地上的历史民居大多是晚清、民国时期的江南民居类型，主要有"一"字型、"凹"字型和"口"字型三种，后两种房型也称"绞圈房"。此外，还有少量石库门楼房和一些别具风格特色的建筑。

呈"一"字型的房子称"一埭房"，也称"正埭房"。普通的一埭房一排三间，中为客堂两旁为房间。一排五间的称"五间堂"，为一埭房类型中比较多见的房型。也有一排七间或一排九间的，分别称作"七间堂"和"九间堂"。

"凹"字型的房子，是在一排房的左右两边向前延伸，接上的房子称为"厢房"，这种有厢房，呈"凹"字型的房子，即人们常说的"绞圈房子"。

绞圈房子是浦东历史民居的主要房型，大都坐北朝南，讲究中轴对称，体现了传统的尊南思想和左右平衡的文化观念。建筑多取单数，或三或五，间有七、九间。也有呈双数的，四、六、八间头。双数房又称"鸳鸯房"，意为对称。还有角尺型结构的，属非主流的房型，主要受制于地基的环境条件，同时反映出旧时浦东多沟塘河浜的地理特征和浦东人因地制宜、随遇而安的务实思想。

在沪语中，围起来成圈叫着"gao quan（拼音）"，"gao、绞"在沪语中的读音相同，故多将"gao quan"写作"绞圈"。其实这里所说"绞"是指圈起来、围起来的意思，"绞圈房"顾名思义就是"围起来的房子"。

绞圈房子的各间房屋有着各种不同的称谓，正中的称客堂，中轴线从客堂中间穿过。客堂两边叫"正房"，在东面的叫东正房，俗称"东间里"，西面的正房即称"西正房、西间里"。进客堂的门叫"大门"，客堂连接正房的门叫"腰门"。正房用室板隔成前后两部分，室板里为卧室，室板外为外室。外室一般置放桌椅，是一家人吃饭小息的地方。通过外室到隔壁的那间房叫"落余"。落余系沪语读音，意为该屋的屋面下斜，椽子也呈下披状，没有正房来的正气，故名"落余"，也称"偏房"。落余房间也用室板或墙壁隔成两半，前面垒砌灶台，后面是房间，可作卧室或书房。落余房间后面的低矮屋叫着"披"，也叫"下孵间"，"孵"，沪语读音"bu 部"，是为下蹲的意思。下孵间常被用来放置粪缸，功能类似厕所。也有将下孵间当作柴间用的。落余房间与下孵间一般不连通，要出边门转后才能到达。向南延伸连接的叫厢房。一墶两厢房式的房型即"凹"型绞圈房，是典型的浦东历史民居，历史名人张闻天故居即为这种房型。

从厢房再向里连接建造的辅助房，称作"墙门间"。有墙门间的绞圈房呈"口"型，真正把房子围建成了一个封闭的"圈"了。墙门间外叫场头，墙门间里称庭心，穿过庭心再到客堂。带墙门间的绞圈房一般都建造得比较讲究。布局大多为二墶房，也有三墶、四墶以至更多墶的，把房子围成一个接一个的"圈"，互相间有回廊连接。穿过前庭可以到第二个庭心，穿过二庭可以到第三个庭心，一个庭心为一进，依次为二进、三进……民间谚语中曾有"十墶九庭心"的说法。在老沪东街道的原寺前浜地区，曾有过四墶三进的绞圈房子，当地人称"四墶头"。也有前后并列建造的绞圈房，即四墶房子各为独立单元又前后并列，组成"田"字状的建筑群，原寺前浜村的张家门房子就是这样的格局。

绞圈房子的基本格局大凡相同，但建造、装饰的简繁程度大有区别。在尚无水泥的过去，外墙砖头大多裸露。经济条件好的人家就用劈成两半的细竹编成竹篱贴在外墙上，称作"护壁"。房顶瓦铺盖的疏密也有区别，有钱人家的屋瓦盖得又密又厚，且都用瓦当护椽，条件差些的人家屋上的瓦盖稀少，一般也不用瓦当。

房子的大小和数量也有不同，大多为一墶五间两厢房，也有七间双厢房的，有两个正间，两个厢房。同为绞圈房型，大小也有所不同，房子造得大的，所用的椽子就多，两根椽子中间的空隙称"豁"（沪语读"fa、发"），房间一般为 15 发、17 发，客堂为 19 发到 23 发、发数越多房子就越大。

本地民居在房间的使用分配上有严格的长幼之分，叫作"哥东弟西、哥南弟北"，东西正房分配时、哥居东、弟居西，正房与厢房，长为正房幼为厢房。墙门间在一般的情况下，东边墙门间为佛堂或者是次会客室，西边墙门间为下人房。

江南自古多河浜，浦东民居大都依水而建，有的民居前后都靠着河。庭院外面则用小灌木围起来，称作"枝杨圈"。也有用篱笆打墙的，但比较少见。枝杨圈里有园地有场头有房子，组成了一个独立完整的单元。

沪东地区历史上有过几处繁华的市镇，这些市镇都因傍水而兴，如靠近西沟的杨家弄市，又名西沟镇。靠马家浜柳埠路东侧，过去有一座木桥，在清咸丰年间，是市面兴旺的新木桥市。近代历史上名气响亮的集市，当属庆宁市了。市镇房子因商业活动的需要，成排的房子多，一间接一间，临街而居，称为街面房子。庆宁寺码头上来，从上川路 94 号到 134 号，一路排来长长的店面房共有二十来间，即为典型的街面房子

浦西相当普遍的石库门里弄房子，在沪东地区比较稀少。上川路 226 弄，是"打桩生大"沈生大的故居，一幢很洋气的石库门楼房，周围还建有裙房。在道堂路

口也有一幢楼房，肖姓人家所造，当地称为肖张林楼房，建造得也很别致，解放后这里办起了银行。庆宁寺地方被称为"里"的房子共有三处，一处叫"三友里"，在上川路159号，是沈生大为他的一个女儿和两个儿子三人所造，故取名"三友里"。三友里建造之初共有13间，占地1499平方米。抗日战争时被日本人炸掉8间，剩下5间，后来又在沿街造了2幢三层楼房。另一处叫"新生里"，在上川路311号，建造于20世纪初。新生里共有街面房5间，砖木结构二层楼房6间，平房2间，建筑面积1174平方米。新生里沿水而建，四周围以竹篱笆，沿街建有石头门框的墙门间，内有天井、花圃。解放后这里曾开过诊所，后成为联合诊所的一部分。还有一处在寺前浜村，面临浦东大道，名称叫"国祥里"，由前后两排两层楼房组成，一排四间共8个门牌号。

陈家宅的陈谷生，1935年在老宅西南面建造住宅，其规模和豪华程度在当地首屈一指。陈在解放前跑到海外去了，据说是到了加拿大。1956年公交公司公私合营，陈家楼房成了公交公司的办公场所。

原上川居委黄家宅民居用竹片护壁的外墙

浦东沿江地区方言特色

方言，顾名思义，就是具有地方特点的语言，人们也常以"土话"相称。说起浦东方言，常有人学着把"风大"说成"轰度类暇拉"（读音：hong du lei xia la），好像能把"风"念"轰"的就是浦东人。其实并不然，即便是相隔不远的高桥、川沙、南汇、三林、杨思、金桥等地的本地人说"风"字音，差异也是蛮大的。这种差异主要是语气助词和结构助词的不同。例如川沙一带人的发音，常带有"消"字音，把"川沙"念成"猜效"（"cài xiào"），而沪东沿江一带发"沙"音为"四喔"（把两个字连起来念）。这些区别，长期生活在当地的居民还是很容易分辨的。

浦东方言有着自身明显的特征，有的方言还和字义相差甚远，例如浦东方言中把"这里"念成——"迭搿"，"那里"说成——伊搿，也有念成"迭搭奎、伊搭奎"或"迭搿搿、伊搿搿"的。"到哪里去"会说成到"哈墟起"，把"丢人、坍台"，说成"塌吧 ta ba"，把"乖巧、聪明"——叫着"夏喳 xia zha"，或"伽拉 jia la"，把"走"——叫着"趵 bao"，"干什么、怎么啦"——说成"喳 zha 或喳啦 zha la"。沪东地区处在浦东中部沿江地区，这里的发音和词汇的选择，与上面所举例子还有所不同，同样是说"这里"，一般不说"迭搿"而是说"此地"，"那里"说成"伊搭"。到哪里去会说成"到啥地方起"，不过总的相差不是太大，一般也都是听得懂的。

浦东方言的发音，还有两个明显的特点，一是第一个音往往用去声发重音，二是第一个字音明显比第二个字音要长，就是尾音收的比较短，前面所举的例子基本都是这样。还有的浦东话，带有明显的历史痕迹，例如在没有电灯的过去，百姓都以油灯照明，于是浦东人就把油灯叫着"火"、"一盏火"。以后有了电灯了，可上了年龄的老年人依然习惯把电灯也叫着"火 fu"。有的浦东话即形象又生动，表示干净的意思叫着"涡沥"，过滤过了的意思。本地老房子的门外面常常会配有一扇半腰的门，当地人把这扇门叫着"摇达"。平时屋门开着，"摇达"门是关着的，即可采光通风，又比较安全。进屋时先要打开"摇达"，一摇就到达了。老浦东人称清晨为"早晨"，延伸开去，把早上吃的早饭也叫着"早晨"，烧早饭说成"烧早晨"，吃早饭就叫"吃早晨"，如果你不知道这句话的含义，就难免纳闷，这早晨怎么能吃呢？就像相声里说的把洗头叫着"打头"一样，感到不可思议，但如果你听得懂本地话，理解这句话的含义，那就是句再平常不过的话了。只不过这样的话一般都是上了年纪的老年人才会说的。顺便说一下，把早上说成"早晨"，究其原由，还是从十二时辰衍生来的呢！

浦东沿江方言中还有相当一部分特用语句和谚语，如"难航""戳毒""吼势""态掰""打棚""杠度""豪哨""壳缩""脱藤"等等，如果不了解浦东方言，恐怕就很难理解这些语言所表达的意思。还有一些生活谚语，是人生哲理和生活经验的精炼概括，"老大多行翻船"、"头对风暖烘烘、脚对风请郎中""螃蜞裹馄饨——里戳穿""老孵鸡生疮——毛里有病""螺蛳壳里做道场——兜不转""临时上轿穿耳朵——急冲冲来不及"。这些话语充分反映出沪东先民的聪明与智慧。

历史在发展，时代在前进。今天，总能找到昨天的痕迹，今天，也总孕育着明天即将到来的进程。沪东老方言也在时代的潮流中悄然生变，有的已经悄悄逝去，更多的时代用语正使得我们的语言愈加丰富多彩。

摇达，本地民居门前的半截子腰门

解放庆宁寺地区的战斗故事

1949 年 5 月 12 日，解放上海战役正式打响。人民解放军第三野战军两个兵团采取钳形战术，从浦东、浦西分两路进逼吴淞口。5 月 19 日高桥外围战打响，血战五天五夜拿下高桥，切断了敌人的海上退路，5 月 27 日上海全境解放。在这惊心动魄的 16 天里，在沪东地区，同样发生过激烈的战斗。

沪东地区解放的日期是 1949 年的 5 月 21 日。迟于东沟、高行、金家桥，早于居家桥、洋泾地区。主要作战部队是 31 军 93 师 277 团 2 营 4 连。

5 月 17 日傍晚，我人民解放军 31 军 93 师所部攻占了新陆车站。18 日上午，277 团在团长徐援的指挥下，1 营攻打东沟，2、3 营攻打高行。下午 2 时，一营攻下东沟。之后，277 团大部北上参与攻打高桥战斗，一部配合 279 团攻击金家桥。18 日午夜，277 团 2 营 4 连从东北侧突破金家桥外围阵地，歼敌一个连，其余守敌被压缩到火车站一线。19 日凌晨，敌人狼狈溃逃，277 团 2 营 4 连沿上川铁路一直追击到高庙庆宁寺，并就地驻防。

5 月 19 日，我军主力抵达高桥地区，高桥外围争夺战打响。高桥地区战略位置特别重要，一旦拿下高桥，敌军就将无路可退而成为"瓮中之鳖"。汤恩伯也急红了眼，连续三次急令调兵增援，增派军舰防守江面。20 号晚，国民党两艘美制军舰"太和号""太康号"在奉命开往高桥途中，误将高庙当成高桥，糊里糊涂就在马勒厂码头带揽停船上了岸，因为天黑搞不清地方，便蜷缩在岸边不敢轻举妄动。马勒厂人民保安队知道情况后，马上派人把消息报告了驻防高庙的解放军 277 团 2 营 4 连。此时部队刚刚完成增援进攻居家桥任务返回驻地，得到情报后，立即随人民保安队同志赶到马勒厂，一阵猛冲猛打，直打得岸上的国民党海军鸣哇乱叫、四处逃窜。21 日清晨，敌人依靠码头仓库组织抵抗。21 日上午，国民党 37 军 208 师 604 团 1 个营从复兴岛偷渡过黄浦江，企图掩护敌舰撤离。敌人在庆宁寺码头登陆后，占领了上川公交公司庆宁寺火车站楼房。我军 277 团 2 营 4 连的 2 个排奉命展开反击，下午 1 时 35 分，1 排长陈岱率领突击班冲在最前面。在激烈的交战中，陈岱不幸中弹、壮烈牺牲。在解放沪东及周边地区的战斗中，还有 277 团 2 营副营长等十多位解放军壮烈牺牲，其中能查到名字的有：王显亭、李铭瑞、周大卫、罗显辉、毛春芳、曲荣才、于福元、崔长任^{（注）}。烈士们的遗体先是被安葬在钱郎中桥南侧（今东陆路张杨路交界处），1954 年 3 月由民政部门迁葬于高桥烈士陵园。

注释：

注：在解放沪东及周边地区战斗中牺牲的部分解放军战士名录，相关资料见浦东英烈第三辑。

生活在沪东的张闻天女儿张维英的故事

张维英是张闻天的大女儿，她的晚年生活是在沪东新村街道度过的。自 2001 年搬到陈家宅小区，到 2013 年在沪南小区去世，共在沪东生活了 12 年。

随女生活　搬至浦东

张维英的二女儿张美君，是上柴厂油泵车间的一名普通员工。1971 年，高庙陈家宅地区的上海船校整体搬迁到了江苏镇江，校区移交给了上海柴油机厂。上柴厂就把油泵车间搬到了浦东，工厂名称为"上海柴油机厂油泵分厂"。张美君随工厂一起到了浦东上班，张美君当过磨工、车间工具保管员、从事过柴油机零件的配制研磨工作。后来，厂里根据张美君的实际情况，分配给了她一间 18 平米、住房与煤卫分开的一居室住房。张美君这才从杨浦鞍山新村搬到了浦东。2001 年，张美君把母亲张维英接到浦东一起生活。

张维英出生于 1922 年，出生地即为"张闻天故居"——上海浦东祝桥镇邓三村张家宅，如今这里是闻居路 50 号，是全国重点保护单位。张维英的丈夫叫张昌安，夫妇俩共生育了 2 男 5 女 7 个孩子，张维英把母亲卫月莲也一直带在身边。为了照顾全家的生活，张维英一直没有正式工作，全家十口人的生活，全靠丈夫不到 90 元的工资开销，张维英精打细算、勤俭持家，里里外外辛勤忙碌，日子过得再艰辛也从不埋怨。

卫月莲是张闻天的发妻，她和张闻天育有 2 个女儿，张闻天参加革命工作后，尤其在担任了党的主要领导人以后，老家经常遭到反动派的突袭骚扰，卫月莲常常带着 2 个女儿四处避难，有时躲在东海芦苇滩里几天都不敢出来。常年的担惊受怕，使得卫月莲患上了精神恐惧症，一有大点的声响就会惊恐不已。卫月莲 1975 年过世，骨灰埋在张闻天故居的院子里。

女儿心中的慈母

张维英的大女儿张秀君，曾在 2022 年 8 月为学习强国"我家的人世间故事主题征文"写过一篇怀念母亲文章，题目是"写给母亲"：

母亲一共生了7个子女，她与父亲用勤劳的双手，养育7个子女长大成人。在我的记忆里，母亲总是那样忙碌，有几个场景总是难忘：全家吃饭时，她总是在厨房里不知忙些什么，要等孩子们吃好以后最后一个吃（后来我才明白，她是怕饭菜不够，让孩子们先吃饱）；母亲的手一到冬天就生冻疮，那时没有洗衣机、热水器，她就用这双红肿的手洗这么多人的衣服；母亲总是那样与人为善，和蔼诚恳，从不与邻居争吵。

有两件事，每逢我想起时，就是我心中隐隐的痛……

我最小的弟弟是1962年出生的，他与我这个大姐相差17岁。在他出生后，家里就有7个孩子了，加上父母，还有外婆，共10个人，生活困难。那时粮食定量供应，肉鱼蛋油糖等，什么都要凭票购买，副食品短缺得厉害，因此母亲月子里的营养就成了大问题。

不知父亲想了什么办法，他居然在母亲出院后，买到了一只鸡，这在当时是极其奢侈的食物。我看到他把鸡用开水烫了，拔毛，清洗后放在锅子里烧，当鸡汤的香味在厨房弥漫开来时，真有一种过年的感觉。这只鸡，母亲是分几次吃的？是与幼小的弟妹分吃的吗？现在我已记不清了。但是母亲在月子里营养不足的苦，刻在我心里了。

1966年，我的父亲响应号召到了重庆，他在那里待了13年。一家人两地分居，父亲的工资每月89元分两地用，加上孩子们长大了，开销更大了，家里的生活明显捉襟见肘了。正在这时，上海羽兽毛厂到里弄来招临时工，母亲就到羽兽毛厂去上班。她在羽兽毛厂的主要工作是打包、推车，把羽毛打成一个个大包后，根据要求，再推到其他指定的地方。车间里羽毛飞扬，这是个苦活累活。母亲不怕苦、不怕脏，厂领导称赞她与其他的临时工："这批阿姨能吃苦哦！"1975年8月后，外公从广东肇庆迁居江苏无锡，母亲将工厂临时出入证给他看，外公半天无语……

张闻天女儿张维英

对于母亲的苦，我的印象很深刻。

母亲平凡而普通，她的一生，是勤劳的一生。外公教导子女自力更生、简朴勤勉，这就是家风。家风是一个家庭最宝贵的精神。我们与母亲一样，向善做事，正直做人，这是我们一生的财富。

这就是张闻天女儿张维英晚年生活在沪东的故事，宛如老人家的为人，平凡、朴实。

三、时代印记

沪东地区历史行政区域隶属沿革释疑

编者注：沪东地区为原老沪东街道所属范围及后来划入沪东新村街道的所辖范围。这两个区域的沿革脉络一脉相承，地域交集多有重叠，地区大事记，上溯自唐天宝十年（751年）置华亭县起，下到2020年，时间跨度1269年。在隶属沿革表里列举了历史上二十九次行政区划发生的重大变革。大致分为"唐宋、元代、明朝、清朝、民国初期、民国日伪时期、民国后期、中华人民共和国"八个历史阶段。

一、唐宋时期："天宝十年（751年）置华亭县隶江南东道吴郡"。"街道境域渐已成陆"。

华亭，松江的别称。东汉建安二十四年（219年），东吴大将陆逊破荆州有功，拜抚边将军、受封华亭侯，"华亭"一词始见于史籍。时年，华亭只是拳县东境的一个亭。"拳县"，公元前210年由长水县改称而来。长水县，秦始皇二十五年（公元前222年）平定江南诸地后设置。唐天宝十年，吴郡太守赵居正奏划昆山南境、嘉兴东境、海盐北境，置华亭县。

"道"，唐朝后期地方最高一级行政区划的名称。贞观十四年（621年）唐太宗分天下为十"道"，江南道为其中之一。下辖地区相当于今江苏南部、江西、浙江、湖南及安徽、湖北之大江以南、四川东南部、贵州东北部之地。

"江南东道"，唐开元二十一年（733年），江南道分置成江南东道、江南西道和黔中道。江南东道的辖区大致为今江苏苏南地区、上海地区、浙江全境、福建大部以及安徽部分地区。

唐朝后期，"道"取代了"州"成为最高一级行政区划。"吴郡"，时属江南东道，辖境为今苏州、浙江嘉兴及上海地区。武德初年（620年）前后，郡曾改为州。天宝元年（742年）复改州为郡。乾元元年（758年）又改郡为州了。

五代宝大元年（924年）置开元府于嘉兴，华亭县隶开元府。后晋天福五年（940年）设秀州于嘉兴，华亭县改隶秀州。南宋，庆元元年（1195年）秀州升为嘉兴府，华亭县属嘉兴府，街道境域属华亭县高昌乡二十二保。

关于沪东街境成陆的年代，为唐中期或更早。据严桥遗址、北蔡古船出土地点及古海塘等遗址考证：唐开元捍海塘经今源深路六号桥附近，说明此地及以西地区在公元 8 世纪、即唐开元（713 年）前已经成陆，源深路以东地区亦已逐步成陆。

二、元时的变化情况：

至元二十八年（1291 年）江浙行省嘉兴路华亭府上海县。

至元二十九年（1292 年）江浙行省松江府上海县高昌乡 22、23、24 保。

泰定三年（1326 年）嘉兴路都水庸田司上海县高昌乡 22、23、24 保。

天历元年（1328 年）嘉兴路松江府上海县高昌乡 22、23、24 保。

至正十六年（1356 年）吴国公朱元璋统辖上海县高昌乡 22、23、24 保。

"行省"也称"省"，元朝时期直属中央政府的最高一级行政区划。行省制度源于魏晋时期的"行台尚书省"，简称"行台"，是当时中央政权处理国家大事时派出的临时机构。在中央的官署叫做"省"，由中央官员到地方去执行国家任务、在地方设立的中央分支行动机构就称为行台尚书省或某处行台省。开始时事情处理完毕便予以撤销，后来逐渐演变成常设机构，成了地方最高行政区划的名称。

"江浙行省"为元初十个行省之一，其前身为江淮行省。江淮行省，元至元十三年（1276 年）始置于扬州，辖两淮、两浙等地，故又称淮东行省、扬州行省。江淮行省设立后，其行政办公地曾在扬州和杭州两地间数次来回迁移：至元二十一年（1284 年），以"地理民事非便"迁至杭州，始称江浙行省；二年后（1286 年），复迁回扬州，仍称江淮行省。三年后，即至元二十六年（1289 年）又迁至杭州。至元二十八年（1291 年），元朝当局对行省的区域有过一次大的调整。在江浙一带，以长江为界，把扬州、泰州、滁州等江北州县划归到河南江北行省，余下在江南的州县则统归于江浙行省管辖。

到了元朝，"省"成了隶属中央的最高一级行政区划名称，路的作用就下降了，成为省以下、直接辖县的政区名称。

嘉兴府，五代十国时期，吴越国将其从苏州地区分离出来设置，名称"开元府"。这是嘉兴地区首次设为州府级的行政区划，所辖区域包括今除海宁以外的嘉兴地区及上海地区。到了元至元十三年（1276 年）嘉兴府改称"嘉兴安抚司"，至元十四年（1277 年）升格为嘉兴路，下辖的华亭县亦升格为华亭府。元至元十五年（1278 年）华亭府改称"松江府"。

关于上海县的设立，历史上有"至元二十七、至元二十八和至元二十九，即1290 年、1291 年、1292 年设置"三种不同的说法。实际上反映的是上海设立县署过程中的申请、批准、正式开始行政办公的三个相关联的阶段。1290 年（元至元二十七年），松江知府仆散翰文（女真人）以华亭县地大户多、民物繁庶难理为由，提议另置上海县。至元二十八年七月己未，即 1291 年 8 月 19 日，朝廷批准划出华亭县东北的长人、高昌、北亭、新江、海隅五乡共二十六保设立上海县，上海建城自此开始。时年辖境东西广 160 里，南北袤 90 里，官民田地山池涂荡共计 22062 顷4 亩，领户 72500 余。松江府始辖华亭、上海两县。

历史上的高昌乡所辖区域很大，从现今的南码头一带直到高桥、连同今浦西吴淞等浦江两边，都是高昌乡的属地。"保"是乡以下的行政区划单位，老沪东街道东到东沟、西至荣成路，东西长达 8.5 公里，分属高昌乡 22、23、24 三个保，这样的格局一直延续到清末民初。

"都水庸田司"是元代掌管农业水稻生产的官署，兼负水利。泰定三年（1326年）正月，罢松江府，置都水庸田使司于原松江府治，掌江南水利，浚吴松两江。华亭县改属嘉兴路，隶江浙行省。二年后，即天历元年（1328 年），又罢都水庸田使司，复置松江府，华亭县仍隶松江府。

至正十六年（1356 年），朱元璋率部攻占集庆，起义队伍集聚扩充至数十万，朱被尊为"吴国公"，改集庆为应天府（南京）。之后，朱元璋以应天府为根据地，势力范围迅速扩展至浙东、浙西的广大地区，上海地区亦在其中。

三、明朝时期：

洪武元年（1368 年）南京松江府上海县高昌乡 22、23、24 保。

1368 年，朱元璋于应天府称帝，国号大明，年号洪武。明朝的建立，结束了蒙元的统治。永乐十九年（1421 年）明成祖朱棣迁都顺天府（今北京），应天府改称南京，松江府自然成为其所辖的地区之一。

四、清朝时期：

顺治二年（1645 年）江南右布政使司松江府上海县高昌乡 22、23、24 保。

康熙六年（1667 年）江苏布政使司松江府上海县高昌乡 22、23、24 保。

布政使司为明清两朝的地方行政机关，前身为元朝的行中书省，管辖的区域统称"××行省"，是为地方一级的行政区划。负责布政使司的官吏称为"布政司"或"藩司"，官属二品。有时也把布政使司简称为布政使。清初，各行省一般都只设一个布政使，唯有江南省等少数几个行省例外，设有右左两个布政使司。原因是江南省当时的影响和作用十分重要，一是地域大，所辖范围为今上海市、江苏省和安徽省三地的辖区；二是富有，所缴赋税占到全国赋税总和的三成以上，是当时最富裕的省份之一。清初，天下尚未完全统一，皇室内部也是纷争不断。因此，作为清廷主要财源和人才库之一的江南省，其稳定性和安全性就显得尤为重要。顺治皇帝决定将江南省分而治之，于顺治二年在江宁设江南右布政使司。顺治十八年，江南右布政使司移驻苏州。江宁设江南左布政使司。清康熙六年（1667 年），清廷取

"江宁"和"苏州"二府首字的合成建"江苏省",改"江南右布政使司"为"江苏布政使司";取"安庆"和"徽州"二府首字的合成建"安徽省",改"江南左布政使司"为"安徽布政使司"。这样,松江府上海县自然成了江苏布政使司的所辖地区。

宣统二年(1910年)江苏布政使司松江府上海县东泾镇22、23、24保。

清末宣统年间,清庭颁布实施《城乡自治章程》,府、州、县所在的地方,人口超过10万的设为"区";城厢以外的市镇、村庄,人口达到5万以上的设为"镇",5万以下的设为"乡"。乡、镇分别建立自治公所,选举产生议事会、董事会等机构。时年,上海县合城南境、老闸、新闸、江境庙区域为上海城,另设蒲松镇、东泾镇及12个乡,东泾镇由洋泾、塘桥、陆行、高行四乡合组而成。

五、民国初期:

民国元年(1912年)江苏省上海县洋泾市、陆行乡、高行乡。

1911年10月10日辛亥革命爆发,各省纷纷宣布独立。11月3日上海光复,推举陈其美为都督。12月2日,陈其美等策动江浙联军攻克了南京。民国元年,东泾镇撤销,市、乡直接由县管辖。洋泾乡因人口超过5万而设为洋泾市,陆行、高行设为乡。

民国十五年(1926年)淞沪商埠督办公署洋泾市、陆行乡、高行乡。

民国十七年(1928年)上海特别市洋泾区、陆行乡、高行乡。

淞沪商埠督办公署是民国前期的上海行政机关。民国13年(1924年)江浙战争后,军阀孙传芳控制了浙、闽、赣、皖、苏五省,拟将上海县城区、宝山县吴淞镇及附近地区辟为淞沪特别市。民国14年初(1925年)奉军南下,1月底,江苏省省长韩国钧宣布上海为特别市,直隶中央政府,李平书等11人为筹备委员会委员。5月,公布《淞沪特别市自治条例》,设市区督办为最高行政长官。6月,北洋政府任命孙宝琦为淞沪市区督办,虞洽卿、李平书为会办。10月,孙传芳又驱逐奉军重新占据了上海,并于民国15年(1926年)5月在龙华设立淞沪商埠督办公署,孙传芳自任督办,由学者丁文江任会办主持日常工作。公署下设总务、外交、政务、保安、工务六处及参议会,管辖的范围包括当时上海县全境和宝山县的吴淞、殷行、江湾、彭浦、真如、高桥等乡。

1927年3月21日,国民革命军东路白崇禧部占领龙华,淞沪商埠督办公署被接收,不久便宣告解散。1927年4月,南京国民政府成立,上海辟为"特别市"。5月,南京政府任命国民党元老黄郛为上海特别市市长。7月4日,国民党中央政治会议第一百十一次会议决议,修正通过了《上海特别市暂行条例》,上海成为我国第一批直隶于中央政府的直辖市。1927年7月7日,上海特别市政府在市政府路(今徐汇区平江路）宣告成立，接收了闸北的沪北工巡捐局、南市的上海市公所和浦东塘工善后局、上海县清丈局、淞沪商埠卫生局等机构，结束了清末自治以来各自为政的局面，整个华界的行政获得统一。当时，上海特别市共辖30市、乡，占地为494.67平方公里。接收到的市、乡一律改设为区。

六、民国日伪时期：

民国二十六年（1937年）伪上海大道市政府浦东区。

民国二十七年（1938年）伪督办上海市政公署浦东北区、浦东南区。

民国二十七年（1938年）伪督办上海特别市浦东南区、十八间镇、洋泾镇、庆宁寺镇、浦东北区东沟镇。

民国二十八年（1939年）伪上海特别市浦东北区。

民国三十二年（1943年）伪上海特别市第四区庆宁镇、十八间镇、第五区东沟镇。

民国三十三年（1944年）伪上海特别市浦东北区、浦东南区。

1937年11月12日，淞沪会战结束，上海沦陷。12月5日，日军在浦东东昌路张家花园扶植成立了伪上海大道市政府，汉奸苏锡文出任市长。1938年3月28日，中华民国维新政府在南京成立。上海市大道政府改隶维新政府。4月，大道市政府改组为上海督办市政公署，苏锡文出任督办。10月15日，公署从浦东东昌路迁到江湾（今上海体育学院处）办公，并改组为"上海特别市政府"。

需要特别指出的是：所谓的上海市大道政府及整个占领时期的其他政府，都是抗战时期日本侵略者扶植的傀儡政权，无论中华民国政府还是中华人民共和国政府，都不承认这些政府在历史上的合法性，统称之谓"伪政权"。

这段时间的街境隶属情况是：伪上海市大道政府时，原上海市区域改置为浦东区、南市区、沪西区、闸北区、真如区、市中心区六个区，街境隶属浦东区。督办上海市政公署时，浦东区分为浦东北区和浦东南区，街境十八间地区、洋泾地区和高庙地区属浦东南区，八号桥到东沟港这段属浦东北区。伪上海特别市政府时统属浦东北区。到了1943年7月，伪上海市政府宣布接收租界，法租界改置为第一区。8月，公共租界改置为第八区。年底，市区划分为第一至第八8个区，郊区为北桥、嘉定等6区。1944年2月，第八区并入第一区，1944年8月，第一区、第七区撤销，改由伪市府直辖。至此，伪上海市政府除直辖区域外，共设有江湾区、闸北区、沪西区、浦东北区、浦东南区和北桥、嘉定、宝山、川沙、南汇、奉贤、崇明等7县。

七、民国后期：

民国三十四年（1945年）上海市洋泾区、高桥区。

1945年抗战胜利后，上海、嘉定等7个县仍然划归到江苏省管辖，上海市恢复战前原有境界。同时，由于租界已经收回，为了便利行政管理，当时的上海市政府根据原警察分局所管辖地段重新划定行政区域，将全市划分为 31 个区：黄浦、老闸、邑庙、蓬莱、嵩山、卢湾、常熟、徐汇、长宁、静安、新成、江宁、普陀、闸北、北站、虹口、北四川路、提篮桥、榆林、杨树浦、新市区、江湾、吴淞、大场、新泾、龙华、马桥、塘湾、杨思（1948 年改名斯盛区）、洋泾、高桥、真如区。与战前相比，原属宝山县的大场区正式划入，而马桥、塘湾两区实际上并未接收，那时的洋泾区与高桥区是为上海市管辖的市郊区域。

八、中华人民共和国时期：

1949 年 5 月上海市洋泾区、高桥区。

1952 年 10 月上海市东昌区、东郊区。

1958 年 8 月上海市浦东县。

1960 年 4 月上海市杨浦区、虹口区、川沙县。

1960 年 11 月上海市杨浦区沪东街道办事处。

1987 年 6 月上海市杨浦区歆浦路街道办事处。

1993 年 3 月上海市浦东新区歆浦路街道办事处。

1998 年 4 月上海市浦东新区沪东新村街道办事处。

2006 年 6 月上海市浦东新区沪东社区（街道）党工委、办事处。

2015 年上海市浦东新区沪东新村街道党工委、办事处。

1949 年 5 月 27 日上海全境解放，上海与江苏省之间的界线作了局部调整，洋泾、高桥两区区划未作变动。1950 年，斯盛区复名杨思区。1952 年，析出杨思、洋泾区的沿江片设置东昌区，街道区境归属东昌区管辖。

1956 年 2 月，上海市的政区进行过一次较大的调整，即在农村地区设置了东郊、北郊、和西郊地区，直接作为上海市郊地区。其中，东郊辖浦东地区的高桥、洋泾、杨思 3 区、北郊辖原大场、吴淞、江湾 3 区、西郊辖原真如、新泾、龙华 3 区。街道街境中，原属市区的区域仍归东昌区所辖，原为市郊部分地区归属东郊区。

1958 年，是上海市境域变化最大的一年，1 月，从江苏省划入了嘉定、宝山、上海 3 个县。至 11 月，又有松江、青浦、金山、奉贤、川沙、南汇、崇明等 7 个县分别划入。同年 10 月，东昌区与东郊区合并成立浦东县，县人民委员会设在浦东南路，辖高桥、洋泾、杨思 3 镇、11 个公社、6 个街道办事处。街道全境划归浦东县管辖。

1960 年 1 月，市区区划又有较大调整：部分区撤销，部分区合并，也有新设立的区。区划调整后，市区共辖黄浦、南市、卢湾、徐汇、长宁、静安、普陀、闸北、虹口、杨浦、闵行、吴淞等 12 个市区区域，郊区划定了上海、嘉定、宝山、浦东、川沙、南汇、奉贤、松江、金山、青浦、崇明等 11 个郊县区域。

1961 年 1 月，浦东县撤销，原城市化地区并入杨浦、黄浦、南市 3 区，所属农村地区划入川沙县。浦东县建制确定撤销后，原街道区划中洋泾东西两镇划入川沙县，其余部分划归杨浦区，建立中共浦东地区街道委员会，后称沪东街道办事处。街道区境中，市区部分全部归入杨浦区，农村地区划入川沙县。

1982 年 12 月 10 日，全国五届人大五次会议通过，将"人民公社"改为"乡"。洋泾人民公社、金桥人民公社、张桥人民公社因此分别改为洋泾乡、金桥乡和张桥乡。

1984 年 9 月，川沙县东沟以西、荻柴浜以北 2.41 平方公里划入沪东街道，海防新村有 2 个居委划给黄浦区。具体地说，就是原属洋泾乡的陈家宅地块，张桥乡的西沟镇，张桥乡沪新大队的钱家湾、马家巷、凌家宅、西倪、南沈一队、南沈二队 6 个村民小组（生产队），朱家门村（大队）的杨家弄、后巷、中沈、朱家门 4 个村民小组（生产队）共 2.41 平方公里划归上海市杨浦区沪东街道，实行区乡双重管理。

1987 年 6 月，实行以街道所在地办事处所在路名命名，上海市杨浦区沪东街道办事处改称上海市杨浦区歇浦路街道办事处；1993 年，以川沙县的全部和黄浦、南市、杨浦 3 区的浦东部分、闵行区的三林乡合并成立浦东新区，上海市杨浦区歇浦路街道办事处改称上海市浦东新区歇浦路街道办事处。1996 年 12 月，洋泾港以西 12 个居委分别划给崂山街道、梅园街道和洋泾街道。1998 年 4 月，上海市浦东新区歇浦路街道办事处改称上海市浦东新区沪东新村街道办事处。2001 年 5 月，浦兴路（后改为张杨北路）以西、东沟港以南 1.38 平方公里划入沪东新村街道办事处。2006 年 6 月，成立上海市浦东新区沪东社区（街道）党工委、办事处。2014 年上海市委一号课题，提出创新为核心的发展模式，2015 年底，上海市社区（街道）党工委全部更名为街道党工委，所有街道全部取消招商引资，内设机构精简，推动街道工作转向："公共管理、公共服务、公共安全"。

街道现境区块历史沿革概述

沪东新村街道区域：东到东沟港、西至金桥路，南到张扬路，北濒黄浦江，面积 5.51 平方公里。由于不同历史时期的隶属关系不同，故情况变化多且复杂。为便于阐述街道现境历史沿革概况，我们以西沟港（即马家浜）为界分成东西两大块分别叙述。

一、西块，西沟港西侧，八号桥至上川路地块

这一区域由三部分组成：1. 从黄浦江边到浦东大道，即今上川居委一块。2. 浦东大道到黑木桥荻柴浜，即陈家宅居委一块。3. 荻柴浜到张杨北路，金浦居委一块。

1. 上川居委地块。民国初期，属上海县陆行乡。民国 16 年转隶上海特别市陆行区。民国 25 年改属洋泾区。上海沦陷时期隶伪上海市大道政府浦东南、北区政务署，抗战胜利后属洋泾区。

解放初，由洋泾区接管委员会第五办事处接管。1950 年 7 月，洋泾区人民政府成立，建立 8 乡 1 镇区乡政权时，高庙乡、金桥乡各为 8 乡之一。1951 年 12 月调整建制为 19 乡 2 镇，高庙乡调整为高庙镇，镇域以浦东大道为界，南与金桥乡紧邻。

1952 年 11 月 7 日，东昌区成立，高庙镇改称第八办事处，后又改为第十三办事处。1953 年 3 月 4 日设立东昌区高庙办事处。以后，高庙办事处区域经过几次调整，但上川居委这块一直属该办事处所辖。

1958 年 7 月 29 日，浦东县成立，东昌区撤销，8 月，改称浦东县高庙办事处。同年 9 月 27 日，上川居委地块并入红旗人民公社。1959 年 5 月，高庙地区划出公社编制，恢复高庙办事处建制。1960 年春，并入洋泾办事处。1961 年 2 月，浦东县撤销，上川居委地块划入杨浦区浦东地区街道，成为最早城市化区块，浦东地区街道后改称沪东街道办事处。

2. 陈家宅地块。解放初由洋泾区接管委员会第六办事处接管，属洋泾区金桥乡管辖。1950 年 7 月，洋泾区人民政府成立，建立 8 乡 1 镇区乡政权，金桥乡为 8 乡之一。1951 年 12 月，金桥乡析成金桥、金巷两个小乡。1956 年 1 月成立东郊区，称东郊区金桥乡。1958 年 8 月，东昌、东郊两区撤并成立浦东区。同年 9 月，金桥

乡与张桥乡、东沟乡、陆行乡、二塘乡、泾南乡以及洋泾镇和高庙办事处合并成立红旗人民公社。1959 年 4 月，红旗人民公社改称洋泾公社。1959 年 5 月 23 日，公社召开第一次社员代表大会，将洋泾镇和高庙地区划出，其余析成泾南、二塘、张桥、金桥、陆行、东沟六个公社。陈家宅地块划至二塘公社。1960 年 3 月，二塘公社撤销，陈家宅高庙生产队划归金桥公社，同年 8 月，又从金桥公社划出并入泾南公社。泾南公社后更名为洋泾公社，陈家宅地区归属洋泾公社。由于该地区居民人数较多，公社专门建立高庙居民委员会，处理农村居民事务。农业人员则划编成洋泾公社高庙大队第二生产队。

1982 年 12 月 10 日，全国五届人大五次会议通过，"人民公社"改称为"乡"，洋泾公社改称为洋泾乡。1984 年，洋泾乡陈家宅地块划归杨浦区沪东街道。

3. 金桥路以东、荻柴浜以南到张杨北路地块。主要由金浦居委、企业用地及一些公寓、酒家、商店、办公楼等组成。1959 年 5 月，该地块划属金桥公社。历史上主要是金桥公社金联大队西张家宅生产队的地域，公社改称乡后，称金桥乡金联村金联一队。2001 年 5 月划入沪东新村街道办事处。

二、东块，西沟以东、东沟以西地块

历史上由原郊区和市区两部分组成。1. 郊区部分有沪新行政村、朱家门行政村、西沟镇及金东村的一部分。2. 市区部分包括沪东新村、船舶新村、向东新村。

1. 原郊区地块。朱家门行政村，由新建村、黄家宅、摇浜、杨家弄、后巷、中沈、朱家门、庄家湾八个村民小组、十二个自然村落组成。主要是现今的莱阳新家园、伟莱家园、朱家门、北小区及莱阳路、东波路等自八号桥到东沟港、邻靠浦东大道的一片地域。

沪新行政村，由摇船湾、津桥角一队、津桥角二队、卢家宅、东顾、西顾、东倪、西倪、南沈一队、南沈二队、凌家宅、马家巷、钱家湾，共十三个村民小组，二十七个自然村落组成。主要为现今的沪东新村、寿光小区、江南山水、锦河苑、同方锦城、沪新小学、博一、博三、兰城、璞爱、长岛苑、金锦苑、东波苑等近张杨路一片。

解放前，朱家门村、沪新村属高桥区。解放接管时期，由高桥区第二接管办接管。1951 年 11 月成立高桥区西沟乡，朱家门村、沪新村归属西沟乡。

1956 年 1 月成立东郊区，西沟乡撤销，同张桥、钱桥两乡合并成立张桥乡。朱家门村、沪新村归属张桥乡。

1958 年 8 月撤并东郊、东昌两区成立浦东县。9 月 27 日，红旗人民公社成立，原张桥、金桥、陆行三乡改称大队。

1961 年 1 月 25 日，浦东县建制撤销，浦东县所属农村地区划入川沙县。

1964 年西沟镇建立居民小组，1970 年 3 月 15 日，西沟、张桥、陆行、钱桥合并成立张桥居民委员会。

编者注：有关朱家门行政村和沪新行政村历史沿革详情，可参阅"朱家门地块历史变迁""沪新地块历史变迁"。

2. 沪东新村等原市区地块概况。1953 年沪东厂先后征用农田 200 多亩建造职工家属区，取名沪东新村，先后建有学校、医院、商店、大礼堂等社区配套设施。1955 年成立家属委员会，1958 年实行户籍管理条例时属市区户籍，1960 年改称沪东新村里委会。所辖范围有黑房子、红房子[注]、东平房、西平房、南平房、北平房，包括船舶新村、向东新村等当时属市区户籍的居民住宅区。1962 年船舶新村划入高庙居委。1977 年沪东新村居委会分成沪一、沪二两个居委会。1984 年向东新村从沪二划出成立向东居委会，其余划分为沪一、沪二、沪三、沪新、沪红五个居委会。1996 年沪二沪三合并成立沪二居委会。1998 年，沪红沪新居委合并成立沪新居委会。

1984 年 9 月，东沟港以西，荻柴浜以北，张桥乡西沟镇，沪新（村）大队的钱家湾、马家巷、凌家宅、西倪、南沈一队、南沈二队 6 个村民小组（生产队），朱家门（村）大队的杨家弄、后巷、中沈、朱家门 4 个村民小组（生产队）划归上海市杨浦区沪东街道，实行区乡双重管理。2001 年 5 月，金桥镇金东村一部及沪新村、朱家门村 1.38 平方公里地块划入沪东新村街道，之后，沪东新村街道 5.51 平方公里区域格局延续至今。

注释：
注：黑房子系指由黑色屋瓦盖顶的房子，红房子是指由红色屋瓦盖顶的房子。

解放前老沪东街道境域中共党组织的主要活动

一、组织概况

1925年5月30日，英联和丰铁厂（申佳船厂前身）220余名工人在姚文奎、王良元带领下，参加了在南京路举行的反帝大示威即"五卅"运动，坚持罢工110多天。同年8月，姚文奎、王良元、竺玉卿、徐再兴等4人由祥生铁厂（英商和记洋行祥生船厂一部、上海船厂前身）党员杨鸣皋介绍先后加入中国共产党，属祥生铁厂支部领导。

1926年9月，其昌栈码头支部成立，有党员7人，书记李任生。12月，和丰铁厂、十八间码头支部相继成立，和丰厂支部书记姚文奎。

1927年4月12日，蒋介石发动反革命政变，街道境域中共各支部遭到严重破坏。1928年2月，浦东区委书记、祥生船厂唐瑞林被捕后叛变，区委组织部长、原和丰铁厂党支部书记姚文奎遭国民党警备司令部逮捕，其余党员随即疏散隐蔽，与党组织失去联系，党支部无形中解散，组织活动中断。

1937年7月，抗日战争爆发。1938年夏，工委委员刘宁一^{（注1）}等奉命在浦东地区重新开辟党的工作。1939年7月，组织委派毛良进英商马勒造船厂（沪东造船厂前身）开展党建工作。1940年10月，毛良发展马小弟、杨福潮入党，组成马勒厂第一个地下党组织，毛良任党支部书记。1941年6月，毛良调海瑞洋行工作，由马小弟接任党支部书记。1942年3月，马小弟到第三机械制作所负责开辟党的工作。7月，毛良介绍陆毛富入党。8月及1943年春，马小弟介绍马安兴、陆佛祥入党。马勒厂对敌斗争被日本人发现后，陆毛富、马安兴撤离马勒厂，杨福潮撤离到武汉。

1942年12月，陆毛富受组织指派，改名陆忠义进入和丰船厂。1943年初，陆忠义调往英联船厂，和丰厂成为空白点。1946年10月，沪东区委安排马安兴进入和丰船厂。

1942年底1943年初，中共地下党东南区委派龚乃安进入三井造船所（即马勒造船厂）开辟工作，七八月间又派张诚良协助龚工作。1943年冬，发展曹根宝入党，地下党支部组成，龚乃安任书记。1944 年春，龚乃安病故。1944 年冬，张诚良调离，曹根宝任书记，与东南区委杨秉儒单线联系。1944 至 1945 年，马勒厂党组织先后发展马文祥、张根保、沈文祥、沈根根、吴妙根、朱泉根、陈国贤等人入党。其间，龙华三兴造船厂地下党员黄聚根调入，发展高秋涛入党。至 1945 年先后发展党员 13 人。1945 年冬，因部分党员暴露，曹根宝撤离马勒厂去解放区，其他党员分散转移到江南、英联等厂。曹指定张根保与杨秉儒联系，张一直未能与上级组织取得联系，致使沈文祥、马文祥、吴妙根、黄聚根等人与党脱离关系。

1945 年，马小弟介绍张炳林入党，1946 年陆忠义介绍俞鸿福、曹阿二入党。1946 年 7 月，沪东区委调陆忠义回马勒厂重建党的组织，同时派朱刚协助其工作。1947 年底，马小弟因被国民党监视而撤离沪东地区，进马勒厂当工人作掩护。

1946 年 4 月，马勒造船厂和英联船厂建立沪东造船业联合党支部，夏明芳兼任书记。9 月，联合支部撤销，两厂分别建立支部，马勒造船厂支部书记杨利民，委员陆忠义、张炳林。1947 年 12 月 10 日，沪东区委先后派遣中共地下党员孙琪、沈根宝进入美孚公司浦东油栈开展党的工作。1948 年 2 月，上海申新第九棉纺织厂为争取合理待遇而发动罢工后，马小弟、陆忠义撤离上海去香港参加地下党学习班学习。5 月 1 日，地下党派周松华到马勒船厂领导地下党组织开展工作，当时有党员朱刚、张炳林、俞鸿福共 4 名。1949 年初，地下党浦东区委根据上海局和市委指示，和丰船厂、马勒船厂、美孚油库组成联合支部，书记周松华。

二、展开政治攻势，配合解放浦东

1949 年初，随着解放上海炮声的日益逼近，马勒船厂英方老板惊恐失措，准备出卖机器设备、抽掉资金撤离上海。一些职员因此惶恐不安，有的工头趁机散布谣言，煽动工人离厂，一时间搅得人心浮动。地下党组织迅速采取应对措施，发起"天亮运动"，用写信发信的方法，展开政治攻势。他们给工人、职员和积极分子发的是贺年片，告诉大家上海就要解放了，号召他们团结起来保护工厂，保住了工厂就是保住了饭碗，工人才有活路。对工头、特务、流氓、国民党军人发的是警告信，警告这些人不要再与人民为敌，不要轻举妄动，不要再欺压工人，敦促他们认清形势。当写有"德意降、日将亡，胜利近、团结紧"的信件发出后，工人群众见了信无不拍手称快，工头流氓收信后也大有收敛，外国大班管理人员再不敢公开阻挠工人的行动。

为配合解放军解放浦东，地下党还详细绘制了标有高庙地区附近工厂、桥梁、道路、国民党驻军的数量、武器配备以及马勒厂的机构、人员、碉堡位置、工事、战壕等具有重要军事价值的情报转给解放军。5 月 20 日晚，国民党军舰"太和""太康"号在撤离时，误将高庙当成高桥，糊里糊涂地从马勒厂码头上了岸，解放军 31

军 93 师 277 团 2 营 4 连在厂人民保安队的指领下，与敌激战 10 多小时，打得敌舰仓皇溃逃，部分敌军被俘。

三、控制地方武装，保护海军桥（今八号桥）

1949 年 2 月，浦东区委领导人周小鼎^{（注2）}来马勒厂了解高庙地区反动军警及特务人员的活动情况时，查明高庙协大轧米厂老板黄鸿发有一支武装队伍，系洋泾区三青团部属，由浦东地面武装头目张阿六管辖。周小鼎当即指示马勒厂地下党人俞鸿福、林阿阳相机策反黄鸿发，后又亲自到黄鸿发家中宣传党的政策，告诫黄不要与人民为敌。黄斟酌再三，表示愿意合作，并将国民党青年军 109 师的活动情况及特务名单交给了俞鸿福。从此该部即为地下党所控制。

1949 年 5 月 19 日凌晨，解放军 31 军 93 师一部在全歼国民党东沟守敌后乘胜挺进高庙地区，途中须经八号桥。国民党军已在浦东大道沿线各桥上都安放了炸药，随时准备炸毁这些桥梁，以阻止解放军的进攻。为保全八号桥，配合解放军作战，马勒厂地下党向黄鸿发表达了组织意见，要求其务必保住桥梁。黄鸿发当即派人切断雷管引线，八号桥终于被保住，解放军得以迅速西进。

四、抢修七号桥

上海解放前夕，国民党 37 军为阻止人民解放军的追击，溃逃前炸毁了七号桥。1949 年 5 月 25 日，解放军某团首长与浦东区委书记周小鼎召集和丰船厂（今 4805 厂）、马勒船厂（今沪东船厂）、美孚油库（今居家桥油库）地下党的同志开会，部署抢修七号桥。5 月 27 日，马勒船厂工人在联合支部书记周松华的带领下，开着吊车进入工地。在大家的共同努力下，仅用了一天的时间就修复了桥梁，中断了 5 天的浦东大道又恢复了交通。

注释：

注 1：刘宁一，1907—1994，原名史连甲，河北满县人，杰出的工人运动领导人，曾三次入狱仍初心不改。抗战时期任中共上海市委工人运动委员会书记、江苏省委委员、工运部部长、保卫部部长。

注 2：周小鼎，1915—1994，曾用名周国桢、周钟庠，江苏高淳县人，中共七大正式代表。曾任香港厂矿工会宣传部部长，香港印刷业工会宣传部副部长，香港九龙中华书局总罢工负责人。1945 年作为大后方代表团成员出席中共七大。1947 年 5 月到上海，任中共沪西民营纱厂委员会书记。1948 年 12 月至 1949 年 2 月任上海市沪西区委员会副书记。1949 年 2 月至 5 月任中共上海浦东区委书记。

沪东地区解放后党组织主要工作回顾

一、成立乡政府

1950 年 7 月，高庙乡人民政府成立，所辖区域有高庙、居家桥、胜利镇、凌家弄、仁和、朱湾等，副乡长童万选。1951 年 11 月，高庙乡撤销，高庙镇人民政府成立，镇长束以杰。1953 年，东昌区第八办事处成立，办事处副主任潘华淦、刘克生，直到 1958 年 8 月成立浦东县高庙办事处。

上川路（今金桥路）东侧，南到金家桥、陆家行这一片，当时属洋泾区管辖，由洋泾区接管委员会第六办事处接管，主任朱开谟（注），办公地点设在上川路 893 号。1950 年 2 月，随着张桥乡、陆行乡的建立，第六办事处随之撤销。

八号桥以东，今莱阳路博兴路一带，以前叫西沟镇。这片以西沟镇为核心的区域当时属高桥区所辖。1951 年 11 月，高桥区西沟乡政府成立，办公地点在中沈家宅的"大楼房"里。大楼房的原址在今朱家门小区、居委办公楼附近，为大壶春创办人唐妙泉所建。西沟乡首任乡长吴凤熙，二任乡长胡扣其，三任乡长金惠康，副乡长倪文楚。胡扣其卸任后，进入洋泾蔬菜加工场成为集体企业员工。西沟乡首任党支部书记王乐德。王乐德后来居住在沪东新村街道北小区，曾主编过《川沙县文化志》和《歇浦路街道志》。

1951 年 11 月土改结束后，各乡成立团支部，西沟乡首任团支部书记倪鸿福。1952 年 10 月，乡团支部升格为团总支，倪鸿福调任高桥区团工委工作，由杨岳山任西沟乡团总支书记。

二、组织沿革概况

1949 年解放后，老沪东街道地境大部隶属上海市洋泾区接管委员会第三、第四、第五、第六办事处。这些办事处内都设有党小组，属洋泾区接管委员会党支部领导。

1949 年 11 月，第五办事处的高庙、居家桥、胜利镇、凌家弄等地组成高庙乡，随即成立中共高庙乡总支部，由副书记朱开谟主持工作。

1952 年 1 月，高庙乡建制撤销，乡党总支随之撤销。之后，高庙、居家桥、十八间、其昌栈等办事处机构联合成立党小组，隶洋泾区（后隶属东昌区）政府机关党支部领导。

1955年12月，高庙与其昌栈办事处联合成立党支部，书记范成宰，隶东昌区政府机关党支部领导。

1958年，东昌区撤销，浦东县成立。9月，建立浦东县红旗人民公社洋泾大队党支部，书记侍步山，后由叶永亭接替。1959年7月改为洋泾办事处党总支，书记叶永亭，至1960年3月止。

1960年，浦东县撤销，洋泾办事处划归杨浦区。4月，经杨浦区委批准建立中共浦东地区街道委员会，办公地址歇浦路285号。同年，因以大厂为主成立城市人民公社，经区委同意改称中共沪东街道委员会。1961年，区委对街道党委班子进行调整，大厂党委负责人不再参加街道党委领导班子。

1966年6月"文革"开始。9月，街道党委被迫停止活动。1967年12月，成立"党政合一"的"沪东街道革命委员会"。1969年，成立中共沪东街道核心小组。1970年8月，重建中共沪东街道委员会，下设秘书、组织、宣传、团、妇等部门。1980年增设统战、纪律检查小组。1986年，纪检小组改为纪律检查委员会，由党委副书记兼任纪委书记。1987年4月。增设老干部工作部门，建立离休干部党支部。同年8月，街道党委改称为中共歇浦路街道委员会。1991年10月，改为中共杨浦区歇浦路街道工作委员会，纪委改为纪工委。1992年8月，增设党工委办公室，组织、宣传改组为科。1993年3月，街道划归浦东新区，称中共浦东新区歇浦路街道工作委员会。1998年4月，改称中共沪东新村街道工作委员会。2006年6月，改称中共沪东社区（街道）工作委员会。

三、镇压反革命

1950年美帝国主义侵略朝鲜，境内各地多处出现反动标语。2月6日国民党飞机来轰炸时，有特务给飞机发讯号，致使在十八间一仓库里开会的多名解放军班、排、连干部被炸伤亡。十八间一冬防队长被特务杀害。面对严峻的局面，在上一级党组织的统一布置下，迅速展开了镇压反革命运动，发动群众检举揭发。1953年4月26日，东昌、杨思、高桥、洋泾四个区联合召开审判大会，镇压了一批罪大恶极的反革命分子。社会治安情况明显好转。境域内还进行了抗美援朝和捐赠飞机大炮的运动，领导高庙乡进行土地改革运动。

四、宣传贯彻婚姻法

1950年，《中华人民共和国婚姻法》颁布实行。1953年3月为贯彻婚姻法运动月。境内开展宣传婚姻法，检查婚姻法执行情况。在境区南邻的洋泾镇做了典型调查：2216 户人家中有童养媳 42 人，重婚 13 人，纳妾 14 人，寡妇 55 人。这个材料对境区具有实际指导意义，如当年在高庙地区就发生过强迫 16 岁童养媳同房的事件。还有丈夫纳妾后，不愿离婚的李小小惨遭杀害等情况。通过宣传贯彻婚姻法运动月，出现了蔡根妹等青年冲破重重阻碍争取婚姻自由的新气象。

五、克服经济困难

　　1960 年下半年，国民经济十分困难，工厂普遍缺乏原材料，商店货物不足，农副产品缺少。为了克服困难，街道党委根据上级指示，贯彻调整方针。1963 年 2 月始，逐渐停办一些严重亏损的企事业，动员 580 名职工回乡或支农。退赔集体和私人财物 26548.70 元。动员干部利用闲散土地种植蔬菜、发展养猪，供应食堂、支援市场。里弄办的企事业，有的转产小菜橱、木床、脚桶、渔网、鞋底线等群众需要的小商品；有的开展修补铝锅、铜吊、衣袜鞋帽等业务。对尚保留的食堂，党委领导带头实行"粮菜混吃、干稀并举、提高出饭率"的方法。对群众，则宣传要"算了吃，不要吃了算"，尽可能减少每月 26 号粮店排长队买米的现象。1964 年，经济形势有所好转。这年底，街道共有 3 个食堂，6 个托儿所、9 个生活服务站。全年积累 3224.93 元。

六、纠正左倾错误落实党的政策

　　1963 年，街道党委开展反贪污、反投机倒把、反铺张浪费、反自由主义分散主义、反官僚主义的"五反"运动。1964 年，党委提出"兴无灭资"为街道工作的根本任务，对里弄干部、群众进行"以阶级斗争为中心的社会主义教育"。1965 年，开展以抗美援越为中心的形势宣传和备战教育。同年，动员 171 名青年去边疆和农村。

　　1966 年，"文化大革命"开始。党委曾以"分期分批进行"、"里弄不是'文革'重点，暂不进行"等理由抵制"文革"的开展，并且不同意揪斗里弄基层干部。但终究未能阻止"文革"在境内的进行。1966 年 9 月、10 月份，"全无敌"战斗队等造反组织纷纷成立，大造街道党委的反，所谓"斗垮党内走资本主义道路当权派"，结果是街道党委靠边，党员组织生活停止，广大干部群众被斗，街道经济建设受到严重挫折。

　　十一届三中全会后，街道党委本着实事求是的精神，先后抽 16 名干部复查"文革"案件 73 件，全部撤销原结论，给予平反；清理历史老案 492 份；清退抄家物质 20 户，抄家物资归还本人或家属。

　　1984—1985 年，26 个支部的 833 名党员全部参加整党。1987 年，落实政策工作基本完成。

七、以经济建设为中心

党的十一届三中全会后，党委贯彻"一个中心，两个基本点"的路线。1978 年开放高庙集市贸易。1979 年建立街道劳动服务队和街道集体事业管理所。1981 年，建立街道联社。1984 年，开办第三产业。1985 年 2 月，建立劳动服务公司。1987 年，建立街道社会劳动服务管理所。1987 年和 1991 年，两次党代表大会，均贯彻经济建设为中心和坚持改革开放，坚持四项基本原则的路线。经济建设逐年发展。

八、建设社会主义精神文明

1985—1986 年，在党员中开展"创优争先"活动，29 个党支部为群众办实事237 件，包括建造"苗苗乐园"、敬老院、扩大福利工厂、修筑街坊小路等。评选出先进党支部 3 个，优秀党员 30 名。俞土根、朱秀英、戴素莲、周三囡四名党员受到杨浦区委的表扬。1986 年 9 月，街道党委拟订《沪东街道社会主义精神文明建设实施计划》，把"五好家庭"建设作为精神文明建设的基础工程。举办大型盆景、花卉展览。举办群众文艺会演，开展拥军优属服务、为教师服务。举办消防运动会等活动。是年，沪一居委、歇浦路居委、十八间居委、傅家宅居委分别被评为上海市和杨浦区文明居委。沪一小区盛家骏、张蓉济家庭等 11 户家庭被评为上海市"五好家庭"，傅玉蓉等 17 户家庭被评为杨浦区"五好家庭"。同年 7—11 月，街道党委组织进行整党，25 个党支部 773 名党员全部通过整党，准予重新登记。1987 年10 月，街道在区绿化办公室举办的花卉展览中获得街道组织奖第一名、特等奖 1 个、一等奖 3 个、二等奖 3 个。1988 年，街道党委决定以"改革开放、艰苦奋斗，再接再厉、勇于创先"为指导思想，发动党员开展"我为歇浦添光彩"活动。809 名党员的家庭被评为"五好家庭"，占党员总数的 73.7%。399 名党员担任里弄的社会工作。

沪东新村张蓉济、盛家骏夫妇（左二、三）
评为上海市五好家庭时的留影

注释：

注：朱开谟，浦东新区离休老干部。1949 年曾任洋泾区委组织部副部长。1956 年出任上海市东昌区办事处工会联合会主任。

老沪东地区接管工作回顾

1949 年 5 月 20 日上海解放前夕，陈毅市长签发了《上海军管会关于接管工作的通知》，宣布废除国民党时期的保甲制度。1949 年 5 月 27 日，上海全境宣告解放。1949 年 6 月，区军事接管委员会建立，全市共成立了 30 个区级接管委员会，其中 10 个在市郊。接管市郊 10 区的南下干部来自山东昌维地区，1949 年初，昌维地委、潍坊特别市市委和渤海区党委三地委分别抽调 700 余名干部，组成 3 个大队、10 个中队的接管队伍。准备接管上海市郊大场、真如、新市、杨思、高桥 5 区的干部队伍由昌维地委书记赵毓华带领，接管龙华、新泾、江湾、吴淞、洋泾 5 区的队伍，由大队长秦昆、政委江征帆、张振乙带领。

在华东局选拔干部南下接管的同时，上海市委根据华东局城工部和上海局的指示，明确地下党的一切工作转入迎接解放上海，按地区成立党的区委领导班子。北郊区委书记由张耀祥担任，重建的浦东区委由周小鼎任书记。与此同时，郊区地下党组织派出党员和积极分子四五百人，从北线、南线、东线三方面接应解放军进城。

1949 年 5 月 8 号，上海市委对上海解放后的接管工作作了指示，强调接管工作以南下干部为主，地方同志要认真向南下干部学习，积极协助做好接管工作。

5 月 28 号，上海解放的第二天，市委市郊接管委员会正式挂牌办公。29 号，明确宣布市郊各区接管委员会成员由接管区公所的专员和接管警察分局专员以及该区驻防的警卫团政委三人组成，并由接管区公所专员任主任委员。沪东街道地区当时分属洋泾和高桥两个区，洋泾区接管主任和负责同志是董铨、宋文生，高桥区接管主任张绍文。

7 月，各区接管委员会共建立起 102 个接管专员办事处。接管老沪东地域的有洋泾区的 4 个办事处和高桥区 1 个办事处，其中接管其昌栈、陆家嘴等西部地区的是洋泾区第三办事处，主任陆永进、副主任姜佃董；接管十八间、张家楼等中部地区的是洋泾区第四办事处，主任李斌、副主任宋义仁；接管高庙、居家桥等东部地区的洋泾区第五办事处、主任曹淦、副主任徐庆尧；接管陈家宅、塔水桥、金家桥等东南部地区的是洋泾区第六办事处、主任朱开谟。接管朱家门、沪新村等地区的是高桥区第二办事处。

接管工作按"接受、管理、改造"三大步骤进行，经历了"维持治安、建立秩序；恢复生产、支援城市；减租减息、准备土改"等阶段。主要工作内容有：清查散兵游勇和潜伏特务，收缴武器、弹药和其他军用品，坚决打击敌对势力；处理原区公所工作人员；遣散难民领导群众抵御台风等自然灾害；收容改造游民；帮助建立群众自治组织。

经过一年多时间，接管工作没有发生重大的政策失误，顺利完成了党组织要求的各项任务。1950 年 7 月 1 日，上海市军管会宣布接管任务基本完成，撤销区接管委员会。随着各区人民政府的相继成立，接管专员办事处随之撤销。

从冬防队到居委会　人民当家作主人

　　上海的解放，广大劳动人民欢欣鼓舞，以极大的热情欢迎解放军，拥护共产党。但残存的反动分子、溃散的兵痞匪盗、游手好闲的流氓无赖心存妄想，不断制造各种破坏活动，抵制破坏新政权。面对这些复杂的情况，在共产党的领导下，迅速展开政治动员和组织动员，使人民群众成为"自我服务、自我管理、自我教育"的社会主体力量。1950 年 7 月 1 日，各区人民政府相继成立后，1950 年 11 月 4 日，市军管会发布冬防命令，各区成立冬防委员会和冬防指挥部，按派出所管辖范围成立冬防办事处，在里弄成立冬防服务队，开展"防特、防空、防匪、防火"为中心的冬防运动，检举揭发反革命分子和恶霸流氓，进行禁娼、禁毒、禁赌宣传，清除旧社会留下的污泥浊水。

　　在农村地区，开展土地改革运动。1950 年 6 月 28 日，中央政府通过《中华人民共和国土地改革法》。11 月 21 日，政务院公布《城市郊区土地改革条例》。12 月 23 日，上海市人民政府公布土地改革命令，公布《上海市郊区土地改革实施办法的规定》。1951 年 1 月，土改工作队成立，根据农户自有土地、房屋、农具、人口等情况评定成分。同年 11 月土改工作基本完成，改变了几千年来的封建土地占有制度，贫苦农民有了自己的土地，实现了耕者有其田。土地改革使得社会生产关系发生了根本性的变革，以张桥地区农村为例：地主的土地占有数从 3842 亩下降到 223 亩，占有土地的百分比从 18.8% 下降到了 1.09%。金桥地区地主土地占有数从 1158 亩下降到 24 亩，占有土地的百分比从 14.45% 下降到了 0.3%。

　　1951 年 4 月 20 日，上海市人民政府和市政治协商委员会召开街道里弄代表会议，决定将"冬防"服务队更名为居民委员会。时年，在老沪东街道区境内共成立了 13 个居民委员会：陈家宅居委会，义村居委会，许家厅居委会，姚家宅、陈家门居委会，傅家宅居委会，春山街居委会，铜山街居委会，凌家木桥居委会，贾家角居委会，北洋泾居委会，马桥浜居委会，蔡家宅居委会，高庙居委会[注]。

注释：

注：1956 年，高庙居委会改称上川居委会。

街道现境居委历史沿革简介

沪东新村街道原有居民委员会33个，上川居委会撤销后还有32个。其中1993年以前成立的历史老居委12个，已撤销3个，9个居委保留至今。另有23个居委会相继在1996年以后成立。

1. 上川居委会：街道现境内最早成立的居委会，原名高庙居委会，成立于1951年4月，办公地点黄家宅8号。当年，上川居委会成立后，居委干部走街串巷发动群众，读报组、识字班相继成立，扫文盲、种牛痘，开展爱国卫生运动，慰劳解放军，踊跃购买爱国公债，夜间开展居民自发的治安巡逻。里弄黑板报图文并茂，引人注目。检举揭发封建迷信、坏人坏事，用身边鲜活的事例教育群众，有的还成为了当时的典型案例。1953年3月，为贯彻婚姻法运动月，经群众检举，揭露了高庙地区发生的强迫16岁童养媳强行同房的案件，丈夫纳妾后不愿离婚的妻子惨遭杀害的案件。群众揭发的结果，使犯罪的当事人都受到了应有的法律制裁，群众受到普及法律知识的教育。

1956年，高庙居委改名上川路居委。1960年，居家桥、寺前浜、蔡家宅等居委会并入，复称高庙居委。1964年又改为上川居委。1984年划出船舶新村、庆宁寺、寺前浜居委会。

上川居委会管辖范围为：沿浦东大道的2幢六层楼工房，其余都为老宅基平房和居民翻建的二、三层楼房。九十年代初有居民户631户，居民1776人。辖区：东到马家浜西沟港，西到上川路（今金桥路）南至浦东大道，北抵黄浦江。浦东大道2743—2777号、2747弄；上川路85号—293号；嘴角路1—45号；角断路1—16号；

上川居委局部区域俯视图（摄于2014年）

黄家宅 1 号—7 号；丁家宅 1—30 号；殷家宅 1—17 号；三友里。

2014 年，上川居委所属区域列入浦东新区旧区改造项目。上川居委留守班子协助政府做动迁后续工作，二年后撤销。

2. 陈家宅居委：1984 年从川沙县洋泾乡划入。1986 年 3 月筹建、1988 年成立。以五层楼工房为主，有砖木结构三层楼房 4 幢，并有张桥乡划入的农村老宅基 100 多户。当年管辖区域：东到马家浜、西至上川路，南到荻柴浜、北抵浦东大道。浦东大道 2746 弄、2748 弄；上川路 277 号–525 号，陈家宅、沈家宅、南石桥、马家浜、新生里。

陈家宅居委会以自然村命名。村宅历史久远。明末时已有数户陈姓人家在此居住，故名"陈家宅"。村东有横潮浜，自南向北绕村而流，西入王家沟头，可通小船。1933 年左右，有一批崇明人到此谋生定居。1935 年，陈谷生在宅西南端建造了一幢豪华住宅，在浜东建家祠。从此陈家宅在庆宁寺一带闻名。1949 年前后，有一部分船民迁移此处落户，宅上住户逐渐增多。1953 年，横潮浜东面土地被上海船舶学校征用。1984 年，王家花园划入陈家宅，当时尚有农田 120 亩，仍属川沙县洋泾乡高庙二队。新区开发后，建成企业、科研单位、住宅区。

如今的陈家宅居委会管辖范围：金桥路 301 弄、351 弄 421 弄，浦东大道 2746 弄、2748 弄、2742 弄。小区建筑面积 123663 平方米，绿化面积 46645 平方米。户籍数 1771 户，户籍人口 4209 人，居民小组 73 个。居委会办公地点金桥路 351 弄 34 号二楼。

3. 沪东新村第一居委会，简称沪一居委，1955 年成立。办公地点：沪东新村 43 号甲。初建时称沪东造船厂家属委员会，1960 年改称沪东新村里弄委员会。1962 年船舶新村划出。1977 年 9 月，划分为沪一、沪二两个居委会。1984 年 9 月，沪一居委划分成沪一、沪二、沪三 3 个居委，沪二居委划成向东、沪红、沪新 3 个居委会。

居委所辖区域：沪东新村 1—54 号、3 号甲、4 号甲、6 号甲，小区建筑面积 55812 平方米，绿化面积 12274 平方米。居民小组 69 个，户籍数 1135 户，户籍人口 2561 人。

4. 船舶居委：船舶小区

成立于 1955 年的沪东新村一里委，是沪东新村地区最早建立的居民委员会

船舶新村，由船舶学校的家属区发展而来

建造于 1954 年，原为上海船舶制造学校家属区，初建时有楼房 5 幢 11 个门栋。居民入住后成立船舶小区家属委员会负责小区日常管理。1960 年归属沪东新村里弄委员会，1962 年划入高庙居委会（后改称上川居委会）。1984 年从上川居委划出成立居委会。1991 年油泵分厂工房划入。房屋多数为三层楼房，少量为六层楼工房。除船舶新村工房外，浦东大道 2730 号也属该居委管辖。90 年代初统计户数为 503 户，居民 1292 人。

新区成立后，所辖范围有所调整。2014 年统计：小区建筑面积 58300 平方米，绿化面积 6258 平方米。户籍数 961 户，户籍人口 2246 人，居民小组 80 个。居委会办公地点船舶新村西一号甲。现所辖区域：东连沪南小区，南邻竹园小学，西北至长岛路。管辖范围：长岛路 259 弄，船舶新村 1—6、9—14 号、东 1—东 6 号、西 1—西 6 号、中 2 号。

5. 向东居委会：1965 年征用张桥乡朱家门村杨家弄农田建造砖木结构三层楼房 4 幢，占地 7326 平方米。1984 年 9 月从沪东新村第二居委会划出后建立。时年所辖区域：东与朱家门居委相邻；南与沪南居委接壤；西至西沟港；北到浦东大道。向东新村 1—19 号、20—26 号、潮洞坝 7—59 号、28—66 号，办公地点：向东新村 1 号甲。户数 613 户，居民 1629 人。之后，由于市政建设及房地产开发建设，小区变化较大。至 2014 年统计，所辖区域位置东连北小区，南至长岛路，西靠西沟港，北邻浦东大道。管辖范围：向东新村、潮洞坝、浦东大道 2904—2906，莱阳路 111 弄，西小黄家宅（已动迁）。居委会办公地点设在莱阳路 111 弄 9 号 101、102 室。小区建筑面积 37847 平方米，绿化面积 6580 平方米。户籍数 1100 户，户籍人口 2544 人，居民小组 49 个。2015 年浦东大道 2778 弄外外滩住宅楼群建成，划归向东居委管辖。

6. 沪二居委会：历史上曾有过两个同名的居委会，一是 1977 年 9 月由沪东新村居委会划分成沪一、沪二两个居委会。二是 1984 年 9 月，由沪一居委划成沪一、沪二、沪三 3 个居委。原沪二居委则划成向东、沪红、沪新 3 个居委会。1996 年，沪二沪三合并成立沪二居委，办公地点在沪东新村 169 号，管辖区域为沪东新村 87—108、109—122 号，南平房 168—280 号。599 户，2079 人。

2014 年统计管辖范围：东邻沪一小区，南至兰城路，西靠博兴路，北邻莱阳路。沪东新村 81—122 号、227—229 号。居委办公地点在沪东路 262 号。小区建筑面积 45105 平方米，绿化面积 4580 平方米。户籍数 868 户，户籍人口 3169 人，居民小组 42 个。

7. 沪新居委会：1984 年 9 月从沪二居委分出后成立，全部为六层楼工房，办公地点沪东新村 239 号。1986 年煤气厂在沪东新村建新工房，成立了沪六居委会。1989 年 12 月，沪六居委并入沪新居委会。1998 年，沪红沪新居委合并成立沪新居委。

2014 年统计管辖范围：沪东新村 55—80 号；230—240 号、321 号甲；321—348 号；354—377 号；201 号；五莲路 310—360 号，五莲路 400 弄，莱阳路 218 号，518 号。

小区建筑面积 102274 平方米，绿化面积 8085 平方米。居民小组 109 个，户籍数 2053 户，户籍人口 4049 人。居委会办公地点沪东新村 362 号 101、102 室。

8. 朱家门居委会：1984 年 9 月从川沙县张桥乡划入杨浦区，1985 年浦东大道西侧部分住房被高化工厂和浦东第八开发公司征用。1986 年 3 月建立居委会。办公地点在浦东大道 2960 号。1987 年始建六层楼房 4 幢，其余多为自然村老宅基。九十年代初的辖区：东到沪新路（莱阳路前身）；西至浦东大道；南为向东新村；北到高化石油公司。浦东大道 2970 弄、2900—3211 号；朱家门、后巷、中沈家宅、杨家弄、莱阳新村。1997 年 12 月成立五莲二居委会，2006 年 3 月两个居委会合并为朱家门居委会，办公地点：浦东大道 2970 弄 73 号。2014 年统计所辖区域：东至莱阳路，南邻五莲路，西连浦东北路，北靠利津路。辖管浦东大道 2970 弄、五莲路 201 弄、利津路 158 弄、莱阳路 451 弄、老朱家门。小区建筑面积 196271 平方米，绿化面积 65800 平方米。户籍数 2293 户，户籍人口 5755 人，居民小组 113 个。

9. 沪南居委会：1984 年从川沙县张桥乡划入，1986 年 3 月成立居委会，办公地点在钱家湾 170 号。1984 年从川沙县张桥乡划入时，均为自然村老宅基、农村瓦房。辖区：东到东陆路；西至西沟港；南邻张桥乡；北接沪东新村。村落：马家巷、南沈家宅、王许家宅、钱家湾、凌家宅、小周家宅、西倪家宅、西小黄家宅。居民 697 户，2542 人。

1996 年调整居委会区域位置，东至博兴路，南至长岛苑小区，西至船舶小区，北至长岛路。管辖范围：长岛路 85 弄 1—46 号，博兴路 250 弄 1—44 号，居委会办公地址：长岛路 85 弄 1 号 101 室。

2014 年统计：小区建筑面积 52878 平方米，绿化面积 13649 平方米。居民小组 75 个，户籍数 741 户，户籍人口 1691 人。

10. 北小区居委会：成立于 1991 年 9 月，办公地点在莱阳路 301 弄 26 号 102 室。全部为新建六层楼工房。时年辖区：东、南与张桥乡接壤；西至八号桥；北到浦东大道。莱阳路 201 弄、301 弄 350 弄；五莲路 30 弄、100 弄、寿光路 31 弄。户籍 1009 户,户籍人口 2687 人。

1995 年,寿光路 31 弄划出。

2014 年统计管辖范围:五莲路 100 弄、30 弄,莱阳路 201 弄、301 弄,浦东大道 2927 弄。建筑面积 121068 平方米,绿化面积 28056 平方米。户籍数 2145 户,户籍人口 3987 人,居民小组 110 个。居委办公地点没有变动。

曾经存在过,后来撤销的居委 2 个,附录如下:

沪红居委会:1984 年 9 月从沪二居委分出后成立,多为砖木结构三层楼工房,另有部分平房,办公地点沪东新村 201 号 8 室。沪东新村 55—80 号,东平房 281—320 号,571 户,1514 人。

沪三居委会:1984 年 9 月从沪一居委分出后成立,多数为砖木结构三、四层楼工房,另有瓦平房 122 户。办公地点沪东新村 228 号甲,沪东新村 81—86 号,227—229 号,496—502 号,西平房 101—161 号,北平房 205 号,584 户,1665 人。

还有 23 个居委概况汇总资料如下:

1. 金浦居委会,成立于 2003 年 10 月。区域位置:东南至张杨北路,西南至金桥路,西北至博山东路,东北靠马家浜。管辖范围:金桥路 989 弄、899 弄、835 弄。办公地点金桥路 899 弄 17 号 101 室。

2. 金桥花苑居委会,成立于 1997 年 8 月。区域位置:东至张杨北路,南靠马家浜,西至柳埠路,北至长岛路。管辖范围:长岛路 588 弄、638 弄。办公地址长岛路 588 弄 55 号 101 室。

3. 柳博居委会,2005 年由柳一居委会和博二居委会合并成立。区域位置:东连同方锦城,南邻长岛路,西至柳埠路,北靠博兴路。管辖范围:柳埠路 135 弄 1—23、26—54、博兴路 616 弄 1—30、36—50 号。小区居民主要来自延安东路高架市政动迁的居民。办公地点博兴路 616 弄 31 号。

4. 兰城居委会,1997 年 8 月成立。2006 年 4 月,兰城居委会与博三居委合并为博兰居委会,2009 年 3 月又进行划分,恢复兰城、博三居委会。居委会区域位置:东北接博三居委,南至柳埠路,西邻长岛路,北抵兰城路。管辖范围:兰城路 108 弄 1—58 号、柳埠路 142 弄 1 号—39 号。办公地点兰城路 108 弄 34 号 103 室。

5. 博三居委会,成立于 1997 年 6 月。区域位置:东邻博兴路,南至柳博路,西连兰城小区,北至兰城路。管辖范围:博兴路、1—88 号,柳埠路 196 弄。办公地点博兴路 462 弄 43 号 103 室。

6. 长岛苑居委会,2003 年 9 月成立。所辖区域:东邻博兴路,南邻兰城路,西连船舶新村,北至沪南小区。管辖范围:兰城路 115 弄 1—47 号。办公地点兰城路 115 弄 27 号 102 室。

7. 博兴路第一居委会,成立于 1997 年 1 月。区域位置:东北连同方锦城,南邻博兴路，西靠兰城路。管辖范围：博兴路 465 弄、博兴路 1 支弄、2 支弄。办公地点博兴路 465 弄 2 支弄 3 号 102 室。

8. 同方锦城居委，成立于 2005 年 9 月。区域位置：东邻张杨北路，南至长岛路，西邻兰城路，北至五莲路。管辖范围：长岛路 625 弄、张杨北路 555 弄。办公地址张杨北路 555 弄 22 号 101 室。

9. 锦河苑居委会，成立于 2000 年 1 月。区域位置：东邻张杨北路，南至五莲路、西邻寿光路，北连江南山水小区。管辖范围：五莲路 595 弄。办公地址五莲路 593 弄 34 号三楼。

10. 江南山水居委会，成立于 2001 年 3 月。区域位置：东至张杨北路，南连锦河苑，西至五莲路，北邻寿光路。管辖范围：寿光路 78 弄 1—49 号。办公地址寿光路 78 弄 52 号 201 室。

11. 寿一居委会，1997 年 8 月成立。区域位置：东连中星莱阳公寓，南至寿光路，西邻五莲路，北至莱阳路。管辖范围：350 弄、31 弄、75 弄。办公地点莱阳路 350 弄 28 号。

12. 寿二居委会，1997 年 8 月成立。区域位置：东至利津路，南邻寿光路，西连寿一小区，北至莱阳路。管辖范围：寿光路 81 弄、161 弄。办公地址：寿光路 127 弄 27 号 101—102 室。

13. 璞爱居委会，2003 年 9 月成立。区域位置：东邻张杨北路，南至利津路，西至莱阳路，北邻东陆路。管辖范围：利津路 385 弄、555 弄。办公地址：利津路 385 弄 37 号。

14. 莱阳新家园居委会，2003 年 9 月成立。区域位置：东至莱阳路，南邻利津路，西靠浦东北路，北至东陆路。管辖范围：利津路 53 弄、185 弄、215 弄。办公地址利津路 185 弄 13 号。

15. 汇佳苑居委会，2003 年 9 月成立。区域位置：东邻莱阳路，南连莱阳新家园，西靠浦东北路，北至东陆路。管辖范围：利津路 51 弄、莱阳路 817 弄。办公地点莱阳路 817 弄 26 号。

16. 伟莱家园居委会，2003 年 9 月成立。区域位置：东至浦东北路，南连利津路，西靠浦东大道，北邻东陆路。管辖范围浦东大道 3036 弄、3040 弄、3076 弄、3080 弄。办公地点浦东大道 3076 弄 24 号二楼。

17. 东二居委会，1997 年 8 月成立。区域位置：东至浦东北路；南连伟莱家园；西临浦东大道；北至赵家沟。管辖范围：东波路 49 弄、58 弄。办公地点东波路 49 弄 78 号乙。

18. 东三居委会，1997 年 8 月成立。区域位置：东邻兴运路，南至东波路，西邻浦东北路，北靠赵家沟。管辖范围：东波路 195 弄。办公地点东波路 195 弄 12 号

101 室。

19. 东四居委会，1997 年 8 月成立。区域位置：东邻莱阳路，南至东波路，西邻兴运路。北靠赵家沟。管辖范围：东波路 325 弄。办公地点东波路 325 弄 9 号 101 室。

20. 东六居委会，2001 年 3 月成立。区域位置：东至兴运路，南邻东陆路，西邻浦东北路，北到东波路。管辖范围：东波路 248 弄、192 弄。办公地点东波路 166 号—168 号二楼。

21. 伟业居委会，2005 年 9 月成立。区域位置：东连东方丽景小区，南邻东陆路，西至兴运路，北邻东波路。管辖范围：莱阳路 881 弄、880 弄。办公地址莱阳路 880 弄 27 号。

22. 伟锦居委会，2003 年 9 月成立。区域位置：东临张杨北路，南至东波路，西邻莱阳路，北靠赵家沟。所辖范围：东波路 585 弄 1—108 号。居民来自十八间、贾家角、赵家宅等 16 个地区。办公地址东波路 585 弄 109 号 2 楼。

23. 东方丽景居委会，2008 年 9 月成立。区域位置：东至张杨北路，南临东陆路，西连伟业居委会，北邻东波路。管辖范围：东陆路 429 弄。办公地址东陆路 429 弄 37 号二楼。

朱家门地块历史变迁

一、从自然村到行政村

"朱家门"，较早时仅指自然村，地方就在今浦东大道五莲路口东侧一带，如今人们依然把这里称为老朱家门。据金桥镇志载："清乾隆年间，朱姓人家从赵家滩迁此"。可见朱家门村在清早期或更早些时候就已经在浦江滩边存在了。

作为行政村，朱家门的范围就大了，主要包括自西沟往东到东沟、沿靠浦东大道两边的一大片区域。这里原属上海县高昌乡二十二保五十图，解放前隶属高桥区。1951年10月隶属西沟乡新团村。1956年1月，西沟乡撤销，改隶张桥乡。高级社时称季乐五社。1958年9月，浦东县红旗人民公社成立，建朱家门生产队，隶张桥大队。1959年5月，张桥大队升格为张桥公社。1960年3月，张桥、陆行两公社合并成立张桥公社，朱家门为其下属的一个生产队。1961年4月，朱家门生产队改称朱家门生产大队，下辖新建村、黄家宅、摇浜、杨家弄、后巷、中沈、朱家门、庄家湾八个生产队和杨家弄、西厍、后巷、朱家门、中沈家宅、黄家宅、西卢家宅、新建村、北沈家宅、窑浜角、周家宅、庄家湾十二个自然村落。1984年9月，朱家门村民委员会成立，所辖范围为：东邻沪新村（另一个行政村），南连沪东新村，西濒黄浦江，北抵东沟港，总面积0.81平方公里，耕地面积约50公顷。从现在的地域情况看，大致包括向东新村、北小区、朱家门小区、莱阳新家园、汇佳苑、伟莱家园、东二、东六、东三等居委所在地。

二、首个创利"百万"村

人民公社时期，朱家门大队以种植粮、棉、油料作物为主，亦有一定规模的养殖业，主要饲养猪、鸭等畜禽。当年大队里有好几处猪舍，今利津路西端、浦东大道南边，现高化宾馆一带，过去就有朱家门大队的一处猪猡棚。1970年，大队生猪饲养量为683头，平均每亩田为0.7头。1965年，农、牧、副三业总收入为13.69万元，1978年达到25.59万元。

1960年代末开始发展大队集体企业，先后开设冷作、白铁加工、服装、农机修配等企业。1970 年代初，大队开始实行独立核算，在杨家弄猛将堂建起了综合厂，厂区就在今浦东大道 2908 号一处招待所附近，朝南一直延伸到近莱阳路的地方。1975 年大队工业总收入达到 337.85 万元；1979 年后，创办了生产面包烤箱等食品机械的经销型企业——"浦东食品机械厂"；办起了模具加工为主的"五金模具厂"；还与上海汽水厂联营成立了"正广和汽水厂浦东分厂"，厂址在今浦东大道利津路口、丽江锦庭、伟莱家园 3076 弄小区一带。厂门临靠浦东大道，每逢盛夏季节，来此提汽水、冷饮的单位车辆络绎不绝，呈现出一派繁忙景象。1980 年，队办企业总收入 804 万元，居全乡所有村办工业之首。1987 年，实现利润 117 万元，成为当时全张桥乡第一个创利"百万"的行政村。

三、高化牵头联建成为住宅区

1984 年 9 月 30 日，杨家弄、后巷、中沈、朱家门 4 个生产队划归杨浦区沪东街道，实行杨浦区和张桥乡人民政府双重管理。

1986 年 5 月 13 日，庄家湾生产队建制撤销。1986 年 12 月 13 日，杨家弄、后巷、朱家门 3 个生产队撤销建制。1987 年 2 月 3 日，中沈生产队；1994 年 4 月 8 日，摇浜村生产队；1995 年 11 月 30 日黄家宅、新建村生产队；先后撤销建制。1999 年 2 月 15 日，朱家门行政村建制撤销。2000 年 6 月，原金桥、张桥两镇"撤二建一"，合并成立金桥镇，2001 年 5 月，朱家门村划入沪东新村街道。

1988 年开始征田建房，由高化公司牵头，联合五家单位共建。经过将近十年时间的开发建设，共建成六层住宅楼 59 幢，高层楼 3 幢。新建住宅区东至莱阳路，南靠五莲路，西邻浦东大道，北抵利津路。东西长 600 米，南北宽 350 米，建筑总面积达 178869 平方米。

四、今日朱家门自治家园示范点

如今的朱家门已经成为颇具规模又富有特色的居民住宅区，五莲路早已建成特色商业街，莱阳路是远近闻名的双拥文化街。隔街相邻的正育菜场环境整洁，小区周边商家林立，银行、超市、学校、宾馆，各类生活设施齐全，社区卫生中心就在莱阳路上。朱家门敬老院 2008 年 6 月开办，至今已经多年。近来开放的朱家门日间托老所，更是深受老年居民的欢迎。电视大学沪东校区为人们敞开了求知深造的大门。

作为沪东街道最大的居民区，朱家门居委会在居民自治管理方面进行了大胆的探索与实践，夕阳红读书小组、老年居民关爱小组、119 应急突击队、六角亭诗画社、朱家门合唱队、朱家门拳操队……各式各样的社区志愿团队和兴趣活动组织，为广大居民参与小区自治管理、丰富业余文化生活提供了广阔的舞台，小区也因此成为浦东新区自治家园示范点之一。

五、历史村落

朱家门地块中原来比较大的自然村落，要数朱家门和中沈家宅了。此外，还有大小不一的自然村落。

朱家门：浦东大道利津路交汇处一带，清乾隆年间成宅。朱姓为当地大姓，今朱家门小区仍有不少朱姓居民。除朱姓外，还有沈、杨、庄、秦等姓氏的居民。

中沈家宅：宅基在今朱家门小区居委办公楼周围一片，当地人简称"中沈"。清乾隆年间沈姓从江苏宜兴迁此，因宅后已有沈家宅，故名中沈家宅。

杨家弄：八号桥东堍，浦东大道南侧，今向东居委一带。明朝弘治年间（1488—1505）即已成宅，是沪东街道域内有明确文字记载、在明朝中期就已存在的自然村落之一。清咸丰十年（1860年）列为杨家弄市。1965年，国家征用杨家弄生产队部分农田建造了向东新村。

西厍：原在浦东大道北面，沪东厂3号门往里近黄浦江边。清光绪年间葛姓人家迁此建宅。除葛姓外还有王姓、张姓、奚姓等人家居住，故此，西厍西边的房舍也曾被称为张家、奚家。"厍"，She，与"舍"同音同意，为村舍的意思。1955年前后，西厍因沪东厂扩建而搬迁，居民在今浦东北路汇佳苑一带新建宅舍，取名"新建村"。

后巷：邻近西厍，近浦东大道。清光绪年间张姓迁此。后因沪东厂扩建而搬迁，与西厍搬迁户一起在新址造房，名新建村。其中少量人家到中沈家宅造房居住。至今在浦东大道南边仍保留有"浦东大道朱家门后巷宅"的门牌号。

黄家宅：在今伟莱家园住宅区域内。清乾隆末年建宅，宅以黄姓名。

西卢家宅：今莱金家园一带。清光绪年间卢姓人家从东卢家宅（沪新村域内，今伟业二村一带）发宅到此。

新建村：系赵家滩、北沈家宅居民搬迁而建，在今伟莱家园、浦东北路及汇佳苑一带。

北沈家宅：当地人称"北沈"。原在赵家滩靠浦东大道北，清乾隆年间沈姓迁此，因宅前有中沈家宅，故名。

窑浜角：今东波路浦东大道交汇处，靠东沟港边，乾隆末年瞿姓从南汇逃难至此，以烧窑为业。又因宅中有河浜弯曲成角，故称"窑浜角"。

周家宅：窑浜角东北边，嘉庆初年有周姓迁居于此，后有何姓从沪新村摇船湾迁入，宅以周姓名。

庄家湾：地处东沟曲湾处，乾隆年间庄姓迁此居住，后陆姓迁入。20世纪初东沟大将浦截弯取直，庄家湾被隔在新河道两边，河东庄家湾成了"飞地"。

沪新地块历史变迁

一、历史沿革

在今邻靠张杨北路西侧、长岛路往北地区，过去是张桥乡沪新村的辖地。历史上的沪新村，东临张桥村、西与原朱家门村接壤；西南抵沪东新村、马家浜；北到东沟港。总面积约为 2.10 平方公里，下辖摇船湾、津桥角一、津桥角二队、卢家宅、东顾、西顾、东倪、西倪、南沈一、南沈二队、凌家宅、马家巷、钱家湾十三个生产队，有自然村落二十七处。

历史上沪新村属上海县高昌乡二十二保五十图，解放前属高桥区，新中国成立初隶属东沟乡。1951 年西沟乡成立，隶属西沟乡。1954 年 12 月，农业生产合作社期间，域内成立新民、新桥两家初级农业生产合作社。1955 年 11 月，凌家宅成立新家初级农业合作社一社、钱家湾成立新家二社、马家巷成立新家三社。1956 年 1 月，西沟乡与张桥乡、钱桥乡 3 乡撤并成立张桥乡。是年 3 月，新民、新桥两家初级社合并成立张桥乡季乐第四高级农业生产合作社，简称"季乐四社"。1958 年 9 月浦东县红旗人民公社成立，季乐四社同新家二、三初级社合并成立新桥生产队，隶属张桥大队。1959 年 5 月，红旗人民公社调整规模，析成金桥、张桥、陆行、泾南、二塘、东沟六个公社，新桥生产队隶张桥公社。1960 年 3 月，张桥、陆行两个公社合并组成了张桥公社。1961 年 4 月，新桥生产队改称新桥大队。1969 年 3 月成立新桥大队革命委员会。1979 年 4 月成立新桥大队管理委员会。1980 年 2 月更名为沪新大队。1984 年 9 月成立沪新村民委员会，隶属张桥乡。1987 年 4 月成立沪新村经济合作社，沪新大队管理委员会撤销。1993 年 2 月成立沪新物业公司，沪新村经济合作社撤销。1995 年 12 月隶张桥镇。2000 年 6 月，金桥、张桥两镇"撤二建一"，隶新建的金桥镇。2001 年 5 月，沪新村划入沪东新村街道。

二、农业生产

农业生产时期，沪新村以种植粮、棉、油料等农作物为主。养殖业有猪、鸭等畜禽。1971 年，蛋鸭饲养量为 1 万 2 千羽。1975 年生猪饲养量 1112 头，平均每亩田 0.62 头。1965 年，农、牧、副业总收入 23.76 万元。1978 年增加到 47.70 万元。1985 年，农民承包经营总收入为 47.13 万元。

三、社队企业

1960 年起创办大队企业，先后有白铁修配、翻砂铸件、五金、冲床、服装皮革加工等行业。1978 年工业总收入 57.41 万元。1985 年，电镀、金属构件、熔炼、铸铁等 4 家村办厂全年总收入为 144 万元，1995 年为 1792 万元，2002 年为 1774 万元。

随着浦东的开发，昔日的沪新村发生了翻天覆地的变化，沿着宽阔的张杨路一路向北，同方锦城、江南山水、文峰大卖场、璞真园、东方丽景……一个个小区错落有致，一幢幢楼宇鳞次栉比。优美的居住环境，充满活力的商业中心，当年的沪新村已然成为沪东社区极具人文魅力的美丽家园。

四、历史村落

沪新村历史村落的分布，可参考东沟乡、金桥乡、歇浦路街道图。

摇船湾：东沟浦赵家沟畔，近浦东大道，今东三居委一带。清嘉庆年间，船民何宝成率全家来此居此。何育有 4 子，以船运为业，拥有行风船，故将居住地称为"摇船湾"。除何姓外，亦有他姓，原川沙县人民医院院长张治平，解放军高级军官张培敏将军都出生于此。

小黄家宅：属摇船湾生产队，今东四居委一带。清道光年间以换糖为生的黄姓人从赵家沙滩迁此。

津桥角：今伟锦居委一带。清乾隆年间成宅，旁有架于曹家沟的"津桥"[注1]，宅以桥名。这里曾是民国初期津桥角花园的所在地，有两个生产队，分称"津桥角一队、津桥角二队"。

东卢家宅：属卢家宅生产队，今伟业一村一带，清嘉庆年间成宅，宅中多卢姓，故名。

小奚家宅：属卢家宅生产队，今伟业一村一带，清嘉庆年间奚姓迁此，后又有杨姓等迁入。

东顾家浜：属东顾生产队。今伟业一村靠东陆路一带。东陆路向浦东大道方向延伸段，过去是条河浜，此宅在浜的东边，清乾隆末年成宅。原先宅中多杨姓，后顾作成从西顾家浜迁入，且人丁兴旺，遂名东顾家宅，村里有"小辫子掌生"的故宅。小辫子掌生，姓顾名掌生，海上闻人黄金荣的手下门人，习称黄手下"八生"之一。[注2]

西顾家浜：属西顾生产队，在今东陆路西侧浦东新区卫生发展研究院一带。清乾隆末年顾姓迁此建宅，后有陆、杨、秦、奚等姓迁入。

东倪家荡：属东倪生产队。清乾隆年间倪姓人家从洋泾东边的倪家宅迁此，因宅西亦有倪家荡，故名东倪家荡。宅在今张扬北路、东陆路交界处璞真苑小区旁。原上海市副市长倪鸿福出生于此。

西街：又称钱郎中桥西街，属东倪生产队。在今张杨北路西侧。清乾隆年间有钱桥张姓、张家桥李姓、钱桥赵家旗杆赵姓、崇明海门黄姓等先后迁此居住。

南小宅：属东倪生产队。今张杨路、东陆路交汇处。清道光年间张姓从高庙附近的张家宅迁来，因位于东倪家荡南，宅又小，故名。

诸家宅：属东倪生产队。清光绪年间诸姓迁此建宅，故名。

北小宅：东倪生产队，今属璞爱居委。清乾隆年间陆姓迁此，又有徐姓从陆家行附近的陶家宅迁入，因宅小，故名。

西倪家荡：属西倪生产队，今寿一、寿二居委一带。清康熙年间倪姓迁此定居，故名。

王许家宅：属西倪生产队，南沈家宅以西，靠今张杨北路附近。明末清初王姓许姓迁此成宅，宅以姓名。

小周家宅：属西倪生产队。清初周姓迁此，宅以姓名。

西秦家宅：属西倪生产队。清初秦姓迁此，宅以姓名。靠近南沈，现张杨北路旁。

小秦家宅：今五莲路、莱阳路交汇处。宅小房少、三面环水。著名电影演员秦怡祖上的五间堂房就在这里。解放前被秦怡的大哥秦驾鹏出售给了洋泾红星木行。

南沈家宅：今江南山水居委一带，宅较大，前浜称"南沈一队"、后浜称"南沈二队"。清道光年间沈姓迁此始居。

秦家宅：又名"南秦家宅"，属南沈一队。清乾隆末年成宅，宅内多秦姓，宅以姓名。

凌家宅：属凌家宅生产队，今同方锦城小区一带。乾隆年间凌姓从高桥凌家宅迁此，故名。又因西南金东村亦有凌家宅（前凌家宅），故称后凌家宅。

何家庙：属凌家宅生产队。清乾隆年间何姓迁此居住，宅以姓名。

马家里：属凌家宅生产队，宅与凌家宅相连。清乾隆年间马姓迁此定居，宅以姓名。

张家门：属凌家宅生产队。清乾隆年间张姓迁此定，宅以姓名。

马家巷：属马家巷生产队。明末清初马姓人到此居住，后成宅。周围有河环流，称"濠沥沟"。河上架有石桥。宅有前后两墙，中间是路，故称"马家巷"。

老钱家湾：属钱家湾生产队，今长岛苑小区。清光绪年间钱姓从钱郎中桥迁此，始称钱家湾。后又从此宅向外发宅，故称老钱家湾。

钱家湾：属钱家湾生产队。约在1924年前后，钱姓从老钱家湾发宅迁此，宅以姓名。

西小黄家宅：属钱家湾生产队。清光绪年间黄姓从引翔港迁此，因户少宅小，加上东有黄家宅，高庙亦有黄家宅，故称西小黄家宅。

潮洞坝：浦东大道马家浜交汇处，浦东大道南、八号桥东块，属钱家湾生产队。解放前夕从西小黄家宅发宅于此。

注释：

注1：见金桥镇志 132 页。

注2：黄金荣手下"八生"，说法不一，比较多的说法是指"杜月笙、徐福生、马祥生、顾掌生、金庭荪、吴榕生、杨渔生、高兰生"。从出道时间看，顾掌生早于杜月笙多年，杜一直尊称顾掌生为先生（老师、师傅的意思），对顾身前死后多有眷顾。

街境西块上川地区历史村落

　　庆宁寺高庙地区旧属高昌乡二十二保四十三图，寺前浜河（现已填没）东西横贯，浜南浜北都有民居。村落的形成与清乾隆年间挑筑的淞东南土塘有关，是这条护塘的修成，改善了人们的生存条件，吸引先民们不断迁居于此。清光绪年末大海潮水灾，护塘毁损，移南重修，乡民又在新护塘南畔陆续建起了不少住宅。20世纪初，塘工局建房兴市，促进了高庙市镇的发展，形成了集市街坊与自然村落并存的格局。

　　丁家宅：庆宁寺轮渡口附近，上川路东侧到沪东厂西小门一带的自然村落。村落呈半圆形，初建于清乾隆年间（1736年—1795年）。丁姓祖先在这里开柴行、米店，陆续建有房屋十七间，其中有十间曾租给庆宁市（非庆宁寺）。清末，这里辟有通往周家嘴角（即复兴岛）的人力行风船摆渡。丁家宅30号是一幢钢筋水泥二层楼房，为马勒厂工会所造，后成为居民住宅房。20世纪90年代，有房屋32幢（间）。建筑面积2368平方米，50户179人。属上川居委会。

　　殷家宅：东至沪东船厂，西临金桥路，南靠嘴角路，北与丁家宅相邻。由殷氏三兄弟于清同治（1862—1874）年间所建，初建五开间房屋，后有陆续建房数十幢计二十多间。经过一百五十多年的发展，形成了以殷姓后人及他姓居民和睦相处的自然村落。沪东厂扩建时，拆迁了3号、9号，老宅基房尚余8幢，主要由殷姓居民及亲属居住。10—16号系后来外姓迁入所造。

　　黄家宅：嘴角路寺前浜南，东临沪东船厂科技大楼，南靠浦东大道，西近上川路，门牌号为黄家宅1—7号。除7号曾翻建成楼房外，其余都为原来老宅房。1920年前后，由居家桥黄姓兄弟在此购地造房7幢，计35间平房。后来又由黄姓兄弟数人来此分别造房，故有新老黄家宅之称。黄家宅二进三埭，占地2500多平方米，是典型的本地绞圈墙门式建筑。

　　马家浜养鸭滩：马家浜西埭，浦东大道两侧。该处原为一片荒滩，1912年，有黄姓农民在此搭有茅屋3间养鸭，后又有养鸭户迁此，故习称养鸭棚、养鸭滩。1950年代中后期，有船民陆续迁此定居。定门牌时，这里尚有房屋十多间，居民近30来户，门牌以马家浜命名。后浦东大道南侧逐渐演变为建筑堆场，北侧成为沪东船厂厂区。2015 年，在原建筑材料堆场造起了 7 幢高层住宅楼，以浦东大道 2778 弄为门牌，取名"外外滩"公寓。

南石桥：浦东大道南，金桥路两侧，形成于清乾隆年间。村中原有南北向河流穿过，一座石板桥横跨河上，因在寺前浜南面，故桥和宅都以南石桥命名。河流将村宅自然划成东、西两块，习称东南石桥、西南石桥。东南石桥有居民六七户，平房 30 多间。西南石桥有居民七户，二层楼房 6 间，其余都为平房。1922 年辟筑上川县道时，桥被拆除，河浜填没。1933 年，宅村北部土地辟筑为浦东大道。

陈家宅：浦东大道南，上川路以东。村宅历史久远。相传在明末时已有三户陈姓人家在此居住，故名"陈家宅"。村东有横潮浜，自南向北绕村而流，西入王家沟头，可通小船。横潮浜连通西沟可直达黄浦江，陈家祖上靠经营水上运输和浦江摆渡发迹。陈氏后人陈谷生，成年后入慎昌洋行做买办。1935 年，委托沈生记营造厂在陈家老宅西南面建造了豪华别致的住宅和祠堂。这幢房子后来成了浦交公司的办公地。

1933 年左右，有一批崇明人到此谋生定居。1949 年前后，有一部分船民迁移此处落户，宅上住户渐渐增多。1953 年横潮浜东面土地被上海船舶学校征用，南面原王家花园于 1984 年划入陈家宅居委。

桥内沈家宅：原在陈家宅区域，因在南石桥内侧，故曾名桥内。1930 年代，居民渐多，称沈家宅。宅呈东西长方形，1990 年代，尚有砖木结构老宅基平房 30 余间，二层楼房 27 幢，建筑面积 2810 平方米。

西张家宅：上川路东、马家浜西、荻柴浜南、南近新木桥。原属金联一队，清顺治年间已有张氏始居。因马家浜东亦有张家宅，故名西张家宅。又因宅里农户曾以孵豆芽出名，又称"豆芽张家宅"。

原上川居委黄家宅三墙二进带有墙门间的绞圈房

陈家宅陈谷生家祠，王象新依据旧照片绘制

老沪东街道群团工作回顾

群团工作主要包括统战、妇女、共青团工作等方面。现将 1960 年 4 月 25 日成立浦东地区街道委员会（后改称沪东街道）后，到 1992 年底划归浦东新区时，街道群团工作相关资料收集整理汇总简介如下。

一、统战工作

1960 年初街道刚一成立，即对辖区居民中有海外关系的家庭进行了统计，当时共涉及 322 户、404 人。分布情况为：台湾 150 人，香港 198 人，澳门 3 人；美国 10 人，英国 1 人，法国 1 人，西德 1 人，日本 6 人，新加坡 7 人，泰国 5 人，印度 3 人，巴西 1 人；不明国籍地区的 18 人。

1980 年，街道配备专职统战干部，把原工商业者组织起来，定期开展活动。1982 年，成立"民族、工商联、归侨、台胞"四个联络小组，建立统战联络组长会议制度，听取意见、交流情况、传达统战政策、讨论形势任务、通报相关信息。1989 年底，成立歇浦路街道各界人士联谊会，广交朋友、增进友谊、交流信息，为统一祖国、振兴中华、繁荣歇浦服务。

1986 年，出生在其昌栈陈家门的港胞陈占美，捐赠 100 万港币，在文登路（后改名东方路）昌邑路建造的"浦东图书馆"竣工。10 月 18 日举行开馆典礼，上海市副市长谢丽娟和陈占美先生出席开幕剪彩。以后，陈占美先生又先后五次向图书馆捐赠书籍、复印机、钢琴、电子琴和电教设备，两次捐赠给街道里弄和福利工厂轮椅车 40 辆。1989 年，陈占美夫人李云华又捐资在陆家嘴冰厂田路 55 号建造了浦东第二图书馆。2007 年，两个图书馆合并为浦东陆家嘴图书馆，地点分别在东方路 38 号和浦城路 150 号。

1989 年，出生在高庙上川居委殷家宅的香港远东家具有限公司董事长胡雪年，家乡名叫殷锦荣，捐资港元百万给母校——高庙问道小学。因该校刚修缮不久，在征得殷锦荣同意后，这笔捐款用到了居家桥小学，并用其父"金桃"的谐音更改居家桥小学校名为"进涛小学"。

1990 年，街道统战人士已达 1045 户，2697 人，占到街道总人口的 2.11%。其中有侨眷 38 户，归侨 2 户，港澳眷属 8 户，台胞 11 户，回沪定居台胞 1 户。台属 115 户，原工商业者 42 户，个体经营者 492 户。少数民族 141 户，其中回族 132 户，蒙古族 3 户，高山族、朝鲜族、彝族、苗族、满族各 1 户。有天主教徒 873 人，每周做礼拜者 300—400 人。1983 年傅家天主堂复堂，至 1992 年已接待 30 多个国家、地区和国内各省、市、自治区 9000 余人。沪东新村有基督教简易活动点，每周做礼拜者 200 余人。

1991 年，有台属 136 户，归侨 2 户，侨眷 140 户，他们的亲属分布在美国、加拿大、英国、日本、澳大利亚、马来西亚、阿根廷、西班牙、巴西等国。同年，街道统战工作被评为"上海市统战工作先进集体"。

二、妇女工作

1960 年，街道一成立即配备有专职干部负责妇女工作。各里委相继建立妇女代表会，俗称"小妇代"。1964 年，选出吴新珍、刘小兰参加上海市第五次妇女代表大会，选出 28 名代表参加杨浦区第三次妇女代表大会。1965 年，评出"六好妇女"23 人。

十一届三中全会后，街道妇联开展创建"五好家庭"活动。1983 年，有 3 户人家被评为全国"五好家庭"，4 户被评为上海市"五好家庭"，12 户被评为杨浦区"五好家庭"。

1987 年 7 月，街道召开第一次妇女代表大会，高金妹等 9 人当选为歆浦路街道妇女联合会执行委员会委员。

1987 年，针对在校学生犯罪率上升，个别家庭子女出走、厌学逃夜等事件的发生，街道党委成立"家庭教育工作小组"，由党委书记担任组长，妇联、团委等各部门负责人参加，班子成员共 13 人。"家庭教育工作小组"成立以后，迅速组织和广泛开展"家长学校""家长讲座""趣味智力竞赛""选合格家长""儿童运动会""学生暑寒假活动""苗苗乐园欢乐多""解决挂钥匙小朋友午餐"等一系列活动。当年就取得明显成效，学生犯罪、出走、逃夜等现象的统计数下降为零。

1988 年，举办"创建五好家庭"交流会 72 次，2362 人次参加；评出"五好家庭"35 户，"文明家庭"3920 户，"美化家庭"160 户；妇联牵头举办"家庭讲座"80 次，12340 人次听讲，为儿童办实事 72 件，受益儿童 2652 人；开展设摊、上门、医疗咨询、缝补衣服等方式为孤老、烈军属和教师服务，受益 3190 人次。

1989 年，发动妇女参加"中华女子爱国储蓄活动"，储蓄额达到 11 万元。举办"革命歌曲家庭演唱会"及演讲比赛等活动。

1990 年，街道辖区女孩王玲被确诊患白血病，父母为筹措 4 万元医疗费四处求援。街道妇联闻讯，即在全街道开展"一家有难、百家支援"募捐献爱心活动，短时间内募到善款 6586.82 元。当王玲父母用颤巍的双手接过这笔善款时，连连说道

"感谢政府、感谢街道、感谢好心人"。

三、共青团工作

1960 年 5 月,街道共青团委员会成立,时有委员 7 人,黄佩文任副书记主持日常工作。同年 7 月,建立团支部 12 个、机关直属团小组 1 个。团委组织团员、青年学习马列主义、毛泽东思想;学习雷锋、刘琦等先进人物的事迹。每逢青年节、老年节、教师节等都组织开展为群众服务活动。

1965 年,成立街道青少年教育分会,由办事处副主任、团委书记、妇联主任、派出所长、学区党支部书记、专职校外辅导员等成员组成。各里弄居委相继成立"青少年教育小组"。同年建立"少年之家",配合街道党委开展青少年教育工作。

1978 年,在团员青年中开展劳动竞赛和争当新长征突击手活动,团支部书记罗畅被评为上海市手工业局先进个人。

1980 年,组织开展上团课和为群众做好事活动,组织团课 34 次,980 人次参加。为群众做好事 69 件,收到表扬信 43 件,50 名团员被评为先进工作者。

1983 年组织团员青年开展"文明礼貌月"活动,各团支部建立孤老关爱小组,为孤寡老人送煤、送菜、送粮、送水,陪护治病,理发修房和打扫卫生等,受到老年人的欢迎,群众也都交口称赞。

1984 年 10 月,为庆祝中华人民共和国成立 35 周年,街道团委组织演讲队下里弄,宣讲中华人民共和国成立 35 周年来取得的伟大成就。

1986 年 4 月,建立街道"青少年教育家长咨询学校",校务委员会 14 人,党委副书记朱敏伟任校务委员会主任。家长学校开设《如何指导督促子女学习》《关心子女青春期教育》《青少年法制道德教育》,参加听课的家长 379 名。

1987 年 9 月,《青少年保护条例》颁布,街道成立"青少年保护委员会",宣传贯彻条例,保护青少年合法权益,保护青少年健康成长。

1988 年 10 月,《上海老年人保护条例》颁布实施,街道 23 名团员和 2 名青年捐献人民币 85 元,购置茶几等物品送到街道敬老院。同年 10 月,共青团个体劳动者支部成立,丁慧明任团支部书记。

1989 年 1 月,组织 5 所中学在民生中学举行学习《青少年保护条例》和青少年自我保护演讲比赛。5 月,与浦东图书馆联合举办"沪东地区首届少儿艺术节"。9 月,在《青少年保护条例》颁布 2 周年之际,组织各里弄、学校通过黑板报,设立咨询服务站等形式,广泛宣传条例。1990 年,街道共有团支部 27 个,团员 67 名。

相关数据资料摘自《歇浦路街道志》

老沪东街道民政工作回顾

沪东街道成立后，民政工作由社会管理科负责。1989年建立居民科，1990年改为民政科，主要负责"拥军优属、社会救济、老龄工作、残疾人保护"等工作。

一、拥军优属工作

解放后，每年春节期间，政府都要开展拥军优属慰问工作。1960年，召开军属座谈会十次；组织青年给烈军属挑水、洗衣、拜年活动。安排19户军烈属家庭成员就业；向边防海防战士发出慰问信件16封。1964年1月，组织人民代表、政协委员42人视察优抚工作开展情况，召开烈军属座谈会16次，447人参加；13户烈军属都用上了液化气。1980年，对722户烈军属进行普访；春节期间，给每家都贴上了"光荣之家"的门联，在菜场设专摊，优先供应烈军属副食品。

1987年，为庆祝建军60周年，特设优抚对象优惠服务专柜；组织拥军优属服务队55个，给部队指战员和优抚对象洗衣物、赠送学习用品、配钥匙、搞卫生等，共有580人次参加，并派专人去江苏徐州部队慰问子弟兵。同年，全街道39个工厂、商店、部队等单位联合组成"拥军优属、拥政爱民工作委员会"。1991年，扩大到50个单位参加。

1989—1991年，为驻军部队随军家属19人解决就业。夏天时节，为部队驻军送西瓜。建军节前夕，对优抚对象进行普访，做到一个不漏。举办军民联欢会、座谈

1990年在沪东新村沪一居委竖立双拥纪念碑，至今依然耸立在小区花园（2022年摄）

会，邀请部队战士到居委和优抚对象家中做客。

举办各种技能培训班，为部队培育军地两用人才，共计5038人参加。在解放上海40周年庆祝活动中，邀请在解放街道地区作战中的有功之臣来街道座谈，回顾当年战斗历史。

1990年，建立"光荣之家"，接待优抚对象来访、宣传优抚政策。1991年，"光荣之家"改建为"双拥之家"，每周三为接待日，每月中旬的第一个星期六为"四定"服务日（定时间、定项目、定人员、定地点），使"双拥之家"成为双拥工作的宣传阵地、活动场所、指导中心、服务窗口。

1992年5月，街道在举办各类培训班基础上，成立了"双拥"学校，共开办了四期。1989年，街道被评为上海市拥军优属先进单位。1991年被评为上海市级、杨浦区级"双拥"模范街道。以后，在上海市每隔2至3年评比一次双拥模范街道活动中，沪东新村街道从未落选。2016年7月，表彰2011—2014年度上海市双拥模范街道时，沪东新村街道已经连续九次获此殊荣，成为浦东新区获得双拥模范街道称号最多的街道。

二、社会救济

办事处每年对生活困难者、精简回乡职工、烈军属、下乡知识青年等进行救济补助。

1964年，共发放26829.35元。其中社会救济21713.05元；回乡人员1896.30元；冬令救济金233元；军属2778元；烈属209元。

1980年，社会救济户26户、27人；每人每月补助人民币16元，合计432元，全年共5184元。11月，给21户困难家庭发放冬令补助282元。

1981年，共发放救济金10666.69元。其中定期救助246户、257人，救济金额4314.55元；临时救济109户、120人，988.54元；医疗补助43户，548.86元；退休职工40%的补助12人，339.84元；插队知青定期补助370人，3849.36元；其他知青临时聊补11人，325.54元；宽大释放人员补助12人，300元。

1983年，共发放救济金11731.29元。其中定期救助276户、276人，救济金额4633元；临时救济142人，1228.40元；医疗补助59人次、386元；退休职工40%的补助12人，339.84元；知青补助265人，3394.05元；宽释人员70人，1750元。

1984年，共发放救济金13777.29元。1985年，因公致残青年1人，月救济金65元；宽释人员13人，每人每月救济25元。

1987—1989年，因公致残青年1人，月救济92元；宽释人员每人每月救济52元。

三、老龄工作

1983 年春节，上川、居家桥、陈义、其昌栈、十八间、新兴里、歇浦路、海防新村等居委会，都举办了请孤老吃年夜饭活动。

1984 年，建立孤老保护小组，开展为孤老代购物品、代洗衣被、陪同医疗护理等服务。

1985 年，街道孤老 20人，每人每月救济 22 元。同

坐落在朱家门小区的沪东敬老院开办于 2008 年

年 2 月 9 日，街道老龄工作委员会成立，下设老年歌咏队、老年拳操队、老年象棋队、老年养花组等组织。各居委相继成立老年协会分会。同年 6 月，街道敬老院在傅家宅 80 号建立，3 年后的 1988 年迁至浦东大道 1615 弄 8 号。敬老院有工作人员 5 名，床位 10 张，收养 80 岁左右孤老 10 人。

1987 年 5 月 27 日，街道老年养花协会成立，第一批会员 24 人，多为退休职工。

1988 年，十八间居委铜山街居民李佩贞，被街道推荐参加《中国青年》杂志社"敬老好儿女金榜奖"活动。同年，寺前浜、傅家宅、陈家门等居委相继成立老年医疗站。

1989 年，街道孤老 11 人，每人每月救济 58 元。

1990 年统计：全街道有 60 岁以上老年人 7834 人，占街道总人口的 11.42%。其中 70—79 岁 2301 人，80—89 岁 608 人，90 岁以上 35 人。

1991 年统计：全街道有 60 岁以上老年人 9300 人，其中 60—69 岁 5565 人，70—79 岁 2862 人，80—89 岁 816 人，90 岁以上 57 人。

同年，新建街道老年学校，包括各居委分校共 17 所，每月上一次课，学员 900余人。

1992 年，老年学校发展到全街道所有居委，并组织 29 个居委的老年学校进行经验交流。6 个居委建立老年体协分会，发展会员 200 多名。组织 90 岁以上老人乘车参观南浦大桥。

四、残疾人保护

1980 年，街道有残疾人士 189 人，其中有劳动能力的 118 人。智障低能 114 人，其中有劳动能力的 70 人；残缺人士 26 人，有劳动能力的 17 人；无业精神病患者 46 人，有劳动能力 28 人；无业盲人 3 人，皆有劳动能力。同年，成立街道福利加工小组，给沪东学区加工热水瓶底板。到年底统计共收入 502.33 元，支出 361.85 元，积累 140.48 元。

1983 年，街道创办福利工场，国家给予免税。残疾人月工资最高 125 元，最低 60 元左右。

1988 年，福利工场开办残疾人食堂。为丰富残疾人文化体育活动内容，添置乒乓台等文体用具。

1990 年，福利工场有职工 262 人，其中残疾人 37 人。

街道还建立了伤残儿童日托所；为 19 名盲人配发专用交通棒。1986 年开始，街道和里委党政领导、民政干部每年都要上门家访慰问。

为方便残疾人就医，街道修复了一辆手推车，方便残疾人使用。组织街道党员、干部护送残疾人，陪同孤老去工农浴室免费洗澡。每逢大雨天灾，街道干部都要去结对联系的残疾人家庭，帮助排除积水，解决具体困难。

1991 年助残日，街道党政领导前往福利工场慰问，赠送了价值 6000 多元的彩电和单放机等，并给每一个残疾人制作壁橱，方便他们的工作生活。辖区内工厂、企业、部队纷纷开展为残疾人服务活动，居委会对散居的残疾人进行家访。

1992 年 6 月 9 日，街道第一届残疾人代表大会召开，街道残疾人协会成立。

依据《歌浦路街道志》相关资料整理

街道爱国卫生运动的历史回顾

解放后，人民政府实行"预防为主、面向大众，与群众运动相结合"的卫生工作方针，建立防治站，开展爱国卫生运动。工作内容主要是除"七害"，消灭苍蝇、蚊子、臭虫、老鼠、蟑螂、钉螺、麻雀。1959 年以后改为消灭"苍蝇、蚊子、臭虫和老鼠"为内容的除"四害"活动。1965 年后臭虫基本被消灭，蟑螂成为四害的内容，"除四害"，除害灭病是当时爱国卫生运动的主要内容。

1960 年以前，街道的除害灭病工作由浦东县城镇办管理，街道地区有沪东卫生工作组负责。1960 年街道划归杨浦区后，成立了街道爱国卫生运动委员会。1970 年改名为街道除害灭病计划生育领导小组。1978 年后，经过整顿、恢复了街道爱国卫生委员会名称，简称"爱卫会"。

当时的沪东街道地处城乡结合部，爱国卫生工作面临"七多一少"的困境，"坑洼地多、臭水浜多、粪缸多、田沟明沟多、杂边地多、水生植物多、随地大小便现象多、搞卫生的专职人员少"。据 1963 年统计，辖区内有粪缸 822 只，臭水浜 33 条 25734 平方米，坑洼地 80 处 3371.75 平方米，明沟 191 条 4858 平方米，杂边田 154376.5 平方米，稻田 30 亩。1984 年新划入的朱家门、沪南两个农村居委，有粪坑缸 721 只，沟浜 14 条 22970 平方米。

街道爱委会每年冬春季节都要发动群众填埋臭水沟、坑洼地、翻粪坑。1964 年 6 月，十八间傅家宅 31 号门前填没臭水浜 1500 平方米；同年 11 月，民生路小学南面臭水塘填没 300 平方米。1970 年城乡联防共填掉大小污水沟 12000 平方米，翻掉粪缸 200 多只。1965 到 1975 年十年间共填没大小污水沟浜 10 余条，15000 平方米。

1991 年，沪东街道地区的老鼠密度为 0.5%，蚊蝇孳生地控制率达到 98%，卫生单位合格率达 91.7%。1993 年新区成立之初，街道的环卫设施有：垃圾收集点 165 处，垃圾桶箱 460 只，公共厕所 20 处，倒粪站 45 处，小便池 42 处，粪坑 890 只，化粪池 47 个，明沟 444 条，地沟 70 条，沪南、船舶等居委有给水站 25 处。

当时的沪东街道日常工作中，卫生工作占了很大的比重。如今，当年的一些卫生设施早已不见，街道的市容卫生工作内容发生了很大的变化，然而我们不能忘记的是，街道卫生工作就是这样一步一步过来的，更不能忘记街道干部和社区基层工作人员曾经付出的劳累和艰辛。

相关资料摘自《歇浦路街道志》

当年设在沪东新村的街道卫生站，
现在是街道除害服务站

老沪东街道双拥工作回顾

沪东新村街道双拥工作有着光荣的传统和悠久的历史。早在解放初期的 1952 年，政府征用马勒机器造船厂为沪东造船厂时，就有成建制的解放军部队转业到工厂工作。之后，双拥活动一直为基层地方政府所重视。

1989 年，筹建"光荣之家"；1991 年，在"光荣之家"的基础上发展为"双拥之家"；1992 年 5 月，成立"双拥学校"。1995 年，建立双拥工作展示厅，为新区率先解决双拥宣传教育无固定场所的街道；1998 年，建立爱国主义教育中心，同时成立"沪东造船厂、27712 部队、37911 部队"三个分中心；2006 年，投资 40 万元，在辖区部队驻地一幢老别墅内布设双拥展示厅，使之成为街道爱国主义国防教育基地。

设立街道拥军优属保障基金。1994 年 4 月，拨专款 2 万元，设立爱国拥军奖励基金；1997 年，更名为拥军优属保障基金，金额 6 万元。2000 年增加到了 20 万元，2003 年 30 万元，2006 年增至 50 万元。以后又逐年递增，到 2010 年，金额已达百万元。街道专门制订了《拥军优属保障金的使用管理办法》，规范拥军优属资金的注入和使用。2004 年，向上海市"爱心固长城"双拥基金捐资 100 万元。

在长期的双拥活动过程中，牢固树立起"政府主导、部门协作、社会多方参与"的观念，努力实现四个转变："由政府部门单一做向各个行业各个阶层共同做的转变；由一般形式向多层次、多渠道、多领域的转变；由帮助部队解决生产生活的实际困难向支持部队长远建设，提高部队综合能力的转变；由注重物质支援向物质支援与精神支援并重，着力提升军民政治觉悟、道德观念和综合素质的转变。"从 2001 年开始，在莱阳路实施"双拥文化特色街"创建改造工程，开辟双拥画廊，用书画形式反映宣传双拥活动，竖立双拥宣传牌 36 处 72 面，改造街面环境 700 余米，至 2002 年，共入资金 260 余万元，将莱阳路建成具有浓郁双拥特色景观道路。同年，拍摄了双拥电视专题片《同一首歌》。

2006 年起，又将沪东路列为"军警民双拥一条街"，共有十多家单位参与共建，投入创建资金达 300 多万元。征集汇编双拥征文作品选《悠悠双拥情》，拍摄完成双拥电视专题片《情缘》。

2007 年，为纪念建军 80 周年，将辖区 36 位老干部的事迹和传奇经历，编成革命传统教材《为了和平》。2009 年拍摄双拥电视专题片《与大树同在》。

积极配合部队开展"同学创新理论，同树文明新风，同建和谐平安"为主要内容的"三同"活动，街道常年邀请专职律师讲授《依法治国》《程序法》，请新区仲裁委员会专家开设《仲裁法》《物权法》等法律知识讲座，请医学专家给官兵上"男性生殖健康"讲座，请区府研究室同志作"认识浦东、融入浦东"专题报告。2006 年，与新区图书馆联手，开出流动图书室，向驻地部队赠送电脑 3 台、科普书籍 200 本册。2010，向世博安保一线的执勤官兵赠送电脑 7 台、洗衣机 2 台。

沪东新村是新中国成立初期建造的首批工人新村之一，双拥活动一直有着很好的群众基础。1990 年，在沪一小区建造了全市第 1 座双拥纪念碑，种植了一批广玉兰爱民树。以后，又陆续建造了第 2、第 3 座双拥纪念碑和军民共建花坛、军民共建碑。2006 年，在莱阳路五莲路口再建"鱼水情"纪念碑；2010 年，又在北小区中心绿地建造了高 2.5 米宽 1.4 米的砂岩大理石雕塑纪念碑。

2006 年初，与预备役高炮二团二营六连在五莲路——莱阳路口设置"爱民岗"以来，到 2010 年已有浦发集团、高化公司、外高桥船厂等 30 多家单位共同参与，活动内容由维持交通秩序、宣传文明行路，扩展到每月一次在陆家嘴地铁广场开设服务专场，每季一次上门探望张闻天的女儿张维英老人，每年一次向贫困家庭子女赠送助学金 2000 元。"爱民岗"活动得到上海市警备区和南京军区部队的肯定，被推荐为部队支援地方和谐社会建设十佳好人好事，上海电视台为此作了专门报道。

在居民区层面，把 33 个居委会分成三个协作块，由协作块与部队开展形式多样的双拥活动；在楼组，推行双拥楼组建设，树立"十佳双拥楼组标兵"；在家庭，开展"班户结对"，一户对一个班，保持活动的延续性。

街道与部队常年签订"军地共育人才协议书"，和入伍的新战士签订共育"四有"军人协议书，明确地方、部队、本人三方的职责。设立"故乡指导员"和"新战士跟踪教育代表团"，先后赴厦门、太原、西安、南京、苏杭地区探望子弟兵，2006 年以来，65 名入伍青年中，54 名青年评为优秀士兵，29 名战士光荣入党。

四年来，共安置退役士官兵 78 人，下发自谋职业补助金 163 万元，生活补助费 13 万 3 千多元。街道四次被评为新区优抚安置先进单位。

2006 年后已安排 12 名军嫂到社区工作，目前已有 19 位军嫂成为社区干部。

1991 年至 2014 年，连续九次获得上海市拥军优属模范街道称号。

2002 年和 2006 年连续二次获得浦东新区双拥模范社区称号。1994 年，家住沪东新村的转业军人，沪东厂人武部长李作玉被评为上海市"拥军优属十佳"先进个人。

由街道武装部提供的相关资料汇总整理

老沪东街道集体经济和商业服务业历史状况回顾

一、历史沿革

解放前，老沪东街道区域范围内的店铺、商贩都为私营。据不完全统计，1949年解放初期，在庆宁寺、居家桥、胜利镇、民生路、铜山街、其昌栈等地区大小462家店铺中，有从业人员 1381 人。另有小摊贩 634 个，从业人员 860 人。其中，规模较大，开业时间较早的部分店家有：

店铺名称	当年地址	开创时间	备　注
林得盛炒货店	铜山街 75 号	1875 年	
恒元仁糟坊店	铜山街 94 号	1913 年	前进食品店
胡元大南货果品点	其昌栈大街 240 号	1923 年	浦东食品店
高庙食品店	上川路	1924 年	庆宁寺食品店
其昌栈顺泰米店	其昌栈大街	1924 年	
九龙泉钟表镶牙店	上川路	1932 年	
禾丰盛南货店	上川路 173 号	1934 年	
长泰昌百货店		1938 年	其昌栈百货店
肖同盛烟杂百货店	上川路	1940 年	上川文具店
申培钟表店		1943 年	

解放以后，私营店铺和小商贩逐年减少。国营、合作社、公私合营的商店则不断增加。1949 年从业人数共 2255 人，其中国营职工 15 人，其余为私营职工和小商贩。到 1983 年，从业人数 890 人。其中国营 453 人，合作社性质员工 439 人。

二、集体经济

1960 年，浦东县建制撤销，杨浦区浦东沿江地区成立了沪东街道办事处（1987年改称歇浦路街道），同时成立街道党委。街道办事处成立后，十分重视街道集体经济的创办与建设，先后经历了三个不同的发展时期：

（一）1960年—1963年，大办与归口时期

1960年4月，市委号召大办城市人民公社。街道以解放妇女劳动力为主，办起了大量的生产加工组、服务站、食堂、托儿所和一些文教卫生事业机构。同年底统计，已组织人数3928人，占应组织人数5584人的70.34%。创办工厂、场组64个，其中，街道10个，居委里弄54个。每月加工费收入34万元。办食堂24个，搭伙总人数为18500人。托儿所、幼儿园23个，入托儿童1850人，服务站56个。以后经过整顿，职工数减少了580名。街道成立生产生活事业所，43个单位的生产日趋正常和稳定。到了1963年，根据"街道里弄集体事业归口管理"的意见，全部上交到区人委（人委是新中国成立初期的政府单位"人民工作委员会"的简称）有关部局。

（二）1964年—1984年，并组转厂时期

1964年，街道成立生活服务联营组，负责管理食堂、托儿所和服务站的工作。同年12月，街道办幼儿园、托儿所共6个22班，工作人员40名，入托儿童374人。办食堂3个，工作人员17人，搭伙542人，每月用粮12000斤。服务站9个，共22个小组，87名工作人员。修补业务项目10个，总收入5.16万元。

1968年—1970年间，发展了一批里弄生产加工组和进厂服务队，主要有贾家角里委的手套厂、歇浦里委的马达修理组、沪东新村里委的服装加工组等。

"文化大革命"结束后，上山下乡的知识青年陆续返沪，其中一部分被分配到里弄生产加工组就业，使原有的职工结构发生了变化。

1979年，遵照区府有关"并组转厂"的指示，街道把生产加工组并成了5个独立核算的工厂。同年，为适应形势发展的需要，成立了集体事业管理所，管辖沪东针织厂、沪东电器厂、沪东服装厂等5家工厂和托儿所、食堂、服务站等3家生活设施单位。1983年，生产工厂划小核算，分成了11家单位，经济效益都有不同程度的提高，年产值达到358.42万元，比1982年增长了46.6%，利润19.82万元，增长100.34%。生活条口年收入为19.30万元、利润1.60万元，比上年分别增长67.92%和35.19%。当年共有职工数1939人（包括合同工30人）。其中生产条口1748人，生活条口163人，管理人员28人。1984年，管理所本部及下属事业划交杨浦区集体事业管理局。

（三）1981年—1990年，兴办联社、"三产"时期

1981年起，为解决待业青年就业，残疾和弱智人员的生活，发挥离退休干部职工的余热，街道创办了福利工场、合作联社和社会劳动服务公司。

1. 福利工场

1983年10月创办，场部在傅家宅80号。初建时业务为加工热水瓶底板，后逐步发展为生产海绵枕芯、棉拖鞋，并开设修理工场、日用烟杂门市部、废品回收等。

工场于 1988 年开办了残疾人食堂，添置文体活动器材。每年还组织联欢聚餐、看电影、到市郊甚至外省市旅游等活动。1992 年为残疾人员试行医药费包干制。当年有职工 103 人，其中残疾职工 42 人。1984 年创利数 360.18 元，1992 年达到 8.6 万元。

2. 合作联社

1981 年，由待业青年自筹资金组织自负盈亏的合作组织 24 个，街道合作联社在此基础上成立，由办事处经济科长兼任联社主任。1983 年，下属场、组、队发展到了 27 个，从业人员 294 人，产值 167.49 万元，利润 9.43 万元。后经整顿合并，到 1989 年底，联社下属场、组、队为 16 家，产值 871.36 万元、利润 38.31 万元，上交税收 36 万元。联社下属店、场、组、队皆自筹资金、自负盈亏，从业人员参加医疗和养老社会保险。沪东新村原来只有一个国营商店，居民购物不便。1981 年里委会腾出办公室，由退休工人带领 30 多名待业青年办起了"沪二"知青商店，后改为"沪良"食品综合商店。联社 1989 年统计，联社下属单位 13 户，职工人数 73 人，平均工资 174 元。另聘退休人员 148 人。

合作联社初创时，有工业性质的加工合作社组 2 户，1984 年发展到 3 户，后经关、并调整，到 1992 年仍为 2 户，但统一核实。

海洋服装厂 1981 年创办，主要从事服装加工和摇纱，职工 9 人，经营面积 219 平方米，厂址在陈家门 148 号。

海洋工艺绣品厂 1989 年创办，主要产品为服装绣品，有职工 12 人，经营面积 174 平方米。

3. 社会劳动服务管理所

1984 年，街道和各里弄兴办第三产业，经营旅馆、饮食、服装加工、油漆、装修、电工等项目。当年开业店铺 20 家，从业人员 430 人，经营额 2.4 万元，利润 0.38 万元。1985 年 2 月，街道成立社会劳动服务公司，1987 年改称社会劳动服务管理所，街道办事处经济科长兼任所长。1989 年街道三产发展到 75 家，营业产值 1307.6 万元，利润 88.31 万元。

三、区属商业基本概况

1. 沪东综合贸易公司。本部设在海防新村 63 号，职工 22 人。1989 年固定资产 16 万元，占地 307.56 平方米，建筑面积 307.56 平方米。

1958 年，西沟、高庙、居家桥各行业合作社与公私合营和国营商店组成沪东综合商店。1961 年，杨浦区沪东综合商店在此基础上成立。1984 年更名为沪东综合贸易公司。1987 年，公司下属商店 15 家，其中集体 6 家、国营 9 家，实行独立核算。1989 年 1 月，公司下设 5 个总店：上川总店、荣成烟杂总店、沪东修配合作总店、民生食品总店、申东总店。申东总店成立未满一月即告撤销，其下属店分别划归其他总店。

其中，民江食品店、凌联烟杂点划入民生总店，其他点划入上川总店。1990 年 1 月 15 日，经杨浦区商业委员会批准，公司下设三个管理型总店。即：上川总店、民生总店、荣成总店。下属商店增至 35 家，经营日用百货、烟酒、食品、五金交电、丝绸棉布、家用电器、土产陶瓷、修配加工等业务。1990 年底，该公司撤销。

1989 年沪东综合贸易公司所属商店一览表（共 29 家）

商店名称	当年地址	商店名称	当年地址
上川烟杂分部	上川路 177 号	上川水果店	上川路 190 号
丰洋烟杂点	上川路 90 号	申东百货经营部	浦东大道 2631 号
上川棉布店	上川路 96 号	丰华食品店	潮洞坝 2 号
丰盛南货店	上川路 90 号	丰茂食品店	沪新路 357 号
上川百货店	上川路 174 号	荣成食品店	浦东大道 437 号
居家桥食品店	居家桥浜南 56 号	钱仓食品店	其昌栈大街 112 号
风雷食品店	风雷新村 4 号	民江食品店	浦东大道 1601 号
景泰食品店	浦东大道 545 号	凌联食品店	北洋泾路 150 号
其昌陶瓷土产店	其昌栈大街 238 号	市劳防浦东营业部	浦东大道 1853 号
沪东车辆工场	王家宅北泥墙路 39 号	其昌栈车料五金店	浦东大道 547 号
凌联烟杂店	北洋泾路 150 号	民生修配门市部	民生路 16 号
三荣食品店	三荣西路 61 号	三荣陶瓷店	浦东大道 1935 号
铜山食品店	铜山街 1 号	前进食品店	铜山街 98 号
民生食品店	民生路 18—24 号	民生食品分店	贾家角 111 号
浦东日用杂货店	歇浦路王家宅 2 号		

2. 杨浦区服务公司。在原歇浦路街道境内所有下属商店（15 家）

商店名称	当年地址	职工人数	商店名称	当年地址	职工人数
江东理发店	上川路 162 号	13	安东理发店	铜山街 77 号	4
民生理发店	铜山街 324 号	4	其昌浴室	其昌栈大街 37 号	18
胜利理发店	三荣西路 45 号	4	胜利浴室	三荣西路 48 号	15
西沟理发店	潮洞坝 6 号	5	浦江照相馆	上川路 261 号	8
沪东理发店	沪东新村 87 号	10	春雷照相馆	其昌栈大街 271 号	4
美华理发店	浦东大道 446 号	10	高安旅馆	上川路 165 号	6
新济理发店	其昌栈大街 38 号	4	上川洗染店	上川路 102 号	3
工农浴室	华开路 57 号	1986 年停业			

3. 杨浦区粮食局沪东粮管所，1962 年成立，所址设在浦东大道 1985 号和歇浦

路 182 号,为政企合一,综合性粮油食品经营企业,其中粮店 12 家,1989 年总销粮 1231.67 万公斤。1990 年资产 16.83 万元。另有糕点房、制面工场、油酱店、门市部等 14 家。沪东粮管所员工共 211 人。

1990 年杨浦区沪东粮管所下属粮店一览表(12 家)

名称	当年地址	职工数	购粮户数	名称	当年地址	职工数	购粮户数
第 44 粮店	风雷新村 12 号	5	1679 户	第 50 粮店	沪东新村 67 号	5	1659 户
第 45 粮店	其昌栈大街 251	7	1589 户	第 99 粮店	歇浦马桥浜 44	6	1659 户
第 46 粮店	铜山街 80 号	9	2879 户	第 101 粮店	浦东大道 2551	5	773 户
第 47 粮店	民生路 57 号	后停业		第 104 粮店	浦东大道 425 号	5	1428 户
第 48 粮店	浦东大道 1609	10	4384 户	第 106 粮店	沪东新村 90 号	8	3222 户
第 49 粮店	浦东大道 2769	8	1775 户	第 109 粮店	浦东大道 2639	8	1336 户

4. 杨浦区燃料公司沪东煤炭商店。店址设在傅家宅 48 号,职工 26 人。1989 年销售煤饼、煤球 1.04 万吨,供应居民 1300 户,机关单位及个体户 300 户。所属商店见下表(共 10 家)。

商店名称	当年地址	职工数	商店名称	当年地址	职工数
沪东煤炭总店	浦东大道 1497—1503	3	第五门市部	凌三新村 194 号	3
第一门市部	沪东新村 67 号	3	第六门市部	铜山街 118 号	3
第二门市部	上川道堂路 9 号	3	第七门市部	其昌栈大街 271	3
第三门市部	浦东大道 2639 弄 4	3	第八门市部	风雷新村 3 号	3
第四门市部	歇浦路 231 号	3	居家桥门市部	居家桥路 7 号甲	3

5. 杨浦区医药公司。本部在浦西,街道所属全民单位共 5 家。

商店名称	当年地址	商店名称	当年地址
上川中药店	上川路 155 号	浦康中药店	浦东大道 541 号
大庆药房	浦东大道 2673 号	工农药房	其昌栈大街 234 号
同保康中药店	铜山街		

6. 杨浦区副食品公司所属菜场。沪东中心菜场和十八间中心菜场，这两个中心菜场的前身都是由小摊贩联营而成的集体经济单位。1958 年合作化以后，虽仍为集体所有制，却沿用了一整套国营菜场的管理制度。

沪东中心菜场：1958 年前是一根扁担两只箩筐的小商贩墟市，逐步演变成联营组，隶属于东昌区管理；后期发展到 40 多人，有蔬菜联营组、食品联营组、禽蛋联营组、水产联营组，以两三人为一组的形式摆摊营业。西沟一豆芽工场未加入联营组。1958 年 7 月公私合营后，西沟豆芽工场撤销，另设沪东新村西沟门市部。西沟、高庙、居家桥三点形成后来的菜场规模，属沪东综合商店领导。1960 年，业务上划给杨浦区副食品公司领导，人事仍归沪东综合商店负责。1983 年，沪东中心菜场办公楼在上川路 226 弄建成，内设经理室和党支部，下设五个业务大组：食品组、禽蛋组、水产组、蔬菜组和豆制品组。1984 年，又建造了 2000 平方米两层楼菜场。供应范围：居家桥地区段、上川路地段、沪东新村地段、船舶新村地段，共有居民 8000 余户，27000 人；另有伙食团 100 户，4000 人。

十八间中心菜场：办公地址在铜山街 172 号。菜场占地面积 4428 平方米，建筑面积 3418 平方米，设经理室和党支部。下属分场两个：其昌栈菜场和胜利镇菜场。全部摊位共 70 多个，1987 年统计有工作人员 310 人，1992 年 270 人。1989 年固定资产 40 万元。1987 年 5 月，其昌栈和胜利镇两分场实行租赁经营。1987 年 6 月，十八间中心菜场实行集体承包经营。供应地段：歇浦路、胜利镇、凌一、凌二、凌三、凌四、铜山街、新兴路、十八间、傅家宅、其昌栈、陈义、陈家门、文登路、荣成路等居委会所属的 4 万多居民和 64 家工厂企业 2 万多职工的副食品需要。1980 年代下半期，平均日销量 20 吨。货源三分之二由杨浦区副食品公司提供，三分之一由菜场自行采购。

7. 杨浦区劳动服务公司歇浦路街道分公司。1963 年 11 月 15 日，街道劳动调配站成立。1979 年，街道劳动服务分公司成立，一套机构两块牌子。人、财、物皆属杨浦区劳动服务公司管辖，全民事业单位。分公司下属经济实体：1. 沪东辅助劳动服务队，集体单位。2. 上海市科学器材公司浦东经营部，全民集体联营单位。1989 年公司经济实体创产值 2.47 万元，利润 0.49 万元。1993 年 1 月，分公司人、财、物全部下放到街道管辖。

相关资料来自《歇浦路街道志》

四、工厂企业仓储码头

沪东造船厂概况简述

沪东造船厂，沪东街道境域内最大的国企单位，我国船舶工业公司所属大型骨干企业。位于浦东金桥开发区，地处黄浦江下游理想的深水地段。现已发展成为"沪东中华造船（集团）有限公司"（CSSC）。公司地址浦东大道 2851 号。

沪东造船厂的前身为英籍犹太人伊利克·马勒（Eric Moller）开设的"马勒机器造船厂"。1925 年，伊利克·马勒租下元芳路（注1）黄浦江边一处码头，对其名下的船舶进行维护保养，时称"马勒码头"。1928 年，伊利克·马勒以他父亲尼尔斯·马勒（Nils Moller）在 1874 年创办的赍赐洋行的名义开设了"马勒机器造船厂"（注2）。1933 年在周家嘴岛（注3）购置土地 20 多亩建造厂房。1937 年在浦东庆宁寺东侧沿江购买土地 200 多亩建造新厂房，1938 年搬到浦东，当地人称"马勒厂"。

"八一三事变"后，日军全面侵略上海，沿江大批船厂码头都被日本人占领。由于当时英国尚未向日宣战，马勒厂幸免侵占，挂英国旗的船只还可以继续在黄浦江自由航行。马勒趁机大肆发展航运和船舶修理制造，船厂业务量得以很大发展，员工迅速增加到 2000 多人，伊利克·马勒因此成为上海滩炙手可热的"船舶大王"。

1941 年 12 月 7 日，太平洋战争爆发，英美同盟国对日宣战。日本人随即派军队占领了马勒船厂，更改厂名为"三井造船所"。1945 年日本投降，马勒厂归还英商马勒家族。但马勒已无意重振上海的业务，还把公司总部也迁到了香港。

解放初期，马勒厂英方老板对新生的人民政府持观望消极态度，导致工厂业务萧条，员工大量减员。

1951 年下半年，华东工业部通过海森公司承租马勒船厂，1952 年 5 月 25 日工厂改称"沪东造船厂"，企业人员从 293 人增至 1613 人。

1952 年 7 月，港英当局非法掠夺中国航空公司的留港资产和大公报的全部财产。中华人民共

1952 年 8 月 15 日上海市军管会发布命令征用马勒厂，时任军代表程望（注4）

和国中央人民政府随即发表严正声明表示抗议。8 月 15 日，上海市军事管制委员发布命令征用马勒机器厂，工厂改名为"国营沪东造船厂"。

工厂征用以后，在恢复性生产的基础上开发船、机生产。根据"军民结合，以军为主"的生产方针，1955 年至 1957 年间，承担我国自行制造 01 型护卫舰任务。在以后的舰船制造过程中，先后进行过四次改扩建和重大技术改造。扩建后的船台达 7 万吨级，为浦江沿岸最大的万吨级船台。

1991 年时，工厂占地 90 万平方米，建筑面积 37 万平方米。职工 12477 人，工程技术人员 1424 人，其中教授级高级工程师 22 人，高级工程师 270 人。拥有造船、造机、造船生产设计、计算机信息技术、综合试验 5 个研究所。1 所技工学校和教育培训中心，1 所职工医院。附设铸钢、阀门、电器 3 个分厂。配件、探伤及 2 个附属厂。6 个联营厂，6 个技术开发和经营公司。拥有各种设备 5507 台，万吨级船台 2 个，8 个水平船台及机械化横向下水滑道 1 座，装焊平台 20000 平方米，1 号至 6 号码头岸线近 900 米。1952 年到 1991 年累计制造大小船只 1100 余艘，总吨位达 197.8 万吨。修船业务占工厂总产值的 3%，累计造机 831 台，170 万千瓦。工厂还充分发挥大型企业的综合能力，先后承建了上海市区大型人行立交桥、北京京城大厦、大庆电视塔、上海 30 万吨乙烯工程、石洞口电厂、上海南浦、杨浦大桥主桥钢结构、地铁盾构等重点市政建设项目，开创了"多元化"经营新局面。

2001 年 4 月 8 日，由原沪东造船（集团）有限公司和中华造船厂合并组建沪东中华造船（集团）有限公司。2012 年公司重组，成为中国船舶工业集团公司子公司。

2019 年，上海市政府与中国船舶集团有限公司达成的战略协议，沪东中华浦东厂区和沪东重机浦东厂区将于 2021 年 6 月启动搬迁。搬迁后将原厂区开发成为具有全球影响力的世界级滨水区的重要组成部分，重点发展以 5G、人工智能、大数据等新技术为支撑，以科技研发、总部经济、数据创意、海洋经济、高端生产性服务业等为重点的战略性新兴产业和未来产业，强化滨水空间的宜人性、亲水性，提高公共空间的开放度及活力度，引进世界知名的高等院校、专科学院，打造浦东新区全球城市公共客厅和世界级公共活动集聚地。

注释：

注 1：元芳路即今商丘路。

注 2：有关马勒厂的这段历史，沪东中华造船（集团）有限公司网站"发展历史"一栏中这样写道：沪东造船厂的前身为英商爱立克·马勒于清同治十三年（1874 年）在上海创建的"赉赐洋行"。这样的表述很容易使人误解为是爱立克·马勒在 1874 年创建了"赉赐洋行"，并在后来发展成马勒船厂。实际情况是：创建"赉赐洋行"的不是爱立克·马勒，而是他的父亲尼尔斯·马勒。爱利克·马勒 1875 年才出生，他在 1928 年以他父亲尼尔斯·马勒创办的赉赐洋行的名义开设的"马勒机器造船厂"。（注：爱立克·马勒即正文中伊利克·马勒）

注 3：复兴岛原名周家嘴岛，抗战胜利后改称复兴岛。

注 4：程望（1916.7—1991.12.18）原名黄铭光，广东台山人。曾任新四军军工部工务科科长，新四军第一师兼苏中军区军工部部长。解放战争时期，历任新四军兼山东军区军工部部长，华东军区军工部副部长兼济南市军管会工矿部部长，上海市军管会重工业处副处长。新中国成立以后，任华东军政委员会工业部副部长，1950 年 10 月重工业部船舶工业局在上海成立，程望为首任局长。

"老马勒"三代人的故事

沪东船厂的前身叫马勒船厂，英籍犹太人伊利克·马勒（Eric Moller）在 1928 年开办，距今已有近百年的历史。

马勒一家因战争发迹，又因战争衰败。其人已逝，其迹尚存。马勒一家祖孙三代，留下了好些传奇的故事。

一、祖父尼尔斯·马勒：赌马、搞海运、办洋行

1840 年中英鸦片战争，中国战败，上海开埠。英租界的设立，引来了不少怀揣发财梦的落魄英国人，其中就有第一代马勒——尼尔斯·马勒（Nils Moller）。老马勒只身来到上海后，先是在一家银行谋事，后见海运更易获利，便通过银行贷款买了条 300 吨级的货船，当起了马勒船长。1860 年前后，老马勒的船往返于中英两国之间，将英国的产品运到中国，把茶叶、瓷器等中国商品运回英国。有时，也运输一些特殊的物品，如跑马厅所需的马匹等。不久，心存一夜暴富思想的尼尔斯·马勒开始涉足"赌马"。上海有"跑马总会"始于 1850 年前后，由英籍洋行老板霍格发起成立。最初会员都是些英美在沪洋行的大班与高级职员组成。名义上以跑马比赛为输赢的体育组织，实际是操纵比赛敛财的诈骗团伙。"跑马总会"还通过转手倒卖土地获取暴利，土地从 80 亩翻到 400 多亩，价格从每亩 30 两翻到 300 两，短时间内就为冒险家们带来了巨额财富。老马勒深谙跑马赌博的奥秘，采取了与一般人不同的赌博策略，别人赌马是看哪匹马好哪匹马，赌的是别人的马，而马勒赌的是自己的马，以自己能拥有跑得最快的马为保障，没有十分的把握就不参加。由于他的马在跑马中连连得手，马勒也因此成为名闻上海滩的赌马高手。

1874 年，尼尔斯·马勒以自己的名字办了一家洋行（Nils.Moller.&co），开始以买办形式代理进出口贸易、报关，组织提供运输船只等业务，经营规模迅速扩大，为马勒家族以后的发展打下了基础。

二、父亲伊利克·马勒：创办马勒船舶修造厂

伊利克·马勒（Eric Moller）1875 年生于约克塞，1877 年来华，曾就读于圣芳

济学校及工部局西童公学^(注)。1913 年，38 岁的伊利克·马勒（Eric Moller）接替起老马勒的产业。相比其父，伊利克·马勒的思路更开阔、算计更精明、处事更大胆。他利用洋行融资，陆续购置兼并了不少船只，到了 1920 年，名下已有大小海运船舶十七艘，总吨位达五万吨以上。精明的伊利克·马勒连这些船只的航修保养费都不想让别人赚取，从一开始就租码头雇工人，自己做船舶维修保养。起始时仅几台电焊机，十来个工人，亦无固定场所。1925 年，伊利克·马勒租下黄浦江边的元芳路码头（今商丘路东大名路），开始有了相对固定的码头，时人习称"马勒码头"。1928 年，伊利克·马勒以赉赐洋行的名义，开设了马勒机器造船厂（Molleris shjp. building.&.Engineering.works.led）。1933 年，又在浦西周家嘴岛江边三角地购置土地二十多亩建造厂房。当时有职工约 30—40 人，船厂规模不是太大，主要承担船舶航修保养，也造过 1 艘小船。数年后的 1937 年，马勒又在浦东庆宁寺东侧沿江购置了 200 多亩土地，将船厂搬到了浦东，当地人称"马勒船厂"，即后来沪东造船厂的前身。

1937 年"八一三"事变后，日本侵略军进攻上海，当时英国尚未向德、日宣战，属中立国。悬挂英国旗号的船只在黄浦江内通行不受阻拦。伊利克·马勒趁机大发战争财，此前的 1935 年，马勒名下的货船就已经承包了开滦煤矿发往南方沿海各港埠的煤炭运输，1938 年到 1941 年间，又承接修理了大小船舶 40 余艘，建造了 55 千瓦、74 千瓦柴油机拖轮 3 艘。船舶业务的迅速增加，使船厂规模也不断扩展。1940 年底，船厂工人数已达千人，到 1941 年 6 月，职工数猛增至 2000 多人。伊利克·马勒成了上海滩炙手可热的"船舶大王"。

伊利克·马勒同他的父亲老马勒一样，也十分喜好赌马，后来不仅成为跑马厅的董事，还在 1920 年代初坐上了跑马厅"大班"的位置，拥有了更多的财富。

三、儿子小马勒：参与建造"梦幻城堡"

伊利克·马勒夫妇育有 6 个孩子，长子叫小伊利克，次子叫林塞。六个孩子中，马勒最宠爱小女儿迪朵。一天早上，聪明伶俐又好幻想迪朵告诉父亲，说她做了一个美丽的梦，梦见到了一个古老的城堡，外面是很大的花园，花园里有各种各样美丽的花草，城堡内有很多房间，到处都是好看的图画，还有许多好玩的地方……父亲闻听后决心把女儿的梦境变成现实。于是，伊利克·马勒聘请当时最好的华盖建筑事务所，并让两个已经成年的儿子小伊利克·马勒和林赛·马勒一起参与设计和建造，让他们的聪明才智得以充分发挥。1927 年 5 月 26 日，小伊利克·马勒和林赛·马勒正式向法租界公董局呈交了代号"仙境"（Fairyland）的亚尔培大道（今陕西北路）4 号的修建及扩建意见，并以英文手写了改扩建工程的建筑规格尺寸和平面设计。

9 年后的 1936 年，坐落在今延安中路陕西南路口的马勒别墅建成。这幢三层建筑，楼层高低错落有致，酷似北欧城堡的外形，具有典型的挪威斯堪迪那维亚风格，2000多平方米的大花园内，种满了各种各样的奇花异草，整个建筑的内部房间多达106间，装饰酷似一艘豪华游轮，到处都雕刻有美丽精致的图案，一幅幅木雕画全是船队的海上情况，就连地板上也用细细的木条拼出了海草、海带的图案，室内穹顶上装有五颜六色的玻璃，整个格调美轮美奂，精

当年的马勒别墅现为衡山集团马勒别墅饭店
（摄于 2022 年）

美绝伦，其中的许多设计想法来自小马勒兄弟俩。

伊利克·马勒特意给别墅起名"Fairyland"，意为"梦幻中的仙境"，是"童话世界"里的"梦幻城堡"。

四、冒险家族的凄凉结局

然而马勒家族好景不长，1941年太平洋战争爆发，日军对英、美同盟国宣战。同年12月，又对英商马勒机器造船厂实行军管，没收全部财产，并把马勒一家全都关进了集中营。后来日军还利用马勒厂的机器生产军火，把工厂更名为"三井造船所"，使之成为日军在华的重要兵工厂之一。

1945年日本投降，马勒船厂仍归英商马勒所有，然此时的马勒家人已移至香港，无意在沪重振旧业。1952年8月15日，上海市军事管制委员会发布命令，征用英商的在沪船厂，马勒机器造船厂也在征用之列。从此，沪东造船厂完全归属国有，成为直属船舶工业局领导的造船企业。

解放后，马勒别墅一度成为共青团上海市委办公场所，1989年列为上海市首批近代优秀保护建筑。2002年5月，由上海衡山集团命名为"衡山马勒别墅饭店"正式对外营业。2006年，列为国家级重点保护历史优秀建筑。

据传，伊利克·马勒（Eric Moller）死于1954年3月的一次空难，时年79岁。

注释：
注：摘自《中国诸业领袖人物小传》1924年版。

如火如荼的马勒厂"工运"

　　1937 年末，马勒厂在浦东高庙庆宁寺沿江购地造厂后，到 1938 年的 12 月，将老厂陆续从复兴岛搬到了浦东新厂。几乎与此同时，中共地下党就开始了在该厂建立党组织的早期活动。

　　1937 年"七七"卢沟桥事变，抗日战争全面爆发。8 月 13 日，日本侵略军进攻上海，不久上海沦陷。11 月，中共江苏省委作出《关于上海沦陷后上海党的任务决议》，决定执行"隐蔽精干、长期埋伏、积蓄力量、以待时机"的白区工作方针，利用外商开工之机，安排地下党人进入工厂，以期建立中共沪东外商厂委员会等机构。1938 年夏，工委委员刘宁一^{（注1）}在浦东重新开辟党的工作，1939 年 7 月，派毛良（1898—1947）进入马勒厂。毛良通过"结拜兄弟会""互助组""合作社"等形式，结识团结了一批核心骨干，并在其中发展马小弟、杨福潮等入党。1940 年 10 月，马勒厂第一个中共地下党组织建立。之后，在党的领导下组织开展了一系列轰轰烈烈的工人运动，成为那个时期上海地下党领导"工运"的重要组成部分。

一、组织全厂大罢工成立工会

　　1941 年 5 月，木匠沈阿康因工伤死亡，厂方却无故拒发抚恤金。为了给工友争取正当合理的基本权益，6 月 3 日，地下党员马小弟带着草拟好的八条要求，以"工友互助组"的名义向厂方提出交涉。在这期间，又发生了二十多名工人因躲避日伪拉夫，被迫绕道进厂导致迟到，厂方却根本不听工人的申述，蛮横坚持要开除这些工人的事件。面临工人群众正当合理的基本权利遭到英方老板恣意践踏的紧要时刻，共产党人毛良、马小弟、杨福潮，工运积极分子陆忠义（又名陆毛富）等七人挺身而出，以工人代表的身份找厂方当局理论，英方老板非但不愿作出让步，反而串通驻扎在庆宁寺的日本宪兵逮捕了工人代表。此举大大激怒了广大工友，工人们成群结队涌向厂方办公室，并与守卫在那里的"红头阿三"（印度警卫）发生了激烈的冲突。党组织当机立断，决定发动全厂工人罢工，与英方老板作坚决的斗争。

　　大罢工自 6 月 7 日开始，前后历时 13 天，迫使英方老板答应了大部分要求。这次斗争的胜利，极大地鼓舞了工人群众的斗志，提高了共产党人在工友们心目中的威望。毛良、马小弟等人抓住时机，向当局提出成立工人工会的正当要求。就这样，马勒厂第一个合法工会于 1941 年的 6 月底在黄家宅 1 号宣告成立，马小弟任理事长，毛良任常务理事。

二、支援新四军军工生产

1960 年代初，电影"51 号兵站"风靡全国，片中扮演"小老大"的梁波罗因此走红，其实"小老大"的部分原型事例来自地下党员毛良和任新四军采办科科长张渭清等人。毛良在马勒厂大罢工胜利后不久，奉组织指示开办"海利办庄"，利用商店经理的公开身份，以经营杂粮生意作掩护，开展革命工作。张渭清在 1943 年受组织委派到上海建立秘密兵站，采购制造钢炮的材料并为军工生产物色技术工人。张渭清在地下党的帮助下，找到了参加过上海工人三次武装起义的马勒厂车床间工人朱荣生。通过朱的介绍和动员，共为苏中、苏北新四军根据地输送了一百二十多名技术工人。第一批有五十多人，其中包括朱荣生的独子朱金山、马勒厂工人朱金根、莫子华、莫金山、徐大兴、徐宝顺、韩森林、高涨富、潘祖生、杨志等十多人。后来，新四军军工部又派老马勒技工韩森林回沪，又动员护送了四五十人去了苏区支援军工生产，其中马勒厂的技术工人又有十多人参加。

地处沪东厂附近的黄家宅，
当年沪东厂工会成立的地方

技术工人支援新四军兵工厂
制造生产武器

沪东造船厂发展初期的故事

一、军事接管收归国有

解放初期，马勒厂英方老板撤至香港，对新生的人民政府持观望消极态度，导致工厂业务萧条，员工减至不足 300 人。

1951 年下半年，为恢复发展船厂业务，华东工业部通过海森实业公司买办沈耕源向马勒公司洽议承租马勒机器造船厂，再由海森公司转租给重工业部船舶局。1952 年 5 月 25 日，三方代表在转租合约上签字，工厂改称"沪东造船厂"，购置合并了附近的华兴铁工厂、华一船厂、建中船厂、德和船厂和恒源福轧花厂等一批小厂，工厂地域有所扩大。随着生产业务量的不断上升，企业人员从 293 人迅速增至1613 人，这些人后来被尊称为"老马勒"员工。

1952 年 7 月，港英当局非法掠夺中国航空公司的留港资产和大公报的全部财产，中华人民共和国政府随即发表严正声明表示抗议。8 月 15 日，以陈毅为主任、粟裕为副主任的中国人民解放军上海市军事管制委员会受权采取相应行动，发布命令征用马勒机器厂，委派船舶工业局局长程望为军代表，从部队抽调复员了一大批骨干人员充实到工厂，改厂名为"国营沪东造船厂"。从此，该厂完全归属国有，8 月 15 日也因此被定为建厂纪念日。

二、中国护卫舰的摇篮

1953 年 6 月 4 日，中国与苏联政府在莫斯科签订《关于供应海军装备及军舰制造方面对中国给予技术援助的协定》（简称"六四协定"），约定由苏联提供技术资料，沪东厂承担试制和建造护卫舰的任务。1954 年起，陆续投入有关配套工程达 67项之多，厂区发展到 45 万平方米，岸线延长至 1200 米，新增各种设备达 2000 多台，还先后建立起船舶设计处和船舶设计室等科研机构。

1957 年，由沪东造船厂生产制造的第一艘护卫舰艇试航成功，该类舰艇后被称为 01 型成都级护卫舰，舰的长度 91.5 米，正常排水量 1150 吨，最大航速 28 节，配备有 533 毫米 3 管鱼雷发射装置，100 毫米单管、37 毫米双管舰炮，25 管反潜深水炸弹及射击控制系统、水声雷达和导航电子等当时领先的设备装置。以后，沪东厂又直接参与了"江湖、江卫、江凯"等级别护卫舰的研制、改造、升级、制造，成为我国船舶制造业名副其实的护卫舰摇篮。

三、建造沪东新村

　　1953 年起，征用西沟乡沪新村等处农田开始建造住宅。原先是准备给苏联专家用的，所以房屋的式样、结构都呈苏式风格，还在屋内配备壁炉等设施。后改为厂职工住房，取名"沪东新村"。先后共建造（包括后来改扩建）平房 182 单元，二层楼房 1 单元，三层楼房 80 单元，四层楼房 12 单元，五层楼房 29 单元，六层楼房 24 单元，整个建筑面积达 12.6 万平方米，占地 23，38 万平方米。[注]老沪东新村人根据这些公房的特点和式样，把黑色屋瓦盖顶的楼房称谓"黑房子"，红色屋瓦盖顶的叫作"红房子"，在东面的平房称"东平房"，西面的平房称"西平房"。最早建造的黑房子是分给厂级和中层骨干住的，干部越大，楼号越小，也越靠前，如沪东新村第一排的 1 至 6 号，当年全由厂级领导所住；红房子主要分给干部和技术骨干，也有一部分工人，平房则以工人居住为主。

　　小区留有充分的绿化空间，环境优美，且有完善的配套设施，建有职工医院，拥有千人座位的大礼堂，设施齐备的招待所，粮油商店，百货店，饮食店，理发店，菜场，银行储蓄所，托儿所，幼儿园以及职工子弟学校等。这样的规模和环境，在当时上海所有的工人新村中都是首屈一指的，曾多次被评为市、区级的优美新村。

　　沪东新村的建成，为解决职工家属的就业，促进地方经济的发展起到积极作用，成为那个时期以企业为核心的社会形态的缩影。

沪东厂职工医院，即现在的沪东医院

注释：

注：这里所指的单元是相对独立的门栋，也就是门牌号。如沪东新村黑房子初建时共 54 个门牌号，实际楼栋数为 14 幢。

我所知道的沪东造船厂

原沪东造船厂职工周明撰写

马勒厂老板伊利克·马勒

沪东造船厂的前身叫马勒船厂，是英籍犹太人伊利克·马勒在 1928 年创办建立的。1937 年，马勒又在浦东庆宁寺渡口东侧购置沿江土地 200 多亩建造新厂房，第二年底将工厂从周家嘴岛搬到了浦东庆宁寺。

当年的浦东新厂设备齐全，拥有 2 座负荷一千吨纵向船排，船排与码头、车间、堆场仓库之间，设有铁路轨道，配备 3—5 吨蒸汽克灵吊车。克灵吊是外来词，英文名称 crane，又称船用起重机。克灵吊结构紧凑、占地面积小，操作灵活，可以在轨道上作 360 度全方位无死角旋转，是当时很先进的起吊设备。另外还有冷作与机加工联合面积近三千平方米，铆钉结构的三十吨电动桥式行车多台，精加工、木工、木模车间都配备车、刨、钻、磨、锯电动设备。翻砂间配备有 3 节炉、5—8 吨冲天炉、烘模设备等。锻工间设有半吨至 1—2 吨蒸汽锤多台，能铸锻高难度大型机件。工厂外设电气修理、发电、轮机试车起重等部门。当时先进的设备和技术在上海滩乃至全中国都是属于顶级一流水平。马勒当年在厂里造的办公大楼被称为浦东的马勒别墅，现为浦东新区不可移动的文物建筑。

1937 年"八一三事变"后，日军侵占上海。早先英国居中立，挂英国旗号的船只在黄浦江可以通航无阻。马勒趁机大发战争财，船厂规模不断扩大，工人超过千人。1941 年太平洋战争爆发，日本对英美同盟国宣战，马勒厂被没收全部财产，工厂更名为三井造船所，成为日军在华重要兵工厂。1945 年日本无条件投降，马勒船厂归还马勒家族所有。精明的犹太佬马勒无意在沪重振旧业，把总部同家人移至香港。

1952 年，国家为恢复发展生产，船舶局经由海森实业有限公司租用英商马勒机器厂，更名为沪东造船厂。7 月，由于英国香港当局非法吞夺中国航空公司和大公报在港资产，8 月 15 日上海市军管委下令没收英商马勒机器厂和英联和丰船厂（现

4805 厂）。从此，8 月 15 日定为厂纪念日。

1953 年开始大规模基本建设。首先是自己的家园沪东新村，前后建造一至六层住宅楼三百多门栋号，建有多功能大礼堂、食堂、职工医院、子弟小学、幼儿园、托儿所、招待所、技校、商店、菜场、浴室、儿童乐园等，新村占地 23.38 万平米，建筑面积 12.6 万平方米。最高点为水塔，塔下周围是小桥流水绿化带，配套设施齐全，环境优美，在当时上海所有的工人新村中，都是首屈一指的。

我在 1958 年进沪东造船厂，是沪东厂的老员工了。据我所知，沪东厂先后经历四次大规模技术改造工程，使得工厂的生产力迅速得以发展。据不完全统计，造船方面，客轮有民主号、昆仑号、7500 吨客货轮，货轮有 3000 吨、25000 吨、大庆号油轮……改革开放后引进三井造船技术，为香港船王包玉刚建造了多艘 36000 吨散货船。又承接了高难度的 27000 箱冷藏集装箱船、各型集装箱船和 LNG 天然气运输船、不锈钢化学品船等。

沪东厂为我国海军现代化作出了重大贡献，先后建造军品 01、21 等多型舰船。

1950 年代，沪东厂自主研发制造的柴油机 43/82，8800 匹、390 等机型曾获得国家大奖。改革开放后，在加速引进柴油机专利技术的同时，不断加大了自行研制的步伐。

2001 年 4 月沪东造船厂与中华造船厂资产重组整合，成立沪东中华造船集团有限公司，成为人民海军大中型各种水面舰艇的重要基地。

2021 年，沪东中华迎来了新的发展契机，上海市政府与中国船舶集团有限公司达成战略协议，以金桥主导、沪东出地，合作开发利益共享。由中船集团下属子公司与区属国企合作对船厂进行开发。为了传承沪东中华百年历史底蕴，打造更具历史积淀的人文水岸项目，将活化利用工业遗产和厂区内历史保护建筑，创新实践金桥集团品质开发运营的优势，重点发展 5G 人工智能，打造上海新经济创新发展示范高地；强化滨水空间的宜人性、亲水性，提高公共空间的开放度及活动度，高标准吸引和谋划、引进世界知名的高等院校、专科学院，打造浦东新区全球城市公共客厅和世界级活动集聚地。期待在新的起点上，沪东中华继续当好排头兵，扬帆启航再创辉煌。

（本文写作，得到了老单位领导、同事们的很多帮助。谢谢！）

原沪东造船厂职工周明

2021 年整理

从学校到工厂再到培训中心

——浦东大道 2748 号的故事

浦东大道 2748 号，原是上海船舶工业学校所在地。"文革"以前，学校的教学秩序一直很正常，历届培养的毕业学生，不断为国家船舶事业的发展注入新鲜血液。"文化大革命"开始以后，这里的一切都发生了变化。

一、动乱中的船校

"文革"初期，一批武汉来的青年学生南下点火。他们来到上海船校，鼓动学生停课闹革命，与坚持要求正常教学的师生发生冲突，后发展到殃及无辜，直至发生流血伤亡事件。

案发后，武汉学生沿浦东大道转上川路回撤，准备到庆宁寺轮渡口摆渡过江到浦西去，船校学生一路追赶到轮渡口，不让轮渡船开动，双方长时间对峙，严重影响了正常的交通秩序，引起社会的强烈反响。

在船校内部，师生们在对待校长井田的态度上，分成"保井派"和"倒井派"。井田是早年参加革命的老红军，为刘志丹的部下，1960 年至 1971 年任船校校长，后调到清华大学担任副校长。在井田校长受冲击期间，有校领导和老师也被隔离审查，由不明真相的学生看管，曾发生过关押对象自杀死亡的案件。

1970 年 3 月，六机部军管会下令，上海船校整体搬迁江苏镇江，学校的房屋、教学大楼、实验车间等不动产均无偿交由上海柴油机厂接管。至此，在沪东地区存在了 17 年之久的上海船校一去不再复回。

关于船校的情况，另见《新中国第一所综合性船舶工业学校》一文。

二、花园中的工厂

1971 年初，上海柴油机厂油泵车间搬进了原上海船校的所在地。在绿草成片树木成荫的厂区内，四季花木相继开放，一年四季花香不断。上柴厂油泵车间也因此被多次评为上海市花园工厂。

上海柴油机厂的前身是建于 1947 年的中国农业机械公司吴淞总厂，1953 年改现名。是我国第一家制造柴油机燃油系统的专业单位，也是我国最大的中等功率高速柴油机制造厂。上柴厂油泵车间组建于 1951 年，1971 年迁到浦东时有正式职工 2000 多人，主要生产高压油泵及三对精密偶件，共 140 多个品种，能适合中小功率高速柴油机的配套，产品深受国内外用户的好评与欢迎。

1984 年，上海柴油机厂油泵车间升格为上海柴油机厂油泵分厂，1993 年又升为上海柴油机股份有限公司油泵分公司。

三、合资之路

1995 年 12 月 15 日，上柴股份公司与东松国际机电公司共同出资，在浦东大道 2748 号成立上海浦东伊维燃油喷射有限公司。上柴股份公司控股 90%，东松国际机电公司控股 10%。经营范围是发动机燃油喷射系统产品及其标准系统、电控系统产品的生产、销售、研制、开发，发动机及零部件的销售，工艺装备的维修、制造和上述产品的技术咨询。伊维公司的业务管理属上海电气集团总公司。

然而，伊维 15 年的合资之路走得并不顺坦。2001 年，投资成立东维燃油喷射有限公司，由伊维燃油喷射有限公司、东方国际集团上海东松国际贸易有限公司及自然人共同出资成立，注册资金 1500 万元人民币，员工百余人，当时的产品质量以达到欧 Ⅰ 排放指标为标准，并开始研发、制造欧 Ⅱ 排放标准的产品。

2003 年，投资成立上海电装燃油喷射有限公司，由上海浦东伊维燃油喷射有限公司、电装中国投资有限公司（日本电装株式会社在中国设立的独资公司）、上海东松国际贸易有限公司三方出资，在东维公司基础上增资变更后成立的中日合资有限责任公司，8 月 30 日，三方签署投资协议，其中伊维公司控股 61%，电装公司为 34%，东松公司有 5% 的股权。

四、转业园区管理

2005 年 2 月，伊维公司再次对主营业务的结构进行调整，将 B 型泵及其关联的工业产品生产、经营全部转制为民营企业（伊捷公司），伊维公司不对转制后的民营企业控股，至此，伊维公司不再有任何工业产品，而主要从事工业园区管理。同时，做好历史遗留工作，如：员工安置工作、应收账款的清欠、闲置资产及闲置存货的处置、理顺与各租赁工业园区内公司的工业、后勤服务关系、其他遗留事项的处置等。

2010 年 12 月 24 日，经浦东新区工商管理分局批准，伊维燃油喷射有限公司注销登记。

2013 年初的浦东大道 2748 号，"伊维燃油喷射公司"和"上海电装燃油喷射公司"的两块牌子尚在，但已是缺撇少捺，厂区内也是人去楼空，一片萧条景象，地块由上海文通物业有限公司接管。

2013 年迎来转机，成为上海电气集团总公司的培训中心，浦东大道 2748 号再次焕发出勃勃生机。

浦东大道 2748 号大门处情景（摄于 2014 年）

浦东大道 2748 号现貌（摄于 2022 年）

金桥路上的中国极地研究中心

坐落在沪东社区金桥路 451 号的中国极地研究中心，是我国唯一一家专门从事极地考察的科学研究单位。中心的极地科普馆在 1997 年被命名为上海市科普教育基地，1999 年命名为上海市青少年素质教育基地、全国青少年科技教育基地和全国科普教育基地。

中国极地研究中心，原名中国极地研究所，1980 年代在上海筹备，1989 年 10 月 10 日正式成立。1991 年 11 月 5 日，中国极地研究所举行工程落成典礼。

中国极地研究中心是我国极地科学的研究中心、极地考察的业务中心和极地科学的信息中心。极地研究中心的建设一直得到地方各级政府的支持与关心。1999 年 4 月 2 日，由沪东新村街道投资 30 万元兴建的极地广场揭牌，在极地科普馆的建设中，新区、街道都参与其中。同时，极地研究中心尽其所能为地方社区居民服务，多次安排社区居民参观雪龙号考察船和极地科普馆。

1980 年代初开始极地考察

我国开展极地考察始于 1980 年代初。1980 年的 11 月到次年 3 月，我国的两位科技工作者张青松和董兆乾应澳大利亚政府邀请前往南极考察。

我国第一次南极考察是在 1984 年，11 月 20 日，由"向阳红 10 号"和海军 J121 打捞船组成的考察船队从上海起航，经过 40 多天的航行，于 12 月 26 日抵达南极洲的乔治王岛。科考队总指挥陈德鸿，队长郭琨、副队长董兆乾，参加的人员多达 591 人，在南极进行了生物、地质、地貌、高层大气物理、气象、测绘和海洋等科学领域的多方位、多层面综合考察。这次考察历时 142 天，总航程达 26433.7 海里。

以后，我国的极地考察基本上每年都有安排，截止目前（2013 年 4 月），共组织南极科考 29 批次。1999 年 7 月 1 日到 9 月 9 日，第一次北极科考实施，历时 71 天，总航程 14180 海里。至今，已组织了 5 次北极考察。

建成四座考察站

中国南极长城站建于 1985 年 2 月，位于西南极洲乔治王岛，可接纳度夏人员

60 名,越冬人员 25 名。主要开展极地低温生物、生态环境、气象、海洋、地质、地化、地震、地磁和电离层等科学观测和研究。

中国南极中山站建于 1989 年 2 月,位于东南极大陆拉斯曼丘陵地,可接纳度夏人员 80 名,越冬人员 40 名。主要开展极区高空大气物理、冰雪和大气、海洋、地质、地球化学(陨石)、地理、环境监测等科学观测和研究。

中国南极昆仑站建于 2009 年 1 月,位于南极内陆冰盖冰穹 A 地区,海拔 4087 米,是人类在南极地区建立的海拔最高的科考站。可供 15 至 20 人进行夏季科考。

中国北极黄河站位于斯匹次卑尔根群岛的新奥尔松地区,2004 年 7 月 28 日落成并投入正式使用。黄河站为一栋两层建筑,总面积为 567 平方米,可供 18 人同时工作和居住,重点开展高空大气物理、气象、冰川、海洋、生物生态和地质等学科的观测和研究。北极黄河站与南极中山站位于同一根磁力线的南北两端,可以开展极光现象的南北极共轭观测。

历经三代极地科考船

"向阳红 10 号",我国自行设计制造的第一艘万吨级科学考察船。1979 年 11 月由上海江南造船厂建成并交付国家海洋局东海分局使用。曾参加中国首次发射运载火箭、同步通信卫星等重大科研试验任务,1984 年 11 月参加中国

雪龙号科普考察船

首次南极考察队,开赴南大洋、南极洲执行科学考察任务,1988 年获国家科技进步特等奖。1998 年 8 月,改建成"远望四号"航天测量船。

第二代科考船"极地号",原系芬兰劳玛船厂 1971 年建造的一艘具有 1A 级抗冰能力的货船。我国于 1985 年购进后,改装成极地考察船,安装"DH-Ⅱ"型陀螺罗经。1986 年首航南极,共完成 6 个南极航次的运输及考察任务,于 1994 年退役。

第三代极地考察破冰船"雪龙"号,1993 年从乌克兰进口,1994 年 10 月首航南极,以后的极地考察及补给运输几乎都是由"雪龙"号担当。雪龙号具有良好破冰功能,能以 1.5 节航速连续冲破 1.2 米厚的冰层(含 0.2 米雪)。

从和丰铁厂到国家大型船舶制造集团

　　浦东大道 2311 号，上海船厂、申佳船厂所在地，工厂历史可追溯到 19 世纪中期。1862 年，英商耶松公司租用浦西与浦东两处船坞公司的设备建耶松船厂。1896年，出资 60 万两白银，在居家桥耶松公司地产的西侧，沿江开凿了一条长 528 英尺、宽 64 英尺的干船坞，号称"国际船坞"。同时兴建添建了一批相应设施，工厂称"和丰铁厂"，有工人 400 余人。就当时而言，拥有的设备比较先进，技术工种齐备，除了能承揽万吨级船舶的修理外，还能承接制造锅炉和机械工程等项目。不仅在国内享有声誉，在欧洲也颇有影响。1900 年，耶松船厂与和丰铁厂合并，1901 年3 月又兼并了祥生铁厂，资本增至 557 万两，名称耶松船厂公司，1906 年又改名为耶松有限公司，从此垄断中国船舶修造业 30 余年。

　　1936 年，耶松有限公司与英商瑞熔船厂合并成立英联船厂有限公司，原和丰船厂改称英联和丰船厂。

　　1941 年 12 月，太平洋战争爆发，船厂被日军侵占，改名为三菱重工业株式会社江南造船所淑浦船坞，并进行军火生产。抗日战争胜利后归还英商，恢复原名。

　　1952 年 8 月 15 日，我国政府下令征用英商和丰船厂，同时征用的还有英商马勒船厂，也就是沪东造船厂的前身。中国政府为何会在新中国成立快 3 年的时候征用英商在沪的企业？缘由是 1950 年 5 月 10 日，英国非法扣押了留在香港的中国航空公司和中央航空公司的全部飞机及资产。1951 年 4 月 7 日，香港英国当局宣布征用停泊在香港英商黄埔船厂修理完毕正待返航的中国永灏号油轮，并移交英国海军，用于朝鲜战争。中国政府对此提出严重抗议。4 月 30 日，上海市军管会奉命征用英国在沪亚细亚火油总公司除办公处及推销处以外的全部财产，并征购其全部存油。1952 年 7 月 28 日，英国枢密院宣布将留港的中国中央航空公司 40 架飞机及其他资产"判给"美国民用航空运输公司。8 月 15 日，上海市军管会执行中国政府命令，征用英国在沪英商船厂和马勒机器造船厂的全部财产。

　　1953 年 1 月 1 日，工厂与江南造船所复兴岛分厂合并；1954 年 11 月，又与江南造船厂浦东分厂和原龙华船舶修理厂合并。到 1990 年末，工厂进行了 2 次扩建改造，厂区面积扩大至 36.7 万平方米，建筑面积有 19.39 万平方米。其中，生产建筑面积 10.61 万平方米。主要生产设备 954 台，重、大、精设备 46 台。有万吨级船坞一座，3000 吨垂直同步升级船台为当时国内规模和吨位都是最大的升降船台。工厂岸线长约 1000 米，码头总长 801 米，其中固定码头 5 座、浮码头 6 座。当年的职工人数为 4541 人，各类专业技术人员 719 人，其中高级职称 62 人，中级职称 257 人。有 7 个车间，3 个分厂，1 所技校。能修理各种类型的新型舰艇及外轮，制造多种民用船只、化工、冶金、食品、机械等设备，生产压力容器与双色印铁机及瓦楞机，经济效益在同行中名列前茅。

　　1990 年获一级企业称号。上海市第九届、第十届文明单位，连续七次被授予上海市"重合同、守信誉"单位称号。

1995 我国政府向联合国五十华诞盛典赠送的"世纪宝鼎"由该厂制造

1995 年 10 月，我国政府向联合国五十华诞赠送的世纪宝鼎即为该厂精心制作。

高庙油库，浦江得天独厚的深水驳岸

从浦西定海桥摆渡到浦东，一出庆宁寺轮渡站，右侧便是"高庙油库"，又称"美孚油库"。

高庙油库很大，从金桥路渡口沿黄浦江岸线往西一直要通到居家桥。从金桥路沿浦东大道向西，到友林路起端处才是油库的正门。由于已临近居家桥，附近人也习惯叫作"居家桥油库六号门"，或者"油库六号门"。

一、美孚油库的来历

美孚（Mobil），美国石油大王洛克菲勒创办。Mobil 读音"莫比尔"，之所以翻译成"美孚"，是为意译所致。"美"字意为来自美国，并含有"美好"的意思。"孚"则取自《诗经·大雅·下武篇》"成王之孚，下士之式"，是"诚信"的意思。所以，"美孚"实为"来自美国，创造美好生活，以诚信经营的公司"的自誉之词。可见能把"莫比尔"翻译成"美孚"的，定是深谙国学之人所为。

然而，以诚信自我标榜的美孚公司其实并不诚信。1900 年前后，美孚已经在居家桥一带沿浦购地抢滩，开始建造火油池。在此过程中，美商勾结地保和不法商贩，强取豪夺、侵吞塘地，诱骗威逼农民出让土地。1905 年"八三"大海潮时，沿江土地大片被淹毁。美商又趁机低价收购，迫使农民低价出卖土地。

美孚设立油栈码头的时间，据《歇浦路街道志》记载，是在 1901 年。另据《浦东塘工善后局议结美商美孚拆毁塘工侵占公地交涉案》披露，1906 年谢源深在组织新修土塘时，已发生美孚公司私自将塘工拆毁的事件，可见油库的建造早先已经开始了。在此过程中，美商不断蚕食扩张、侵占土地。面对美商恣意妄行的不法行为，谢源深、朱日宣等爱国乡绅毫不畏惧，进行了坚决的斗争，并多次照会美在华使领馆，最终迫使美商在事实面前低头认错，向塘工善后局缴纳了地价银 2194.65 两。

二、得天独厚的深水驳岸

黄浦江水道从陆家嘴到复兴岛这一段，带有两个明显的弯道，这是明代整治吴淞江时，把范家浜拓宽后形成的新水道。一端在陆家嘴处接头往东，另一端在复兴岛这里交汇往北，往下便是旧南跄浦水道了。弯道处湍急的水流不断冲刷河床，致使河道越来越宽，这也就是为什么黄浦江到这里后，水面不断变宽的原因。美国人对这里的水文地理进行过详尽的考察，了解到黄浦江涨潮时江水主要沿江北岸上溯，退潮时江水主流贴南岸往下流，在居家桥到高庙这一片水域中形成了一个大回流。北岸会有泥沙不断沉积，而南面浦东一侧的水道只会加深而不会淤积涨沙，是黄浦江下游优良的深水区域。

三、洋油洋蜡烛生产的发源地

在国人的词语中，"洋"（foreign）翻译成汉语叫"国外"，后来成为外来舶来品的代名词，诸如：洋装、洋货、洋油、洋蜡烛等等。美孚在浦东建造油池的同时，便把目光瞄准了中国市场，从百姓日常生活必需的照明上做文章，开始生产洋蜡烛。洋蜡烛的主要原料来自石油，美孚在生产资源上占有明显优势。就产品质量而言，无论在亮度上，光泽的稳定性以及使用的时间上，都要优于国内自制的蜡烛，所以很快就在中国打开了市场。油库内生产洋蜡烛的车间一再扩大，工人也不断增加。生产的洋蜡烛销往各地，美孚油库因此成为国内洋蜡烛生产的发源地。

美孚公司还从国内油灯的基础上得到启发，进行改良，加上防风玻璃罩来提高亮度和安全性，取名"煤油灯"。为了打开销路，美孚自制了许多刻有 SOCONY（美孚行）字样的煤油灯分发给老百姓，里面加少许煤油，让你用完了再去他那里买煤油。为了方便运输和百姓购油，美孚开始采用小包装，在油库辟建车间，制造小容量的加仑箱、油罐、油桶等，并在中国各地设立分行、经销点。美国人的这个营销手段也获得了很大的成功，浦东美孚因此成为小包装煤油的主要供应商。

老沪东街道仓栈码头的历史变迁

老沪东街道濒临黄浦江南岸，东西长约 8.5 公里，有长约 8600 米的江岸线。这里一度码头林立、仓栈接连，工厂油库依水而建，曾经是上海港繁荣景象的重要组成部分。

老沪东街道历史上的仓栈码头，其产生与发展，既有解放前帝国主义势力恣意掠夺侵略的痕迹，也是中华民族不畏强暴奋力抗争的见证，更有新中国成立以后迅速发展壮大起来的辉煌成就。

上海开埠后，浦江水系航运业迅速发展。到 20 世纪初，街道域内 8600 米岸线中的大部分都已被外国商人侵占。其中英商老板占据的份额最大，有其昌栈、开滦、新太古、亚细亚码头及和丰船厂、马勒船厂等；日商占有老三井、新汇山码头；美商则占有了居家桥到高庙一带的黄金岸线以及东沟赵家滩；国人仅招商局华栈，岸线 668 米。

解放后，浦江岸线悉数收归国有。1951 年 12 月，上海港第二装卸作业区成立，管辖范围：西起其昌栈、东到歇浦路。到了 1958 年 9 月 1 日，上海港务局将这里原有的一个装卸作业区划分成二区和八区两个装卸作业区。其中二区靠在东面，管辖区域为歇浦路到民生路，八区在西面，管辖区域为民生路以西到其昌栈码头。1961年 9 月 1 日，上港二区和上港八区又进行了合并，港区范围恢复从其昌栈到歇浦路。到了 1964 年 9 月 1 日，又按原二、八区的规模再度分开。1986 年，分开后的上港二区和上港八区，分别转制发展为上海港民生装卸公司和上海港新华装卸公司。下列仓储码头简介自西向东依次排列。

一、上海市粮食储运公司第八仓库

上粮八库在其昌栈轮渡码头的西侧。其昌栈码头原是英国海军的船坞基地，1891 年由英商公祥和码头购买。码头岸线 1250 英尺、约合 380 多米长，分东栈和西栈两部分。1949 年 11 月，中国粮食公司华东区公司在浦东华栈码头建立第八仓库，1950 年迁入其昌栈钱仓路 1 号。同年 12 月 4 日，中国粮食公司上海市公司成立，仓库更名为"中国粮食公司上海市第八仓库"。以后又几度随上级公司更换过名称，至 1961 年 9 月改名为"上海市粮食储运公司第八仓库"，简称上粮八库。

上粮八库初建时，曾一度租借部分仓库堆场。那时候，根据国家关于统一港口管理的原则，沿江码头仓房均由上海港统一管理，港粮之间由此成为租赁关系。后来随着粮食事业的不断发展，仓储能力与任务之间的矛盾日益突出。1960 年 1 月，经上海港务局和上海粮食局双方协商达成协议：上粮八库把租用的其昌东栈 8 座仓库、建筑面积 2.95 万平方米，连同 7740 平方米场地及其他建筑物退租归还并移交给上海港务局。上海港务局将其昌西栈码头内、由上粮八库租用的 7 座仓库、2.07 万平方米建筑和 2.8 万平方米场地、包括上海市食品进出口分公司退租的仓库、场地，以及其他固定建筑物和 2836 平方米场地、174 米长的码头全部调给八库，从而使八库结束了长期租赁库房的局面，为八库以后的正规化建设奠定了基础。

2002 年，黄浦江两岸地区综合开发启动，上粮八库码头与毗邻的上海船厂码头，经过改造已成为拥有 1300 米岸线、总面积 12.2 万平方米的滨江绿地，森林花园、演艺大草坪、户外剧场、自然草甸、镜面水池，各处景观结构清晰，良好的生态效应、独特的文化魅力和丰富多样的空间环境，使这里成为浦江东南岸一段贯通的重要景点区域。

二、上海新华装卸公司

原名上海港第八装卸作业区，1986 年 4 月成立，单位地址在源深路 1 号。

码头群始建于 20 世纪初。解放前，分别是英商开滦码头、招商局第四码头、日商新汇山码头和英商公和祥码头。解放后，对原有码头设施进行了改建或大修。1973 年，改建万吨级泊位 7 个，改浮桥式码头为钢筋混凝土框式固定码头。新增配一批门式起重机等设备。1975 年和 1983 年两次征地扩场 4.3 万平方米。

1990 年代初，公司拥有万吨级泊位 9 个、千吨级泊位 1 个，码头岸线总长 1758 米，分为华栈、新华、其昌栈三个码头区域。陆地总面积 46.04 万平方米。仓库 32 座，建筑面积 11.77 万平方米；堆场 62 块处，面积 17.1 万平方米。各类装卸机械 400 余台，配备有国际先进水平的螺旋式装卸机。公司从事金属矿、散化肥、钢材、件杂货等内外贸货物装卸堆存业务。设立有国际集装箱浦东地区中转站。1991 年开办保税仓库业务，开辟内贸货运航线 28 条，外贸方面与 44 个国家的 117 个港口码头有货运业务往来联系。国家核定年吞吐量为 640 万吨，1986 年创最高纪录为 1102 万吨。

三、上海港民生装卸公司

1986 年 1 月 16 日在上港二区基础上成立，由洋泾港码头和民生路码头组成。洋泾港码头旧称三井煤栈，建于 1907 年，岸线长 700 英尺、合 200 多米。后方可堆放煤炭 10 万吨。1924 年至 1926 年，码头曾进行过规模改造。之后，码头一直被日商占据，直到解放后由中国煤建公司接管，1952 年移交给上港二区管理。

民生路码头原系英商蓝烟囱码头，1902 年，英商投资的太古轮船公司组建了蓝烟囱轮船公司。不久，就在现浦东洋泾港与民生路之间的江边购置土地兴建码头。1908 年开始建造 1 号、2 号泊位，3 号、4 号泊位在 1924 年建成。码头为钢筋混凝土固定结构，全长 2500 英尺合 762 米。4 个泊位可同时停靠万吨级远洋轮 4 艘。码头安装有轨道移动式吊机，建有专用的危险品仓库，用以储存军火。共有仓库 11 座，其中 2 座为四层仓库，配备有当时最先进的仓库升降机，可容杂货 5 万吨。当时被公认为远东地区首屈一指的先进新型码头。

1952 年 2 月 1 日，码头由上海仓库公司接管，1953 年 3 月移交给上港二区。1973 年 5 月，在民生路码头建造散粮系列化筒仓，1975 年底建成交付使用。粮仓有 28 个筒体组成，高 31 米，容积 5.1 万立方米，容量 4 万吨，当时堪称东南亚第一大散装粮仓。

民生装卸公司成立之初，因码头建造年代久远，多处出现龟裂、钢筋裸露，导致前沿载荷下降，妨碍大型机械上码头作业。同时，四泊位门式吸粮机性能不断下降，制约了装卸生产的发展。1991 年 6 月，民生路 1—4 泊位利用世界银行贷款进行全面技术改造，8 月 27 日开工。这是"八五"期间上海港最大的更新改建项目，工程包括新建 8 万吨级混凝土结构散粮筒仓一座，引进国外卸粮专业机械设备。改造后的装卸工艺将达到国际先进水平，整个生产布局更趋合理，各个泊位的专业化程度大大提高，可停泊 5 万吨级大型散装货轮，平均年接卸进口散粮可由 200 余万吨提高到 310 万吨，成为全国水路系统专业化程度最高的散货装卸公司之一。

改革开放后，特别是洋山深水港的建成投入使用，使得上海港的装卸格局发生了很大的变化。在浦江两岸景观道建设中，民生路码头在历史文化建筑的基础上，通过"以旧还旧、新旧融合"的建筑改造理念，转型建成的艺术码头，依靠独一无二的老粮仓组合，给人造成强大的视觉冲击力。民生滨江文化城的建成，不仅成为浦东滨江文化长廊中的一张"亮丽名片"，还记载着厚重的历史和时代的担当，文化与景观的有机结合，成为独居魅力的首个"浦东新区现代服务业集聚区"。

四、上海市商业储运联营公司陆家嘴仓库西渡分库

歇浦路以东到海军 4805 厂的西侧，原为黄浦江荒滩。1906 年前后被辟为咪地油栈码头，后称亚西亚火油栈东栈，又称亚细亚下栈。解放后由人民政府接管，初时名上海市五金公司仓库。这里原有一小道通向江边，江边有渡口名曰"西渡"，所以仓库又名西渡仓库。1956 年改为上海市储运公司陆家嘴仓库西渡分库和上海市油脂公司仓库。仓库主要储存纸张和动植物油脂两大类，储量 3 万至 3.2 万吨。仓库占

地 4.16 万平方米，有千吨级码头 4 个，岸线总长 120 米。

五、上海港煤炭装卸公司朱家门码头

码头地处沪东造船厂东侧，毗邻东沟油库。1986 年 10 月 18 日开工，1989 年 7 月 25 日通过国家验收，总投资 1 亿元，为"七五"期间国家重点基建项目。朱家门煤炭码头建成后，原在歇浦路洋泾港码头的煤炭装卸业务全部迁至朱家门码头。

这里距离吴淞口 14 公里，距洋泾港、民生路码头约 8 公里。原为上海港民生装卸公司的组成部分，1991 年 10 月 1 日划归上海港煤炭装卸公司。码头岸线 302.67 米，沿岸水深 10 米，有万吨级泊位、千吨级泊位各 1 个，占地 11.04 万平方米。堆场面积 4.22 万平方米，一次堆存煤炭 16 万吨。码头设计通过能力为 390 万吨，1992 年达到 420 万吨。

民生公司散装粮仓当时为东南亚第一大散装粮仓，
现已改建成民生滨江文化城

从联合诊所到社区卫生服务中心

　　沪东社区卫生服务中心坐落在莱阳路 512 号，上了些年纪的居民仍习惯将其称为街道医院或地段医院，因为历史上有很长时间都是这样称呼的。

　　与其他街镇的卫生服务中心相比，沪东社区卫生服务中心具有更为长远的历史，经历了解放初期的私人联合诊所，到联合诊所合并成为杨浦区歇浦路街道医院，杨浦区中心医院分院，又到浦东新区歇浦路街道医院、沪东地段医院，最后发展成为今天的浦东新区沪东社区卫生服务中心。

从个体行医到联合诊所

　　民国时期，浦东的医疗设施十分薄弱，几乎没什么医院。即便是建造于 1920 年代初的浦东医院（今东方医院的前身），当年也仅有床位 20 张，员工六七人，其规模和影响还无法同现今的社区卫生服务中心相比。那时百姓看病一般都找私人医生，称为"请郎中"。

　　解放后，党和政府把私人医生集中起来，组织他们成立联合诊所。当时在浦东大道的沿江地区就成立有 5 个联合诊所和 2 个妇幼保健站。

　　1958 年 3 月浦东区成立时，沿江片联合诊所又合并成为其昌栈、七号桥、高庙3 个联合诊所。其中，其昌栈诊所称第三联合诊所，地址在其昌栈大街东侧的浦东大道 525 号，如今这里早已是高楼林立，难辨当年的影迹了。七号桥联合诊所在七号桥西堍的浦东大道 1893 号，如今的凌联四村一带，称为第九联合诊所。高庙联合诊所又称高庙联合医院，由第八牙防所、上川路二塘乡医院等组成，有两处诊所。一个诊所在今金桥路东侧，陈家宅小区对面，上川居委的黄家宅边上，现在是要上了点年纪的本地居民还依稀记得这里曾是高庙联合诊所的所在地。另一个诊所在浦东大道南面上川路东侧的新生里，后来又搬到了上川路西侧，为原二塘乡医院所在地。

从联合诊所到街道地段医院

　　1960 年 4 月，联合诊所划归杨浦区。1962 年 9 月 7 日，3 个联合诊所合并成立沪东街道医院，以七号桥联合诊所为院本部，其昌栈诊所为第一门诊部，高庙院址为第二门诊部。当时有医护勤工人员 76 人，医师 3 人，医士 2 人。医院固定资产 3.5 万元。1978 年 2 月，院本部迁至浦东大道 2135 号新所址，建筑面积 941.5 平方米。1988 年，第一门诊部由危房迁入新房，面积 414 平方米。

1987 年改称杨浦区歙浦路街道医院，设置内科、外科、小儿科、口腔科、中医科、针伤科、五官科、皮肤科、骨质增生科、胆石门诊、家庭病床出诊、里弄门诊、中西结合外科等科室。口腔科配备有进口光固化美容仪，高速涡轮牙钻和较先进的综合治疗台。伤针科运用中医治疗手法治疗股骨、胫骨骨折成为特色门诊。当时有医技人员 136 人，主治医师 9 人，护士 38 人。有工、商劳保单位 25 家，中小学幼托公费医疗单位 24 家。

上海第一家社区精防所的诞生

1978 年，医院和沪东街道办事处、派出所、房管所、里弄协作建立精神病人看护网，设立精神病看护领导小组，成员 8 人。对地区内精神病患者造册登记，设一人一卡，建访视卡，每周一次门诊。1985 年 2 月 27 日，"沪东精神卫生诊疗部"正式对外开放，这是由医院和杨浦区精防院以及上海市精神卫生中心协作成立的全市第一家社区精神卫生诊疗部，地址在上川路第二门诊部（原二塘乡医院），扩建了 125 平方米房屋，设床位 50 张。有医师 1 名，医士 2 名，护士 3 名护师 2 名，公务员 5 名，食堂人员 4 名。市精神卫生中心常驻医师 2 名，主治医师每周来查房一次，指导业务。区精防院常驻医师 1 名。1985 年—1990 年年均床位使用 50 张，周转率 0.1—2.28。1992 年初因上川路拓宽诊疗部被拆停办。

特色医疗百姓口碑

历史上的沪东街道地段医院特色诊疗，深受社区百姓的欢迎。针伤科医生赵云霞，是上海著名武术家王子平"王氏伤科"的嫡系传人，看骨折病人不需开刀，看一个好一个。口腔科医生王德明，医术高超，服务认真，深受患者欢迎。中医师巫志超医术世代祖传，尤善妇科调理。虽然这些医生都已作古，但他们留在百姓心中的故事依然经久流传。

如今医院仍保持有特色诊疗项目，如在传统中医基础上发展起来的中药泡饮"九味茶"，在预防代谢综合征引起的高血压、高血脂，改善糖尿病患者的症状等方面疗效明显。中医科下设中医内科、伤科、肛肠三个诊疗室，开展中药、针灸、推拿、火罐、敷贴、穴位注射等特色诊疗。中药房配备有多种中成药和中药饮片，能满足一般诊疗的需要。

居民信赖的基层医疗机构

1997 年 10 月医院搬迁至莱阳路现址，2001 年 9 月改称现名。目前已发展成为陆家嘴医疗联合体成员之一，属于公利医院集团。是一所集医疗、预防、保健、健康、健康教育、计划生育技术咨询和指导功能为一体的基层医疗机构。

医院服务区域面积 5.51 平方公里，居委 33 个，常住人口 11.3 万，60 岁以上老人 2.3 万。医院占地面积 4268 平方，建筑面积 4319 平方，核定床位 50 张，实际开放 58 张，床位使用率 99.28%。现有职工 150 人，其中高级职称 5 人，中级职称 73 人，全科医师 35 人，中医类别医师 8 人，公卫医师 17 人，护士 39 人。硕士以上学历 7 人，大专本科学历 124 人。设有全科、中医科、口腔科、五官科、康复理疗科、预防保健科、计划免疫科、发热门诊、肠道科等诊疗科以及放射科、检验科、心电图室、B 超室等临床检验科室，配有 X 光摄片机、透视机、全自动生化仪等一系列大型医疗设备。门急诊人次从 1990 年的 21.5 万人次增加到 2013 年的 60 余万人次，医院总收入从 1990 年的 255.25 万元增加到 2013 年的 9500 万元。

1999 年 12 月 10 日开设了社区卫生服务巡诊车和热线电话服务。近年来，增设了船舶、博兴、博二、东波、伟业五个社区卫生服务站，为沪东社区的居民提供及时、方便、低廉、有效的医疗服务。

相关资料由街道卫生服务中心提供 2014 年整理

沪东社区卫生服务中心（摄于 2014 年）

五、学校教育文化建设

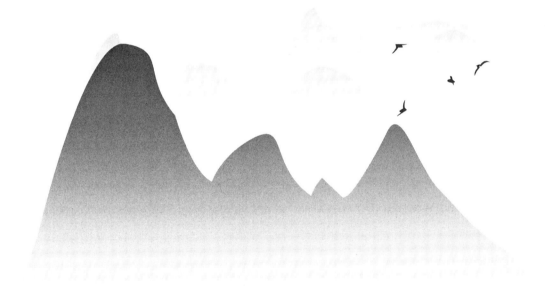

老沪东街道教育资源历史回顾

　　老沪东街道地区的历史沿革过程中，曾经过多次地域调整，许多地方资源因此多有变动。如今反观这些资源，有的正继续发展壮大，有的已被历史的尘埃所湮没。本文着重介绍其中有关教育资源方面的情况。浦东新区成立以前，老沪东（歇浦路）街道所属范围内的各类学校以介绍历史为主，现在沪东新村街道区域内的学校则以现况介绍为主。

（一）高桥石油化工公司党校、职工大学

　　位于浦东大道3000号。前身是上海炼油厂职工大学，创办于1978年。1982年高桥石化公司成立，接管该校并改名为上海高桥石油化工公司职工大学。同年，"高化"公司创办上海石化公司党校。1987年4月，职工大学和党校合并，实行一套班子两块牌子。

　　学校占地5亩，建筑面积5000平方米。设有15个标准教室和700平方米的化学、物理实验室，配有计算机房、文娱活动室等。图书馆资料室中有中外书籍近2万册。开设"化工机械、石油化工、马列主义理论"和电大等专业，实行学历教学和专业证书及岗位培训相结合的教育模式。

（二）上海港技工学校

　　位于浦东大道2598号，是上海市重点技校。该校是在合并了上海港务局所属9所技工学校的基础上，于1980年7月21日成立。学校主要任务是为上海港培养中级技术工人，设置有"港口内燃装卸机械驾驶、港口内燃装卸机械修理、港口电动起重机械操作、港口电动起重机械修理、港口机械电气维修"等五个专业。面向社会招收的应届初中毕业生，学制3年；对港区内部招收的在职初级工，学制长短不一。1990年7月结束分散办学的局面，迁至浦东大道2598号新址。校舍一期工程占地25亩，建有教学行政楼、综合生活楼各一幢，面积9500平方米。二期工程占地21亩，设计建筑面积10800平方米，1991年开工。1990年代初期，有教职员工150人，教师62人，高级讲师1人，讲师及一级实习指导教师7人。

（三）上海港湾学校

　　学校位于浦东大道2600号，创建于1959年9月10日，是我国仅有的一所面向

全国港口航运系统企事业单位、培养中等专业管理人才的全日制重点专业学校，设有"港口装卸机械、船舶与港口电气设备、水运管理、外轮理货、计划统计、水运财会"六个专业。其中的"水运管理、水运财会"是重点专业，"外轮理货"是独具特色的专业，是全国外轮理货部门培养理货业务人员唯一的一个专业。

当年学校占地 45000 平方米，建筑面积 30869 平方米。有教学楼、图书馆、实验工厂、体育馆、运动场、各类实验室等教学设施，并有录像室、电子计算机房、语言实验室等教学设备。有教职员工 346 人，专职教师 129 人。其中副教授、高级讲师 21 人，讲师 60 人。当年为中专性质，现已发展成为海事大学的一部分。

（四）海事大学东校区

海事大学东校区是在原上海港湾学校基础上发展而来的一座颇具规模的学校，位于浦东大道 2600 号。高大的校门立柱上，用舒同体书写着"上海海事大学"的校名。这已是 1999 年以后的事了，在此以前，这里叫"上海港湾学校"。当初是我国仅有的一所面向全国港口航运系统企事业单位、培养中等专业管理人才的全日制重点专业学校。1980 年，上海港湾学校被教育部命名为"全国重点中等专业学校"，1992 年被交通部命名为"全国交通系统规范化中等专业学校"，1993 年被上海市政府命名为"上海市重点中等专业学校"，1994 年被国家教委评为"国家级重点中专"，1999 年 3 月学校成建制划归上海海运学院。2004 年经教育部批准，海运学院更名为上海海事大学。

上海海事大学东校区大门现貌

学校所在地原是川沙县洋泾公社的一片农田，从浦东大道团林路往西到友林路，向南到栖山路。当年为了排放疏浚黄浦江淤泥，用堤坝把这块地四周围了起来，再通过管道把挖泥船疏浚上来的淤泥排放其中，所以这里的地势明显高于相邻的地面，当地人称"高地"或称"水烂泥地"。

（五）中国人民解放军第四八〇五工厂技工学校

位于浦东大道 2311 号四八〇五厂内，创建于 1964 年，隶属于中国人民解放军上海基地装配修理部。前身是海军东海舰队技工学校，"文革"期间停办。1975 年复办，改称现名。

学校开设有"船体装配、焊接、内燃机钳工、轮机钳工、模具钳工、通用钳工、车工、船舶铜工、船舶电工、通用电工、船舶木工"等 11 个专业。占地面积 3000

平方米，建筑面积 3715 平方米，有教学大楼、教师办公楼各一幢，另有实习工场、运动场、电化教室、学生阅览室，实验室二个。有教职工 77 人，其中文化技术专业理论教师 21 人，生产实习指导教师 17 人，讲师 17 人。

（六）沪东造船厂技工学校

原址在原沪东造船厂电器分厂、沪东新村大礼堂后面（现面临博兴路）。创办于 1958 年 7 月，1962 年停办，1974 年冬复校，1975 年正式对外招生。有教室 16 间，电工实验室、放样台、资料室、图书阅览室、操场以及室内体育场等。实验工场厂内外各一处，厂内为船体装焊实习工场，厂外为车钳实习工场。学校师资大部分来自工厂，有教职工 101 人，教师 65 人。1997 年学校被评为省部级重点技校。

金桥路 555 号上海杉达学院
沪东工学院外貌

2001 年沪东造船厂和中华造船厂合并，两厂的职工技术学校同时合并，更名为沪东中华造船集团技术学校。

原中华造船厂技工学校创办于 1964 年。2001 年被上海市教委列为百所重点建设的中等职业学校；2002 年 3 月被劳动和社会保障部评为国家级重点技校；2002 年 11 月被劳动和社会保障部确定为实施高技能技术培训工程的试点学校。2002 年学校被劳动和社会保障部命名为国家级重点技工学校和国家实施高技能人才培训学校。2003 年通过上海市教委"百所中等职业学校重点建设"评估，2005 年被国家劳动和社会保障部评为高级技工学校，2006 年荣获上海市职教先进单位称号。学校多次荣获上海市中职校行为规范示范校称号、上海市"优秀助残集体"称号、"未成年人保护工作先进单位"等荣誉称号。

2007 年与上海杉达学院校企合作，成立上海杉达学院沪东工学院，地址：金桥路 555 号。原校区成为沪东工学院和沪东中华造船集团高级技工学校的实习训练基地，地址：博兴路 285 号。

（七）振华职业技术学校

原为沪东造船厂职工子弟小学，原址在沪东新村 490 号，后编门牌号为沪东路 256—258 号。1977 年 8 月杨浦区接管，改名称沪东新村小学。1999 年，沪新小学搬至兰城路 290 号新校舍，原校区由东方旅游职校接管。博兴路开通后，学校改由博兴路 279 号为出入大门。2001 年 8 月，新区教育资源整合，实现职业教育的规模效应，上海市东方旅游职业技术学校并入上海市振华外经职业技术学校，成为上海第二工业大学附属振华职校博兴路校区，并保持其旅游类专业特色。

（八）上海市沪东中学

位于浦东大道 830 号，创办于1956 年，原名上海市东昌第二中学。初借东昌中学上课，1957 年春迁新址，1960 年改现名。同年开始招收高中生，成为全日制普通完全中学。建校时占地 50 亩，后因建造教师工房和浦东大道扩宽，划去了部分土地，实际占地 35 亩。校舍布局合理，有教

原沪东厂职工子弟学校、东方旅游职校校门，现为振华职校宿管区

学大楼、实验大楼各 1 栋，配备有现代化语言室、体操房和大礼堂、校办工厂、教工宿舍区，总面积为 5758 平方米。校门建造雅致、庄重、明快，配有喷水泉，当年堪称市内一流。校园绿化面积占二分之一，绿树成荫，有凉亭、假山、荷花池等，连年被评为上海市绿化先进单位。时年有教师 94 名，其中高级教师 5 名，一级教师39 名。学校有宽大的操场，长 300 米标准跑道，体育工作蓬勃开展，1985 年以来，体育锻炼达标率高，足球、田径长期为学校的传统运动项目，曾有 2 名运动员输送到市足球队，3 名运动员输送到市田径队。

（九）上海市临川中学

位于浦东大道 1633 号，创建于 1965 年 8 月，初级中学。1977 年 9 月—1981 年7 月曾设高中部，1985 年 9 月—1987 年 7 月曾与上菱电冰箱厂联办电冰箱制造职业班。学校占地 10.5 亩，建筑面积 4077 平方米。有四层教学大楼一幢，阶梯物理实验室兼电化教室、化学、生物实验室、音乐室、图书馆、英文打字机房等。教职员工 75 人，其中教师 64 人，中级职称教师 25 人。英语教学和电化教学是学校的特色教学。1990 年，英语学科组长杨德刚被评为上海市优秀青年教师。

（十）上海市上川中学

位于上川路 150 号，庆宁寺院的前面。创办于 1973 年 2 月，筹建时定名为"上海市庆宁中学"，同年 3 月称上川中学。学校为初级中学，占地 3.1亩，建筑面积 2703.1 平方米，有四层教学大楼一幢，操场仅为一个半篮球场

金桥路 150 号原上川中学校门现挂上了上海民办前进中学的牌子

大小。教职工 58 人，其中教师 42 人，中级职称教师 15 人。1990 年代后，随着住宅建设的发展，学校教育资源成为公建配套的重要内容，学校停办，师资成为新办金川中学的基础。

（十一）上海市沪新中学

原位于沪东新村 600 号，现莱阳路 224 号，1976 年 8 月筹建。由杨浦区教育局与川沙县文教局协商，将原属西沟小学分部的 6 亩土地作为基础校址，市教育局拨款 36 万，由川沙县教育局主管。原名莱阳中学，后确定为沪新中学。1977 年 9 月开学招生时，借沪东造船厂技校 3 间教室上两部制，11 月迁进新校舍。建成后的新校舍占地 8.6 亩，有五层教学大楼 1 幢，建筑面积 4800 平方米，教职工 103 人。

沪新中学教学大楼上刻有"明德、笃学、惟新、致和"八字校风

学校以"明德、笃学、惟新、致和"为八字校风，"居敬持志"四字为校训，引领学校内涵健康发展，形成了良好的精神风貌和学习氛围。在"以学生发展为本"办学思想指导下，努力构建有利于学生"自我教育、自主学习、自我管理、自我完善，主动发展"、学生主体得到充分发展的办学模式，培养品德高尚、勤奋求知、锐意创新、和谐发展的社会主义接班人。

（十二）上海市东平中学

当年的东平中学，如今是上房金丰苑住宅区

位于浦东大道 2513 号，创建于 1962 年 8 月，原名高庙初级中学。原址系浦东大道 2565 号一幢石库门楼房，1963 年秋迁入新址，改名东平中学。1970 年校舍翻建为二、四层教学楼各一幢。占地面积 3796 平方米。建筑面积 3320 平方米，建有 200 多平方米花园及 20 平方米花卉暖房，园中有绿水环绕河心亭，终年绿树红花相映。1986 年起因生源不足，与上海远洋运输公司联办职业高中，1988 年秋停招初中生。1992 年 7 月，与上海远洋公司联办合同期满，学校停办。1993 年三四月间校舍转让后被全部拆除。后来这里建成了上房金丰苑住宅区。

（十三）陆行中学北校

　　成立于 2002 年 8 月，是一所公建配套的初级中学，学校地址为利津路 53 号。浦东北路开通以后，学校大门面西对着浦东北路。学校占地 16672 平方米，建筑面积 13574 平方米。学校各种教育教学场所布局合理，环境优美，设施齐全，功能齐全，师资队伍朝气蓬勃、爱岗敬业。学校是一所多年的浦东新区艺术教育特色学校，现已被评为浦东新区素质教育实验校，为学生的成长和成才提供了优越的条件。

面临浦东北路的上海市陆行北校外景

　　学校办学目标：教育思想先进 注重养德启智；艺术教育见长 师生和谐向上。

　　学校育人目标：身心健康，和谐发展；基础扎实，学养丰厚；不怕困难，面向未来。

　　学校办学特色：校风正气学风严谨；学科教学扎实有效；艺术教育新颖独特。

（十四）金川中学

地处莱阳路 588 号的金川中学

　　学校地址利津路 376 号、莱阳路 588 号。学校创建于 1996 年，因地处金桥开发区，基础师资来源于上川中学，故名"金川中学"。学校占地面积近 12000 平方米。现有教室 24 间，配置电脑房、多媒体教室、语音室、音乐室、美术室；理、化、生实验室、图书资料室等教学辅助教室；学生剧场 1 间；室内体育活动房 1 间，使用面积 864 平方米；户外 250 米环行跑道运动场；另辟有科技活动室、心理咨询室、课件制作室。校园由 520 米绿化带围绕，用铁艺、面砖装饰的红、蓝、白颜色相镶的围墙；校内矗立有 2 座不锈钢雕塑，有 1 个幽雅小花园，5 位名人头像的雕塑坐落在校园显目处，教学楼走廊悬挂有名人名画和特色班学生的字画，营造了良好的校园文化氛围。校风：求实、进取、创新；学校教风：认真、严谨、热忱；学校学风：勤学、善思、多练。

（十五）长岛中学

长岛路 555 号的长岛中学校园外景

上海市长岛中学是一所公办完全中学，创办于 1995 年 9 月。学校地处张杨路长岛路交汇处，长岛路 555 号。校园占地面积近 50 亩，建筑面积 1.7 万多平方米。教学区整洁幽静，活动区独立开阔。整个校园似花园般美丽，假山喷泉，曲桥凉亭，独具韵味，2003 年被评为"上海市绿化先进单位"。

2000 年，经社发局教育处批准开办艺术特色教育，获得了新区第三届中小学学生艺术节铜管乐三等奖、上海市校园文化艺术展示会团体器乐项目银奖、萨克斯四重奏金奖等多个奖项，多次参加社区、新区、市里的演出，并在上海大剧院演出。历届特色班均被评为浦东新区优秀少先队集体，每次期中、期末新区统考成绩达到名校水平，在第一教育署排名前列。

关于小学情况，歇浦路街道时期，对地域内主要小学做过一个统计，这些学校都具有悠远的历史。目前除少数几所学校外，大多已停办。

（一）其昌栈小学：位于浦东大道 637 号，创办于 1937 年。原名竞志小学，1945 年改为公和祥码头子弟小学，1946 名称浦北码头子弟小学，1950 年名浦北小学，1956 年名东昌区其昌栈二小，1958—1960 年名浦东区其昌栈小学。1978 年其昌栈民办小学并入。

（二）十八间小学：新兴路 122 弄 55 号，1920 年创办，原为天主教办的友善小学，地址在傅家宅 70 号。1953 年改名为十八间小学，1977 年十八间民办小学并入，1990 年迁现址。

（三）民生路小学：浦东大道 1583 号。1939 年李震亚创办，初名震亚小学，1945 年改名崇贤小学，1949 年改称培建小学，1956 年改称东昌区凌家木桥二小，1958 年改名民生路二小。1977 年与民生路一小合并改现名。

（四）七号桥小学：浦东大道 1797 号。原名正心小学，1947 年由贾振邦创办。1955 年尚义小学并入为其分部，1956 年改称七号桥小学。1977 年七号桥民办小学并入，1981 年定为中心小学。2004 年改为第六师范二附小东校区。

（五）进涛小学：居家桥浜北 38 号，原名西新小学，1926 年乡绅王镇创办。解放后改名居家桥小学。1962 年由浦东大道 2513 号迁现址，旧址让出办东平中学。

1989 年港胞胡雪年捐资 100 万翻建旧校舍，1990 年 9 月 1 日举行落成开学典礼，改名进涛小学。

（六）上川路小学：上川路 142 号，原名问道小学，1910 年邑人朱日宣、谢源深创办，系陆行乡立。校址在庆宁寺内，为沪东地域最早创办的学校。1921 年由塘工善后局负担经费。1927 年塘工善后局停办，学校资金需自筹。1956 年改名庆宁寺小学。1969 年 9 月高庙民办小学并入，学校改名上川路小学。1985 年改建成四层教学大楼。上川路小学后来与进涛小学合并，成为进涛小学东校区。

（七）船舶新村小学：1959 年创办，校址在船舶新村内，原名上海船舶工业学校职工子弟小学，1969 年由杨浦区教育局接管，改名船舶新村小学。

（八）西沟小学：潮洞坝 2 号，1921 年乡绅谈基寿创办，原名高行乡乡立第五初级小学。1933 年淞沪抗战后称培朝分校。1935 年改称上海市西沟小学。1984 年由川沙县划归杨浦区。

（九）沪新小学：沪东新村 490 号、1958 年创办，原名沪东新村民办小学，1961 年 9 月改为沪东造船厂职工子弟小学。1977 年 8 月杨浦区接管，改名沪东新村小学。1999 年学校搬至兰城路 290 号新校舍，更名为上海市沪新小学。

新中国第一所综合性船舶工业学校

解放初，今陈家宅居委一带，还是一片田野风貌。除了农田就是浜河沟堑，还有民居宅基间杂其中。由于这一带地势较高，当地人都把此地称为"高头廊"。

1953年，国家为发展航运，培养船舶专业人才，征用了陈家宅东侧高头廊四周二百余亩农田，建起了我国第一所造船中等专业学校——上海船舶工业学校。本地居民习惯称为"船舶学堂"或"船校"。

源于上海私立大公职业学校

船舶学校虽新建在浦东，但其渊源却可一直追溯到解放前成立的大公职业学校。该校系有吴开先、林美衍等人于1933年3月在南市乔家浜创办，由吴出任校董事会主席、林为校长。吴为国民党元老，也曾加入过共产党，后来去了台湾。林在抗战期间担任迁川工厂联合会委员，为抗战时期大后方的工业建设作出过贡献。校董会后来发展到12人，核心人物为海上闻人杜月笙。杜月笙出钱资助该校办学，还利用自己的影响为学校的生存和发展做了不少工作。旧上海市市长吴铁城及天厨味精厂老板吴蕴初等人也都曾为该校校董。

大公建校初期，董事会筹款六万余元，在高昌庙局门路辟地三十亩建新校舍。嗣后，学校设有初级机械科、高级机械科、土木工程、应用化学、高级商科，且附设初中部。

1937年抗战爆发，学校的一部分迁入租界汉口路，另一部分搬迁至重庆市小龙坎，自建校舍复学。抗战胜利后，1946年迁回上海时，因原址已为江南造船厂所用，政府另拨虹口峨嵋路400号为校址继续办学。

筹建船校、落户沪东

1952年，上海市人民政府将大公职业学校调整改名为上海市机电工业学校。1953年初，一机部与华东军政委员会教育部商定，以上海机电工业学校为主体，调整合并上海第一机器工业学校船舶制造科、上海水产学院附设水产学校轮机科和福州工业学校造船科、轮机科，建立了我国第一所造船中等专业学校——上海船舶工业学校。校址选定在浦东庆宁寺陈家宅地区，征用校区用地200多亩，1953年6月1日破土动工，翌年2月基本完成。

新校区规划设计独具匠心，利用原有的一些河道为天然的护校河，岸边广植垂柳，既安全又美观。整个校区绿化布局合理，环境十分优美。教学设施方面，建有连通的教学实验办公楼、宿舍、饭厅、各工种实习车间、医务所和食堂、浴室及体育运动场地，后来还利用废旧材料建造过一个简易游泳池，既可供教学实验，还能让学生训练游泳。

当年的二、三年级学生由四所学校转来，又新招初中毕业生380人，全校共有26个班级，分船体制造、船舶机械、焊接三个专业，学生1322人，教职工290余人。

1953年8月28日，一机部发文正式批准建立"上海船舶工业学校"。9月15日，学校1600多名师生员工在上海解放剧场举行学校成立和开学仪式。10月，学校改名为"上海船舶制造学校"，首任校长余西迈，常务副校长许海涛。余西迈早年投身革命，参加过毛泽东创办的湖南农民讲习所第二期学习，在部队曾任第七兵团司令部炮兵主任，参加过抗美援朝。许海涛后来调到交大任教务长，再调至北京担任高教司司长。

1955年6月，上海船校被确定为国防工业学校。此后，学校即按培养军用舰船中等技术干部的要求和条件招收新生。

兴建船舶新村

1954年，学校在校区东面马家浜东岸的钱家湾小黄家宅等处征地，建造家属住宅楼共五幢11个门栋，取名"船舶新村"。员工家属入住后不久，校行政人员费以发、教师孙锦麟等人的家属组织成立家属委员会，担负起小区的日常事务管理。1960年，小区划归沪东新村里弄委员会管辖，1962年划归高庙居委会管辖，1964年高庙居委改称上川居委。1984年，从上川居委划出，单独成立船舶新村居民委员会。1959年，还在新村里办了一所小学，取名"上海船舶工业学校职工子弟小学"。

由于家属区与校区被马家浜阻隔，当年为方便员工两边出入，学校特意在马家浜上盖了一座简易木桥，由学校发给专门的通行证，方便员工通行。在家属区，学校后勤膳食科在沿马家浜畔空闲的土地上盖起简易茅棚，养猪种菜，改善学校伙食。1990年代初辟建长岛路时，已搬至镇江的船舶学校为解决学生来沪实习时的住宿问题，沿河边路旁盖起了学生宿舍楼和实习教室。镇江船校后来发展为江苏科技大学，这里也就自然成了科技大学驻沪办事处的所在地。

在沪期间成绩斐然

上海船校在1966年"文化大革命"前，已具有可观的规模。学校占地228.6亩，建筑面积达38678平方米。有教职工600名，其中教师198名，职工227名，附属工厂职工175名。在校学生年平均数为1862名。学校建有23个实验室，12个陈列室、研究室。实习工厂设船体、船电、金工、热加工等4个车间11个工段。有机械设备169台，动力设备114台（套），能满足校内实习的需要。校内自编教材55种，正式出版的有22种，图书馆藏书达57600册。

船舶学校当年的校门

1957年下半年，20多名越南学生来校留学。1958年初，又有20多名朝鲜留学生来校学习。上海船校对他们的学习、实习、生活等作了周密的安排。这些留学生毕业回国后起到了技术骨干作用，有的还担任了政界领导职务。越南、朝鲜驻沪领事馆曾就此专门来信致谢。在我国建国十周年时，越南驻华大使受胡志明主席的委托，特意向上海船校校长赠送了友谊徽章一枚。至1962年之前，学校还先后接受了印尼、泰国、马来西亚的华侨生来校学习。

上海船校从1953年到1966年的十多年间，共为国家培养了中等专业技术人员6700名，这些学生毕业以后，有的从政成为政府部门的负责人，有的走上了大型国企船厂的领导岗位，更多的人成了造船行业的中坚骨干。

发展成为江苏科技大学

1970年上海船校迁至镇江，更名为镇江船舶工业学校，1978年升格为镇江船舶学院，1993年更名为华东船舶工业学院。1999年江苏省江海贸易学校并入，2000年中国农科院蚕业研究所与学校合并，2004年学校更名为江苏科技大学。

学校坚持走特色发展、内涵发展之路，始终坚持为船舶工业、国防工业和蚕业服务，形成了船舶、国防、蚕业三大特色，本科生、硕士生、博士生完备的人才培养体系，逐步发展成为一所工、管、农、文、理、经、教等多学科协调发展的行业特色型大学。

问道小学

——沪东历史上最早出现的学校

　　浦东沪东地区最早出现的新式学校是 1910 年开办在庆宁寺西侧的"问道小学堂"，创办人是朱日宣、谢源深，至今已有一百一十多年的历史。

一、开办问道小学堂的历史背景

　　1901 年，清政府宣布推行的"新政"，涉及到教育方面，就是要"兴学育才"，废八股、停科举、兴学校、厘定教育宗旨。同年，清政府下令将全国的私塾、书院都改成学堂。1902 年 1 月任命重臣张百熙为管学大臣，负责起草制定"学堂章程"并获准颁布。这年是农历壬寅年，故史称"壬寅学制"。然而，由于该章程制订急促及本身存有的不足和局限，未能真正付诸实行。1903 年，清廷再令张百熙、荣庆、张之洞三人重新拟定学堂章程，1904 年颁布。这一年是农历癸卯年，所以又称"癸卯学制"。癸卯学制对学习课程、学习时间、地方兴学的要求都作了明确的规定，是中国废除科举制度后第一个颁布实施的新式学制。兴学政策的落实，催生了中国近代史上难得的一股兴办新学的热潮。据统计，至 1910 年时，各地兴办的新式学堂就已经多达五千多所，在校学生超过 160 万人。

　　在浦东地区，1906 年成立了以黄炎培、黄琼为正副会长的川沙学务工会，竭力推行新学。1901 年，艾承禧与吴大本在孙桥创办"养正小学"。1902 年，秦荣光将三林书院改为三林学堂。1903 年，黄炎培把川沙观澜书院改建成川沙小学堂。1904 年，谢锡祉等人在金家桥创办三修小学堂，朱日宣在陆行创办都川小学堂，孙学勤在六团创立浚源小学堂。1905 年，卫道周在大湾镇创办普明初级小学堂，杨斯盛在青墩创办明新初级小学堂，王文澄在龚路创办明强初级小学堂，陶家骥在新港镇创办新港初级小学堂，陈有恒和尤桂芳在杨园创办杨园初级小学堂，潘伟绩创办洋泾小学堂，刘惠涛创办蒙养小学堂。1906 年，张炳瀛同张守礼在小湾创办振新初级小学堂，张伯尚在御桥创办保粹小学堂，丁业仕在合庆创办仁育初级小学堂，顾林与顾越在北蔡创办北蔡小学堂，顾名骥在金桥创办社庄小学堂。1907 年陶如增和张奏韶在顾路创办惠北小学堂。1908 年，顾乃璜在曹路创办明通初级小学堂，徐宗美创办育英初级小学堂，黄颂康在六团创建养蒙小学堂，钱南、周学濂在张江创办振新小学堂。1909年杨斯盛创办合庆初级小学堂，陆叙舜、张嘉贞创办养蒙小学堂……正是在这种形势下，由朱日宣、谢源深创办的问道小学堂应运而生。

二、校名、校址

"问道"一词，寓意深刻。"问"乃学问、"道"即道理。西汉《礼记·学记篇》中有"玉不琢、不成器；人不学、不知道"的论述。西汉思想家、教育家杨雄（公元前53—公元后18年）曾作《问道》篇，"道也者，通也，无不通也""大人之学为道，小人之学为利""重其道、轻其利"。对于学习，《问道》也有明确的观点，认为学习和修身就是行道，

进涛小校的前身庆宁寺小学、上川路小学，由问道小学发展而来

"学则正，否则邪""修其善则为善人，修其恶则为恶人"，甚至更直接地写道："人而不学，虽无忧，如禽何？"所以说，所谓"问道"，就是探究学问、寻求正道的意思。用"问道"来作为学校的名称，可见办学者对学习行道的期望与重视。

三、新式学校课程设置与私塾教育的区别

私塾教育初期内容主要以"三、百、千"为主，即《三字经》《百家姓》《千字文》。以后是《弟子规》《四书五经》《古文观止》等等，学习时间从五六岁启蒙开始到成年，一般总须十多年时间。新式教育癸卯学制规定初等小学教育时间为九年，教授科目为：修身、读经讲经、中国文字、算术、历史、地理、格致、图画、和体操。在乡民贫瘠师儒稀少的地方，科目可以从简。1912年实行的"壬子学制"将小学教育时间缩短为7年，初小4年、高小3年。初小教授科目为国文、算术、手工、图画、唱歌、体操等。1922年，国文改为国语，增设自然、卫生、党义、童子军训练等学科。

问道小学创立之后，为四处乡邻弟子求知学识提供了便利条件。学校存世百多年来，受教育人无数。直至今日，虽已不再招生施教，然校舍还在，建制尚存。

庆宁寺小学的回忆

"问道小学"是高庙庆宁寺一座小学的老名称，我就读的时候叫庆宁寺小学。这是我的启蒙母校，留给了我许多许多的回忆。

记得在今金桥路 136 弄拐角处，原先有一棵高大的银杏树，一旁黄色的寺院外墙上，"南无阿弥陀佛"几个大字十分醒目，据说是寺院僧人李定禅书写而成。沿着窄窄的弹格路前行，经过苍老斑驳的寺院山门，便是庆宁寺小学了。

我是 1958 年在这里上的学，那时学生上学都是自己走着去的，书包里也就两三本书和一些学习用品。记得一进校门便是一架荫绿茂盛的葡萄棚，再往里一点有一个司令台，台前是一块面积不大且窄扁不怎么规整的操场地，边上紧挨着部队油库的围墙。学校由庆宁寺院的偏殿和僧房改建而成，有的教室靠里侧都没有窗户，只能在屋顶开几个天窗来采光。有的教室里还有柱子，给学生上课带来很大的影响。简陋的教学条件，寓示着学校久远的历史，创办于 1910 年的问道小学堂，至今已经一百多年，是老沪东街道辖区内创立最早的学校。

问道小学堂创办之初，寺僧曾资助土地四亩五厘四毫给学校作为校产。民国前后，庆宁寺日趋衰弱，寺庙土地总数才十多亩，能拿出四亩多土地支助教育，实属不易。

问道小学的创立，给家乡人带来了求知上学的便利，附近的村民都把孩子送到这里就学。民间武术家沈祖安，香港远东家具有限公司董事长胡雪年等都曾在此就读。1956 年，学校改名称庆宁寺小学。1969 年 9 月，高庙民办小学并入，学校更名为"上川路小学"。

我的班主任叫毛慧芬，教我们时还是年轻的大姑娘。毛老师衣着时尚，喜欢烫发，长波浪发型很好看。她很喜欢学生，常常拍着我们的肩膀，勉励我们要好好读书。报读测验考试成绩时，报到成绩好的学生，毛老师总是笑眯眯地看着同学，报到成绩不好、考试不及格的同学，毛老师往往先大声报出学生的名字，然后狠狠地瞪上一眼……毛老师是浦西过来的，后来调到浦西学校去教书了。还有位老师叫徐勤，性子急，嗓门大，对学习好的同学勉励有加，对学习不好的同学则动辄训斥，嘴里还喊着"这家伙脑子里嵌稻柴啦"。声音之大，常常惊扰到旁邻的班级。校长陈勤芳，戴一副金丝边眼镜，话语不多，看上去斯斯文文的，却往往不怒自威，在学生中极有威望。

在母校老师们的辛勤教育下，培养了不少有才华的学生，有的成为上影厂的美工师，制作了许多电影的背景。有的被特招进了部队，成为部队文工团的独唱演员。有的成为中央人民广播电台对外播音员，有位朱姓同学成了南京工学院教授，还有一位殷姓同学后来成了外交家。早期学生殷锦荣，就是那位香港远东家具有限公司的董事长胡雪年，发迹之后不忘母校，曾捐助百万办家乡教育，成为故乡人热议的佳话。

儿时的记忆是深刻难忘的，多年以后与当年的同学谈起母校，往事依然历历在目，尤其是学校的教师，大家都记得特别清楚。当过学校校长的有陈勤芳、俞秀娥、高副奎、宋杏南等。教员有郭忠敏、黄爱芳、李道庆、张爱娣、徐勤、唐启成、李学数、张邦衡、邵雅卿、王广泰、张志忠、秦秀琴、范明华、高杰、高忠兴、毛慧芬、朱慧芬等。还有个高高个子的陆老师，我们背后都叫他"陆汤汤"，看门的老头大家都叫他"阿陶伯伯"。

（编者注：结合王象新、张裕华等同学的回忆整理）

当年的教室，室内还有粗粗的柱子

进涛小学的故事

今居家桥路 81 号的进涛小学，原名居家桥小学，解放前叫"西新小学堂"，创办于 1926 年，创办人为陆行乡绅王镇。

一、学校创始人王镇

王镇，字松泉，乡绅名流，清末民初编纂上海县续志时为陆行乡采访调查员。王镇热心地方公益，重视乡民的教育。1913 年曾与陶斯年等人一起在钱桥创办了培朝小学堂。

历史上的居家桥村，以桥为名，是高昌乡二十二保四十三图靠西边的一个村镇。马桥浜河从寺前浜一路蜿蜒而来，东西向横贯流过整个村镇，把居家桥隔成浜北与浜南。河上有桥三座，自东向西、一石桥二木桥。石桥栏板上刻有"介寿桥"名。介寿出自诗经《豳风·七月》"为此春酒，以介眉寿"，为祝人长寿之意，是讨口彩的吉利话，乡民则习称"居家桥"。桥西南河畔不远处，原有一座关帝庙，西新小学最早就办在这座庙宇里。解放后学校往南搬到了浦东大道 2513 号，改名叫居家桥小学。1962 年又从浦东大道往北搬到现址，这里靠黄浦江边不远，在居家桥油库的南侧。

二、取名西新的原委

在居家桥办学为什么要取"西新"作为校名？这"西新"具有什么特别的含义？这还得从谢源深组织抢修护塘说起。

1905 年八三大海潮，一场特大的风雨海潮把黄浦江两岸多处护堤冲垮，其中从四十三图到东沟的护塘毁损特别严重。1906 年，上海县衙组织力量整修护塘，工程历时 40 天，从今双拥大厦处一直修到上宝界浜。有关这一段历史，上海县续志是这样记载的："西新塘迤北迄上宝界之界浜，三十二年（1906 年）里人谢源深等筹款修筑。"明确指出是从西新塘开始修到上宝界浜的。关于西新塘的端点，史书明确记载是在洋泾港的贾家角，距离居家桥大约还有 2 公里路程。谢源深移筑护塘时，为何不从贾家角开始呢？原来此时这段岸线已经被外商美孚油库、耶松船厂、亚细亚火油栈相继占据，沿浦岸线已经被圈入外商的地盘，新修护塘只能从居家桥美孚油池围墙开始。这也就是为何在居家桥办学堂要取名"西新小学堂"的原委。

三、催生西新小学的历史背景

上海开埠前，浦东地区的教育形式主要是私塾、社学和义学，教育目的除启蒙外主要以培养学生的科举仕途。戊戌变法后，清政府下令将私塾、书院改为学堂。1907 年，川沙成立了劝学所。民国初期，蔡元培先生针对时弊，发出了"中国国民遭受到极度痛苦而不知苦的由来，必须以办学来唤醒民众"的呐喊。爱国教育家黄炎培等人怀着振兴中华、开启民智、发展家乡教育的赤忱之心，为达到"无一人不学，无一乡不立学"的目标四处奔走，呼吁各界人士捐资办学，得到大家的响应，浦东民众捐资助学成风。黄炎培后来曾感慨道："方邑人之倾诚以迎新文化也，一时弦歌遍于乡曲，有财者输财、有力者输力，苟为公益，成乐解囊。"

新办学校在办学思想、教学内容、教学方法和管理方式上和老式教育有着很大的区别。私塾、义学以《百家姓》《千字文》《三字经》、四书五经为内容，新学堂课程则设置"修身、国文、算术、国画、唱歌、体操、手工"等课教，培养学生的一技之长和安身立命的本领。

四、胡雪年捐资办教育　学校改名叫"进涛小学"

改名为进涛小学的原居家桥小学

进涛小学历史上发生的一件大事，就是曾获爱国侨胞、香港远东家具有限公司董事长胡雪年捐资百万改建、学校因此更名为进涛小学。

胡雪年出生在高庙上川路殷家宅 29 号，在家乡名字叫殷锦荣。少年时就读于家乡的问道小学。16 岁时去了日本，经多年辛苦打拼，在红木家具行业圈里取得了不俗的业绩。殷锦荣致富不忘回报社会，1989 年，他拿出港币一百万元要捐给母校。由于当时的上川路小学刚刚改造完工，于是在征得殷锦荣先生同意后，就把这笔捐资投到了居家桥小学，同时改校名为"进涛小学"。后来学校又和上川路小学合并，上川路小学成了进涛小学东校区。

我所知道的西沟小学

我叫倪锡礼，是沪东新村街道的居民，今年九十一岁了。老家在杨家弄，我想把我所知道的有关西沟小学的一些情况向大家讲讲。

民国以后，孙中山提出破除迷信，反对封建礼教，女人不再缠脚，男人不留辫子；还提倡读书识字，让成年人进扫盲班，6 岁以上的小囡进学堂念书。为此还要求每个图都要有学校。图是那时的行政区域，我们这里是五十图，地域从西沟到东沟。

西沟小学办起后，第一任校长叫施寅生。还有两个教师，一个叫单老师，是前清的秀才，还有一个姓叶的叶老师。在很长的一段时间里，都是施校长带着这两个老师在学校教学，直到施校长告老回乡。

接任的校长叫朱一新，是港口镇人。朱校长一直教到抗日战争爆发，由于学校屡遭轰炸，被迫停课，朱校长也回到港口镇去了，并担任了港口小学校长。

国民党撤退后，汪伪政府接管地方。为维持治安，由黄鸿发出面成立自卫队，黄鸿发任队长。自卫队不仅有人还有枪，是一支地方武装队伍。黄鸿发是张阿六的门徒，后来黄自己也开山门收徒，在地方上很有些势力。那时的地方事务都由黄鸿发来协调，为恢复学校上课，黄鸿发就去找了钱桥小学校长季淑娟，请她帮助西沟小学复课。季就从钱桥小学派来两位教师，一个叫瞿桂林，青岛铁道学院毕业生；另一位叫凌则民，新陆师范学校毕业。这两人一直教到抗战胜利，维持学校的开支都是由黄鸿发设法解决的。

抗战胜利后，国民党派人来接管学校，领头的叫杨静远，高桥杜家祠堂人。杨带来了四个老师，两男两女，男教师叫戚颂光和吴悦斧，女教师叫徐淑贤、王贤囡，学校也恢复"西沟小学"名称。徐淑贤是北京人，刚来学校时一口北方话，也听不太懂上海话，学生也听不懂她说话，但她很努力，很快就能听懂上海话了。

这一时期学生有所增多，校舍不够用了，副保长杨岳泉出面组织募捐，筹集到一笔资金翻修了学校，造了七间教室。教师不够，杨静远就把他女儿也叫来教书。

解放后的第一任校长姓毛，大家都叫他"毛校长"。由于学校的发展，教师亦有所增加，张国新、王坤、张震、蒋志明、金丁甲、夏邦岭、邵倍珍等都先后任教于此。

1965 年，国家征用杨家弄生产队部分农田建造了向东新村，居民增多。为解决子女读书，国家出资把学校翻建成二层楼。

再后来，浦东大开发来了，杨家弄、沪新大队都动迁了。1993 年又造了莱阳小学，附近还有沪新小学，学生都去这些学校读书了。西沟小学也就停办了。

同方锦城居民　倪锡礼
2015 年

当年的西沟小学如今挂上了"学前教育指导中心"的牌子

七号桥小学六四届学生的《师生缘》

七号桥小学曾是杨浦区沪东学区的中心小学。2014 年，该校六四届（5）班同学编撰了纪念毕业 50 周年的纪念册，取名《师生缘》。

一、《师生缘》编者的话

2012 年春节，我们几个同学相约去给班主任傅老师拜年。老师流露了他的一个心愿：想编一本纪念班级师生情缘的书。师之愿如父愿，达成恩师的心愿是学生的本分。大家都愿意帮助老师圆梦，同时也为自己留下一份纪念。

傅老师为编书提供了丰富的史实资料，我们小时候的座位表、暑寒假作业、语文测试卷、实习老师来信等，他都保存得很好。傅老师喜欢摄影，为我们拍摄了许许多多照片，这些照片题材丰富、内容广泛，涵盖了课堂教学、小组学习、课外活动、春游等小学生活的方方面面，照片中的人物形象几乎涉及到在我们班学习生活过的每一个人。这些史料串起了时光岁月，立体地呈现了我们小学生活的基本轮廓。

大家为写纪念稿也都尽了最大的努力。不少同学离校后几十年，很少再提笔，写回忆文章颇有难度。尽管这样，但大家最终还是克服了工作多、事情多、要带孩子、提笔困难等不便，拿出了文稿。在文稿征集中，张年宝、赵巧英、高文英是我们同学中最早交稿的，前不久刚联系上的同学宗粉娣、黄宝凤、陈普海，也都把写稿当作他们手头最重要的事情来办，短短几天就完成了；还有些刚联系上的同学，虽没能写稿，但都提供了自己近年来的照片，也为本书的编写出了力。

本书的编撰工作是同学们本着会者

傅铎老师在七号桥小学校门口的留影（1977 年）

七号桥小学六四届（5）班
编著《师生缘》封面

担纲、能者多劳的原则，依靠自己的力量完成的。鉴于收集的史料是反映我们50年前小学生活的，回忆文章中反映出了我们浓浓的师生情，因此我们将此书定性为纪念册，并为它起名为《师生缘》。

我们的编辑工作还得到了不少小学任课老师的关心和支持。曾经教我们书法的顾毓麟老师为纪念册挥毫题写了书名《师生缘》；曾经教我们体育的张建民老师特地为我们篆刻了一枚印章"师生情深"，曾经教我们历史的原少先队大队辅导员季宗华老师和我们兄弟班（1）班的班主任王荷玉老师得知我们编纪念册，也都亲笔撰写了纪念文章；老校长纪文虎虽然没有为我们授过课，但他从傅老师处得知我们编撰此书，极为关心，不仅为我们的编撰工作提建议，还亲手为纪念册题词。这一切都让我们感动不已，深深感受到其中的师生情谊。

这本纪念册中的文章、照片和资料也许都不是高水平的，编排上可能还有可以改进的地方，但它们所蕴含情感很真挚。一册在手，其中的师生情缘沉甸甸的。

七号桥小学六四届（5）班《师生缘》纪念册编撰组

2014 年 10 月 3 日

二、班主任老师傅铎写的《使我感动的师生情》

在我的一生中，最难忘而使我感动的是七号桥小学六四届（5）班的学生。这班学生从一年级到三年级上学期是在蔡家宅天主堂边的"分校"上课的。

分校的房产（三间教室和一间办公室连天井）原属于蔡家宅天主堂的私立尚义小学校的。1954年国家接办私立学校。它由当时的"正心小学"接办，称为"正心小学"分校，负责人是总校派来的李烈老师。我是1955年由总校调到分校担任低年级班主任工作的。

1956 年，"正心小学"改名为"七号桥小学"，分校改名为"七号桥小学分校"。这时，李烈老师被调回总校，分校负责人由我兼任。分校的教室面积小而且光线不足，操场是利用教堂前的一条水泥路及两边的空地。三间教室和办公室之间有一个小天井，同学们利用了这个小天井饲养兔子，作为课余劳动内容。这在总校和同年级中都是没有的。同学们学习都很自觉，进步很快，小学毕业后全部考入了中学。

六四届（5）班的学生分布在七号桥东的胜利镇、蔡家宅、黄家宅等地区，1958年8月由我负责招进来的。1960年，总校的北大楼建成，"分校"师生全部迁到了"总校"上课。当时由于学生多而教室有限，所以一般都是两个班级一间教室，分上下午上课。不上课的半天，就在设在学生家里的"课外学习小组"学习，老师也要到"课外学习小组"进行辅导。

这个班学生的家长大部分是劳动人民，他们对我的工作都非常支持，特别是几个"课外学习小组"所在地的家长，他们不嫌儿童吵闹，把自己家中有限的地方让出来给学生学习。有一次，丁宝根同学在"学习小组"学习时，偷偷爬上小阁楼并从上面跳下来，结果一只手臂受伤，最后因伤处癌变去世；有次去杨浦公园春游时，沈寅生同学在划船后上岸时不小心滑跌入河中。事后，这两位同学的家长都没有向我和学校提出什么意见和特别的要求，只怪自己的孩子太顽皮。

我们（5）班的同学彼此之间都能做到团结友爱。那次春游时，见到沈寅生同学不慎跌入水中时，大家都奋不顾身地把他拉上岸。虞金龙同学见沈寅生浑身是水，裤子全湿了。就不顾自己寒冷，脱下外面的裤子给沈寅生穿，其他同学也看样借衣服给他穿。同学们不仅在学校时互相友爱，参加工作后还是互相关心。有一次，王丰云同学家中发生火灾，大部分房屋被烧毁。当时朱翠翠同学在居委工作，知道同学家遭遇困难，就动员居民们募捐，自己也带头募捐，帮助老同学解决困难。

记得他们读三年级时，上海市第三师范学校的郭金花、孙巧媛两位学生到我们班来实习。同学们对两位新老师很亲热，不仅向她们学习知识，还学习她们的卫生习惯：几个女生都在衣服上佩上了小手帕。在新老师实习结束的临别欢送会上，同学们都依依不舍，最后大家都哭了。同学们对我的感情也真使我感动、难忘。在分校时，我为同学们拍了一些照片，为此，有四位女同学特地去照相馆拍了照片送给我。同学们进了中学以后，还经常来看望我。1965年10月1日，蔡宝珠、朱翠翠、季根娣、张存娣、虞金凤、吕文娟、黄惠丽、徐桂兰、王小毛九位同学来我家探望，还买了礼物送给我。同学们参加工作以后，出自对昔日校园生活的眷恋、对老师培育的感激、对同学真挚情谊的怀念，每年都要和我相聚。有的同学住在郊区甚至远在北京，都会为了探望我而与同学相聚于我家。作为教师，能拥有一份不老的师生情谊是多么幸福！我感激你们，由于你们如此尊师敬老，我才拥有了如此丰富多彩、温馨甘甜的晚年生活，

（傅铎写于2013年11月6日，时年90岁）

东沟中学概况

从东陆路沿兴运路折北不远，右侧便是东沟中学了。学校大门处写的门牌号是东波路 268 号。

东沟中学原址在东沟镇东沟路 78 号。1957 年秋，由原高行中学总校易名为东沟中学。高行中学创办于民国 36 年（1947 年），由邑人孙璞君等发起捐办，原名上海市高行农业职业学校，首任校长周增英，聘用教职员工 8 人。第一届招初级农业两个班，学生 84 人，1947 年 9 月开学。次年秋，新校舍落成，招初级农业新生 2 个班，共 4 个班，学生 161 人，教职员工增至 17 人。

解放初期，高行农校设在东沟的校部称为总校，设在高行的校部为分校。1950 年秋，招高级农业 2 个班，先设园艺科，后设农林、畜牧两科，并停招初中农业班，改招初中普通班 2 个班。高农班和初农班在总校，学校改称高级农业学校，初中普通班设在分校。1952 年，学校新建校舍，初中招 6 个班，初高农 5 个班，共有 11 个班，学生 522 人，教职工 26。1953 年 7 月，高行农业职业学校撤销，学生按专业并入苏州、南通、句容农校，改办上海市高行中学。东沟校部为上海市高行中学总部，高行校部为上海市高行中学分校。1956 年秋，高中两个班，初中 15 个班，学生 706 人，教职员工共 63 人。1957 年秋，学校规模不断扩大，为了便于学校行政管理，经市教育局批准，该校一分为二，高行中学总校易名为上海市东沟中学。

1980 年秋，东沟中学增设两个幼师班，此时全校初中 8 个班、高中 4 个班，幼师 2 个班，计 662 人。1981 年秋，停招高中班，改招幼师生 4 个班，原有高二年级 2 个班学生划入高行中学就读，仅有初中 8 个班、幼师 4 班，共 580 人。1982 年，因创办上海市第二幼儿师范学校的需要，原校区归第二幼儿师范使用，东沟中学另建五层教学楼一幢为校舍，并改为初级中学，计 8 个班，学生 380 人。

1958—1965 年，该校女子篮球队连续八年获市郊县的冠军，在田径等项目上亦取得优良成绩。1983 年来，开展第二课堂教育，各学科逐步开展课外活动，在此基础上成立学科兴趣小组，同年开办缝纫裁剪职业班。

1985 年，学校房屋面积为 2985 平方米，其中教室 12 间，计 574 平方米；操场面积为 900 平方米。学校图书室藏书 35680 册，订报纸杂志 240 种，计 308 份。全校共 11 个班级，初中 10 班，职业班 1 个班，学生 459 人，教职员工 76 人。

东沟中学历年毕业生入市、区重点高中和重点中专的比例为新区同类学校之首。2002 年全校有班级 11 个、学生 433 人；教职工 57 人，其中高级职称 3 人、中级职称 22 人、初级职称 14 人。是年，毕业生 192 人。2005 年，学校迁至东波路 268 号。

如今的东沟中学校门场景

沪东新村街道文化建设历史掠影

——从 7 平方小屋办图书馆看街道文化设施建设的不凡历程

沪东新村街道是具有悠久历史文化传承的老街道，其成建制历史可追溯到五十多年前的 1960 年代初期。1961 年 2 月，成立不到 3 年的浦东县建制撤销，上海市政府在浦东沿江地区成立了"浦东街道"，后改称"沪东街道"，明确由杨浦区管辖。1987 年改称"杨浦区歇浦路街道"，辖域从东沟往西直到荣成路，长 8.5 公里，宽 0.3—1.5 公里，面积 7.03 平方公里。之后，城郊相交的局面一直延续到浦东新区成立。在这三十多年的历史阶段中，沪东街道十分重视社区文化设施的开拓与建设，图书馆、文化中心，包括组织架构和文化设施大都在这段时间内组建、发展，成为现今沪东新村街道历史文化资源的丰富内容。

一、街道图书馆建设

街道最早的图书馆成立于 1962 年 3 月，原名"沪东街道图书馆"，馆址在歇浦路 275 号。1980 年 8 月 20 日，在上川路设立分馆正式对外开放，面积 7 平方米，功能也只是外借图书，但很受社区居民，尤其是街道东片群众的欢迎。1983 年 6 月，在街道图书馆内开设了少儿图书馆。1987 年，上川路分馆迁到浦东大道 1615 弄凌联新村 11 号 2 楼，室内面积约 49 平方米。1989 年 1 月 13 日，沪东街道图书馆也迁到了凌联新村，与先前迁入的上川分馆合并，总面积扩大至 89 平方米。馆内设有开架阅览、一般借书、快借图书和少儿借书窗口等。阅览室设有座位 40 个，配备专职工作人员 5 名。藏书 11342 册，连环画 1405 册，各类报纸杂志 100 余种。图书馆管理体制纳入杨浦区公共图书馆范畴，使用杨浦区公共图书馆通用借书证。阅读对象为本地区的工人、学生、军人、离退休职工等，每天接待读者约 90 人次。

二、街道文化中心站建设

街道文化中心站始建时间也是 1962 年，开始时借用贾家角 3 间面积约 200 平方米的房屋作为站址。文化中心配有工作人员 2 名，隶属于街道文教组，业务上受杨浦区文化馆领导。

1963 年 3 月，文化站组建了一支 12 人组成的小型文艺团队，简称"沪东街道艺术团"，分为歌咏组、文艺组、创作组，另有群众故事员参与其中。演出的节目大多短小精悍，多为自编、自导、自演的节目。不久，又在沪东新村地区成立了妇女合唱队，并先后 6 次参加街道和杨浦区的歌咏比赛。1965 年 10 月，街道妇女合唱队荣获杨浦区"国庆歌咏比赛"的第一名，被选拔代表杨浦参加 11 月 23 日举行的上海市群众歌咏比赛。

街道艺术团成立后，配合当时的中心运动作了大量的工作，结合社会主义教育运动、支边支疆运动、人口普查等进行演出，宣传党的方针政策，至 1966 年"文革"前共演出 400 余场，观众达 3 万人次。

"文革"期间，街道文化站活动被迫停止，直到十一届三中全会以后才逐步恢复。1979 年 3 月，成立了一支以在职工人为主，吸收部分青年团员、事业组成员、里弄干部、退休工人等组成的文艺宣传队，一年中演出 10 余场，观众达 8000 人次。1981 年上半年，街道青年合唱队和街道老年合唱队分别参加杨浦区歌咏比赛，老年合唱队荣获优秀演出奖。

1984 年，成立街道文化中心站，地址在歆浦路蔡家宅 71 号原蔡家天主堂。杨浦区政府先后拨款 3.9 万元，为街道文化站整修房屋、购置设备。12 月，街道文化中心站宣告成立，1985 年元旦正式对外开放。街道蔡家宅文化中心站面积 270 平方米，有一个 120 平方米的小礼堂，设座位 150 个，平时每天放 2 场录像。另辟有活动室 2 间 70 平方米，配备中型桌球台 2 个。文化站内还设有老年活动室、少年活动室和图书室等。

1986 年，街道党工委根据社区工作特点，结合沪东地区群众文化生活的实际需求，把加强文化中心站建设列入重要议事日程，提出了文化中心站工作要"面向里弄、面向基层"的指导思想。围绕党的中心工作，组织举办社区街道精神文明建设成果文艺会演、纳凉晚会共 16 场，举办地区中小学十月歌舞会专场。1987 年，进一步完善社区群众文艺工作"走向社会、走向工厂、走向部队、走向学校"的"四向方针"，通过横向联系，动员社区资源，举办了沪东地区群众文艺会

沪东新村 76 号曾是街道社区学校和
文化中心所在地

演，成立街道老年养花协会，举办地区首届花卉盆景展览会。

街道文化中心站组织成立的、比较有影响的文艺团队共三个：一是 1986 年成立老年歌咏队，有队员 50 余人，每周活动 1 次；二是街道京剧队，有成员数 10 人，每周活动也是 1 次；三是由 12 名队员组成的街道沪剧队。这些文艺团队经常配合街道中心工作上街开展文艺宣传，为活跃社区群众的业余文化生活发挥积极作用。

1988 年 7 月，街道又在凌联新村增设了 300 平方米的文化站分站。

三、街道群众文化工作委员会

1987 年 7 月 27 日，在街道办事处的牵头下，"街道群众文化工作委员会"在沪东造船厂大礼堂正式宣布成立，参加单位有 34 个，个人委员 12 人。街道群众文化工作委员会属第三级群众文化工作协调机构，下设文艺组、体育组、宣传组。到 1989 年 7 月共开展文娱会演 17 次，纳凉晚会 21 场，体育活动 11 次，上街宣传 15 次，黑板报评比 10 次，出画廊 15 期，各种培训班 6 期，美术、摄影、书法、工艺品展评会 1 次，会标征集 1 次，外出活动 1 次，联谊会、商讨会、工作研究总结会多次。活动对象的选择，既考虑到地区性，又考虑到行业性；有里弄里的老年人，也有幼儿园里的小朋友，还有地区残疾人；主要活动有地区性的文艺演出、部队的篮球赛、老年拳操赛、小朋友讲故事、残疾人运动会等。

四、文化设施建设

沪东厂电影院曾是街道具有相当影响的文化设施，位于沪东新村，原为沪东造船厂大礼堂。1958 年建造，钢架砖木结构，屋顶为刨花板平顶。建筑面积 1700 平方米。其中大厅 1200 平方米，休息厅为 290 平方米，其余为化妆间、放映间、办公室、仓库和厕所。1982 年夏季改造，按规范化要求重新布置。楼下大厅内设座位 1399 个，楼上座位 442 个。除放映电影外，平时工厂召开大型会议或开展文艺活动演出。舞台主台宽 24 米，深 12 米、高 14 米，设有四道幕布，配有灯光、音响等专用设备，并配有控制台，可用电量为 6 万千瓦，消防设备完善。观众来自本厂职工及家属、附近居民、郊区农民、驻军、外来民工。流动观众较少，也有单位和学校组织包场。每月观众约为 25000 人次。因没有空调设备，高温天气歇业。平时确保天天有电影。电影院业务直属上海市文化局电影放映公司领导，组织上隶属沪东造船厂工会领导，有专职人员 10 人，业余人员 10 人。

1993 年以后，街道的名称和地域范围都发生了很大的变化。许多原有的文化设施也随之划出，但究其脉络渊源，仍为沪东新村街道历史沿革过程中不可分割的组成部分，是沪东人值得引以自豪的宝贵历史文化遗产。

1997 年 12 月 18 日，在沪东新村 76 号举行文化中心开业典礼。2004 年 10 月，柳埠路135弄内街道社区文化中心建成对外开放。2014年，博兴路200号文化中心分中心建成开放。

当年的沪东厂大礼堂外景

沪东新村街道社区文化中心外景

六、道路桥梁水陆交通

沪东的道路

现今的沪东街道地区，共有市政命名道路 18 条。张扬北路、莱阳路、浦东大道、浦东北路、东波路、东陆路、利津路、五莲路、博兴路、金桥路、长岛路、兰城路、柳埠路、寿光路、沪东路、兴运路、嘴角路、角断路。这些道路中，途经道路有：浦东大道、张扬北路；起端在街道区域的有：金桥路、莱阳路、五莲路、博兴路、柳埠路、利津路、长岛路、东陆路、浦东北路；道路的起始和终端都在街道区域范围内的有：东波路、兰城路、寿光路、沪东路、兴运路、嘴角路、角断路。

沪东道路名中的山东情结

沪东街道的道路大多是在浦东开发开放后才修筑的。其中柳埠路、寿光路、五莲路、长岛路、利津路、博兴路、莱阳路七条道路是用山东地名命名的。用山东地名来命名浦东的道路，据说有两个原因：一是地域相当的缘故，浦东之于上海，刚好相当于山东在中国版图的方位，用地域相当的地名来命名路名，是确定路名时常用的方法。改革开放后，新建道路大量出现时，仍沿用了这样的取名方法。还有一个原因是为了纪念山东人民对浦东作出的贡献。解放上海时，浦东的战事，尤其是在打高桥的时候，牺牲了许多山东籍的解放军战士，所以在命名浦东道路时采用山东地名，如栖霞路、即墨路、荣成路、寿光路、五莲路、莱阳路等。这些地名在山东当地，有的是县级市，有的是县地区名，被用作浦东的路名后，出现的频率大大提高，知名度也随之大为提升。

一、沪东历史上曾经有过的道路

作为地表建筑的道路，具有时间性。今天还没有，或许过几天就出现了。同样道理，许多过去曾经有过的道路，如今许多都已经消失。但这并不影响我们寻访过去，探究历史，了解知晓这些道路的来龙去脉。

东渡路：南北走向，为通往浦江东渡口的路，历史上曾多次随东渡口的东移而东移。东渡口原在离庆宁寺约一里多路途、近居家桥的黄浦江边。1900 年前后美孚建造火油池时，把东渡口挤到了美孚东侧围墙边上，这里便有了一条南北走向、通往黄浦江边的东渡路，大致位置在今浦东大道 2639 弄 11 号和 22 号楼的西侧边。到了 1911 年，由于美孚的再次蚕食东扩，东渡口被挤到了庆宁寺寺西河边上，塘工善后局重修了东渡路，位置在今金桥路浦东大道邮局西侧。

1921 年，东渡口再次被东挤，已经到了庆宁寺东侧，此时通往渡口的东渡路实际上已是庆宁寺干路的延长段，在与后来上川路重叠的位置了。

高庙邮局西侧的道路，当年可往北一直通到江边渡口，也曾称为东渡路

道堂路：东西走向，1905 年移筑护塘时、沿寺前浜北岸修筑，兼有道路功能。后经数次改道修筑，1920 年命名为道堂路。路自高庙庆宁寺到寺前浜自然村，全长 350 米。现仅剩不足 50 米长一段，路牌尚存。

寺前浜路：寺前浜原为庆宁寺前的一条河浜，东边与西沟连通，河边有路，名寺前浜路，是从西沟往西通向居家桥方向的官道。寺前浜路后来被上川路隔成两段，西段称道堂路，东段称嘴角路。

寺前支路：1919 年辟筑，南北走向，地点在庆宁寺西侧。当年是通过寺前浜西香花桥连接两岸的道路。

庆宁寺干路：南北走向，1919 年辟筑，为通往庆宁寺的主要干道。位置与后来的上川路重叠。那时的上川路还没有修筑，是那个时期通向庆宁寺的主干道。庆宁寺路的名称一直保留到解放以后还在使用，直到 1966 年 1 月 1 日，浦东庆宁寺路才更名为上川路。

庆宁寺支路：历史上的庆宁寺，东山门是向着马家浜方向的，遗迹在今金桥路 94 弄。从这里向东到马家浜，曾经是沪东厂边门到上川路的通道，即是当年的庆宁寺支路。

苗圃港路：路和港同时形成，地点在东浦第一村南，即津桥角村一带，今伟锦小区内。初为土路，后经过多次修筑，长 17.8 丈（50 多米）。该路是在数百年前上海县立苗圃建立以后，疏浚河道时形成的道路。塘工局董朱日宣曾在《上海苗圃成立记》中写道："为了苗圃的发展，需要浚沟一道，以通潮流约七十丈，即后来的苗圃港。"苗圃港路即为苗圃港侧旁的道路。

苗圃路：在上海县立苗圃旁，东沟大将浦南侧。在塘工善后局所留档案中，1918 年、1920 年、1922 年都有过修筑苗圃路的记录。关于苗圃路，人们往往想到洋泾的苗圃路，其实洋泾苗圃路是在 1953 年有了洋泾苗圃后才辟建的，塘工局所提及的苗圃路、苗圃港路，都在东沟琵琶湾一带，即今赵家沟、曹家沟的两岸地区，只是这些道路如今都已不存在了。

培朝路：1920 年塘工善后局修筑，在老钱桥镇，今东陆路张杨路、浦兴文化公园附近。

倪家浜路：1920 年塘工善后局修筑。倪家浜，在今璞真苑小区北门、张杨路东陆路附近。

上川小区内尚存的嘴角路与角断路，都曾是上川地区两条历史老路，因小区已整体动迁，不久也将不复存在。

嘴角路：始筑于 1911 年，当年是寺前浜路的组成部分。1938 年扩建重筑，西起上川路，东到马家浜，长 249 米。后又经多次翻筑，车行道宽 7—8 米，灌入式沥青路面和沥青混凝土路面，路名因马家浜弯曲成嘴角而得名。

角断路：沪东街道有路名道路中最小最短的一条路。从浦东大道向北，过东香花桥到嘴角路止，全长 70 米，路宽仅 3 米。关于角断路名称的来历，有两种说法，一是说这里原有"角断寺"，故名。有些官方的书刊也取这个观点，如《杨浦区地名志》就是这样阐述的。但当地上点年纪的老居民都没听说过有"角断寺"这个名称。这里原本有庆宁寺，很可能是庆宁寺曾在这里建过的钟楼断了翘檐，别称"角断寺"？这样的说法有一定的道理，只是现在已难以考证。另一种说法是因路筑到嘴角路就断了的缘故。角断路与嘴角路同筑于 1938 年，两条路走向交叉，组成了一个"T"字形，故将断头路称为"角断路"。

二、几经波折终得正名的沪东路

1953 年，沪东造船厂建造了沪东新村后，出现了几条工厂连接新村间的便道，其中有一条道路从沪东新村出来，经西沟镇后到达沪东厂大门。这条路修得比较宽，无论行走还是骑车，都比较方便，人们习惯把这条路称为"沪东路"。

沪东路原先属小区街坊路，向南通往沪二小区，向东通向沪一和沪新小区，就基本到头了。兰城路辟通后，居民要求把沪东路与兰城路接通，以方便通行。1995 年，人大代表李作玉多次上书市地名办反映情况，要求把沪东路列为社会市政道路。后经市地名办实地审核，批文同意。但走向为折东接连五莲路，没有向南与兰城路连接。现在的

整洁宽敞的沪东路
（摄于 2022 年）

沪东路实行单向运行，车辆只能从五莲路进入，不能从莱阳路拐入沪东路。

三、张杨北路——社区内最长最宽的道路

张杨北路，路幅宽达六十米，路面平整，双向六车道，中间行驶轨交，域内道路长 3500 米，是沪东社区道路中最长最宽的一条高等级道路。

张杨北路是张杨路向北拓展的延伸段。张杨路的历史可一直追溯到 20 世纪初。1917 年，张家楼教堂为方便浦江两岸教友前来做弥撒，特地修筑了一条从张家楼到杨家渡渡口的弹格路，称为张杨路。解放后，因该路弯曲狭窄，不能适应市政需求，政府就在紧挨张杨路傍，取其部分路段，新修了一条张杨路，老路则称作"老张扬路"。以后，随着浦东的建设发展，老张扬路也逐步湮灭，仅存的一段改名为钱家巷路。

1994 年，浦东实施"五路一桥"工程，其中就包括对张扬路的改造。规划从浦东南路到上川路（现改名为金桥路）设计路宽 11.25—14.25 米，两侧人行道各宽 8.75 米，中间预留分隔带宽 20 米，1995 年完工。以后，随着浦东开发的需要，张扬路又向北延伸至东沟，这段路起初叫"浦兴路"，后才改名称"张扬北路"，且一直向北通到了高桥地区。

四、浦东大道——浦东沿江第一条交通干道

第一次鸦片战争后，上海成为对外开放的通商口岸。当时并不属于租界范围的浦东沿江地区，也成了殖民资本扩张、吞噬、争夺的重点。一时间，码头、仓栈、工厂、企业不断涌现，密布沿江岸线。大量从业人口沿江边集聚而居，沿江地区因此成为浦东最早整片城市化发展的区域。然而这一带的市政建设则相当落后，直到 19 世纪末，都没有一条正规像样的道路，仅有的数条民间集资修建的土路便道，宽不过数米，沿浦江护塘蜿蜒而行。

1930 年，上海特别市政府第一百六十次市政会议通过规划，决定在浦东沿江修筑道路：南起上南铁路，向北经白莲泾、南码头至陆家嘴后折向东，经其昌栈、洋泾港、高庙镇，偏北经东沟镇至高桥大同路止，全长约 50 公里，设计路宽 30 米，煤屑路面，取名浦东路。

1930 年 12 月，浦东路路基开始修筑。后因路线过长，工务部决定分三段修筑，并对原定路名作了修改："查浦东路路线过长，关于编订门牌及邮件投递均感困难。兹经本局决定，分为三段，一自周家渡起至浦滨止，定名为浦东南路；二自陆家嘴路起至庆宁寺上川路止，仍定名为浦东路；三自上川路到高桥大同路，定名为浦东北路。"

1930 年 12 月 2 日，在俞家庙工地开工时，根据实际条件，重新决定将路宽从

30 米改为 10 米。1931 年 8 月路基工程完成。1932 年受"1.28"淞沪抗战的影响而停工，1933 年 2 月复工。1935 年 10 月，浦东南路、浦东路和原属浦东北路段的上川路至东沟港一段完工。沿线共建桥梁 9 座，分别横跨"白莲泾、黄家浜、张家浜、俞浜、上海浦、扛鱼浦（咸塘浜）、洋泾、西沟、东沟"。桥以序号命名，编到西沟港马家浜桥为八号桥，东沟港桥为九号桥，这些桥名至今仍在沿用。另外，在浦东路竣工时，自陆家嘴往东，连同上川路至东沟港一段一起称为"浦东大道"。浦东北路直至 1944 年 6 月才竣工，后改名为东塘路。

1948 年 7 月，距离上南路 800 米处至东昌路一段长 3.1 公里路面改筑弹格石路面，原 2 米宽的人行道改为 1.5 米宽，0.5 米深的明沟。1950 年，采用以工代赈全面整修，铺设泥结碎石和弹格石两种路面。1951 年，杨家宅（今东昌路附近）至西沟一段扩宽为 15 米。1953 年 5 月，在杨家宅至洋泾港 7 号桥之间铺浇柏油路。1958 年，其昌栈至源深路、歇浦路至海军部队两段再各拓宽 5 米。1970 年全线建成沥青混凝土路面。1987 年拓宽路面，动迁居民约 500 户。1990 年 6 月，再次拓宽道路至 40 米，形成 4 快 2 慢 6 车道，铺浇水泥混凝土路面。

2002 年上海申博成功，不久，就出台了新的浦东大道改造方案，规划建设三层立体交通模式，即除地面道路外，地下再建两层道路，一层跑汽车，一层开地铁。目的是将浦东大道改建成上海中心城区一条重要的"东西通道"。

浦东大道的改造设计是建造地下和地面 2 层道路。其中地下道路全长 6.1 公里，起点接延安路隧道东出口（银城西路），终点位于浦东大道龙居路口。地下道路采用双向 4 车道规模的汽车专用道路，道路性质为城市主干路，设计车速 50 公里/时。地面道路长 7.8 公里，沿浦东大道向东延伸至金桥路。建成后，龙居路以西拓宽为双向 6 车道，龙居路至金桥路拓宽为双向 8 车道。

浦东大道改造方案很快就正式开工实施。由于种种原因，没能在世博会开幕时完工，但既定的改造方案没有改变。2016 年，规划中的轨道交通 14 号线全线开工。2020 年底，浦东大道地面道路陶安路至浦东南路恢复通车。2021 年 12 月 20 日，德平路以东双向六车道建成通车。2021 年 12 月 30 日，轨

浦东大道双向六车道路景况
（摄于 2022 年）

交 14 号线全线建成通车。2022 年 12 月 20 日，浦东大道地下隧道建成通车。

五、上川路——上海近代史上第一条民营股份制铁路

上川路，又名上川公路，街道境内现名金桥路。上川路原是上海至川沙的县道，其前身为上川铁路。上川铁路是上海近代历史上第一条民营集资股份制铁路。

1922 年 2 月 8 日，上川县道开工，1925 年 10 月，高庙至龚家路口工程先期建成通车。第二年 1 月，继续修建龚路至川沙路段，7 月 10 日通车，全长 21.15 公里。1934 年 11 月，铁路由川沙向东延伸至钦公塘，1936 年 3 月，向南展筑至南汇祝桥镇，全长 35.5 公里。

1965 年 9 月，川沙至江镇路轨被拆除；1975 年 12 月，铁路全线拆除，路基改建上川公路。

改建后的上川公路，南至川沙县城瞿家港与川黄路相接，全长 22.33 公里。1994 年，高庙庆宁寺至杨高路的沥青路面改为白色水泥路面，并在 1996 年改名为"金桥路"。1999 年，把向南延伸至龙东大道的路段也改名称为"金桥路"，将杨高路金桥路立交南侧东西方向、向西至红枫路、向东至金穗路的路段命名为"新金桥路"。金穗路通往曹路方向的路段仍称为"上川路"。

沪东境域桥梁说

江南自古多水乡，毗邻浦江的沪东街道地区，从前更是水网交错浜河遍及。"有河就有桥"，架在这些河浜上大大小小的桥梁曾不计其数。虽然这些桥梁大多都已随着河流的消失而不复存在，但在人们的记忆中或文献的记载里，仍然能够听到看到有关这些桥梁的故事。

一、部分历史老桥简介

老寺桥：历史老桥，与寺前浜路连接横跨西沟马家浜，当年连通西沟马家浜两岸的交通要道。1935 年八号桥建成，老寺桥功能减弱。1938 年底，马勒厂搬到了浦东，老寺桥东块的部分地区成了马勒厂的地盘。经马勒厂翻修，成为马勒厂连接高庙地区的通道。

东西香花桥：历史老桥，原在庆宁寺前的寺前浜上，上川路东西两侧各有一座。东香花桥与角断路相连，西香花桥与寺前浜支路连接。桥为石板所建，刻有"香花桥"字样。如今浜和桥都已无存，只留下了桥的遗址和老居民脑海中日渐消逝的印象而已。

东香花桥遗址，曾是角断路连接寺前浜的通道

南石桥：历史老桥，因在庆宁寺南边，用石板建造，故名"南石桥"。上川路的前身原是条河流，南石桥东西向横跨此河，是连接东西两片村落的通道。东南石桥包括沪东街道陈家宅小区一带，西南石桥为金杨街道部分地区。如今沪东街道一侧已建成住宅区，地名也不再使用。

马家巷石桥：马家巷村在今博兴路以西、兰城路以北一带，南与钱家湾自然村相邻，明末即已成宅。马姓先祖以开木行为业，宅分两墥，中间有路称"巷"，将宅村分为前巷、后巷。村庄四周皆有河浜环绕，称壕沥沟，可直通马家浜，既便利运输，又方便安全。进村的壕沟上建有石桥，桥上刻有瑞兽，俗称"马家石桥"。1970

年代初沪东新村扩建时，河被填没，桥石亦不知所踪。

黑木桥：南北向横跨荻柴浜，1925年辟筑上川铁路时建造，因铺设铁路的枕木被漆成黑色，故名"黑木桥"。荻柴浜一度曾是沪东街道与川沙县的界河，距离浦东大道不远，约为几百米的路程，可在当年却很偏僻，没有路灯，一到晚上常一片漆黑，很少有人行走。据传在旧社会，这里还曾发生过"背娘舅"，也就是有命案的抢劫案件。

1977年，上川铁路改建上川公路，老桥被拆除。荻柴浜在疏浚时往北移了一段路，所以，新建的黑木桥是在老桥址北面约百米的地方。桥长31.6米，宽10.8米，梁底标高6.06米。

金桥路上的荻柴浜桥

1982年和1992年两次拓宽上川路（现名金桥路）以及2010年修建中环线军工路越江隧道时，都对该桥进行过整修改建。并将该桥命名为"荻柴浜桥"。

二、西沟马家浜上的桥

沪东厂马家浜桥：马家浜又称"西沟港"，原与南跄浦相通，其历史比黄浦江还要早。马家浜自浦口到浦东大道一段在沪东厂区范围内，当年为方便工人上下班，在近浦口处修建了一座铁木桥，过桥出厂门即是上川居委的丁家宅，再向前转出来便是高庙摆渡口了。2001年4月，沪东中华造船集团有限公司成立，在马家浜西岸造了东华科技大楼，沪东厂又造了一座拱形铁桥，方便两边人员及车辆的往来。

浦东大道八号桥：1935年与浦东大道同时建成，以路名加序号命名。日伪时期，此桥由日本海军士兵看守，一度被称为"海军桥"。八号桥在1956年和1986年两次改建，以后又经过了多次翻建，其规模和材质都有所扩大和提高。

船校马家浜桥：从八号桥往南不远的马家浜两边，曾是原上海船舶学校所在地。当年船校的校园在马家浜

沪东厂马家浜桥，是连接东西厂区的通道

1950 年代初期的八号桥

西侧、教工宿舍建在马家浜东岸，为方便教职员工出入，学校在马家浜上建造了一座简易铁木桥，供行人和自行车通行，只对学校员工开放。

西沟水闸桥：1967 年，在原船校马家浜桥不远处建起了一座单孔钢筋混凝土水闸，宽 8 米，高六米，提升式钢闸门。同时建有工作桥，长 22 米，宽 3 米，水泥预制板桥面，钢管栏杆，供两岸行人往来使用。水闸建起后，船校里的马家浜桥便拆除了。

新木桥：横跨马家浜的历史老桥，原址在今金桥花苑一带。新木桥的存在起码有 150 多年的历史，清咸丰十年，（1860 年），上海县推行地方自治，设团练局，局下分路，陆行乡局隶上海县东路，下设李家宅、新木桥、永宁桥、杨家弄、陆家行为市（新木桥、杨家弄在今沪东地区）。新木桥之前还有老木桥，可见这里有桥的历史相当久远。以后一度繁荣的新木桥集市演化为地名，称"新桥"，先后有过新桥村、新桥大队的称谓，1980 年，新桥大队改称"沪新大队"。

张杨北路西沟港桥：张杨北路横跨马家浜的桥。张杨北路原先叫作"浦兴路"，因此，该桥一度称为"浦兴路桥"，1994 年建造。张杨北路单向 4 条车道，中间行驶轨交 6 号线，所以该桥实际是由两座桥并列组成，加上两旁的自行车道和人行道，桥宽达 40 米。南边的引桥延伸至金桥路，北边引桥一直要到长岛路。

马家浜水闸桥

三、东沟港上的桥

东沟港，旧称大将浦。自浦江口朝里，不远处便水分两路，一路奔东，称赵家沟，一路朝南，叫曹家沟（也称都台浦），两条水路的分水口离张杨路不远，就在张杨北路的东侧旁。

历史上的东沟紧接漊河潭，汇集了来自曹家沟、赵家沟、孙家沟、杨家沟、卢

九郎沟等多条河流的来水，水文情况远
比现在要复杂得多。这一带过去是吴淞
江的下游，这些水道的形成，与吴淞江
淤塞萎缩有关，为吴淞江古道的遗存。
历史上的南跄浦水道，被距此不远的黄
浦江水道所淹没。

张杨北路桥：张杨路横跨东沟的
桥，1994 年筑张杨路时建造。结构与
张杨北路西沟港桥相似，由两座公路桥
和一座轨道桥并列组成，但跨度比西沟

张杨北路东沟大桥

港桥还要大。人行道由小方瓷砖铺设，两旁设有不锈钢栏杆，桥梁下有"张杨北路
桥"几个大字。这里的河道已近赵家沟，故又称赵家沟桥。

水门汀桥：历史老桥，原是东陆路横跨东沟港的桥，宣统元年（1909 年）由塘
工善后局在东陆路途经的东沟上建造的钢筋水泥桥，名旋河潭桥，俗称水门汀桥。
桥稍呈圆弧形的三孔桥，可通行小汽车。因使用当年很少见的水泥为材料建造（水
泥，英文名 Shuǐ mén tīng，读音：塞门汀），故名"水门汀桥"。（关于该桥的情况介
绍，详见"浦东第一桥"的传说）

水门汀桥是在张杨北路桥建成以后才拆除的，遗址就在新建张杨路桥的西侧旁，
今伟锦小区靠东沟港的地方，可见当年东陆路是穿过今伟锦小区往北越过东沟港的。

津桥：在水门汀桥未建以前，这里原来还有一座名叫"津桥"的木桥。津的本
意为渡口，津桥即为建在渡口的桥。后来被用作"津桥角"的地名沿用了下来，附
近的村落称为津桥角村，地方就在今伟锦小区近张杨北路一带。

浦东北路东沟大桥：在伟莱家园和汇佳苑小区之间，有一条自南通北的道路，
路名叫"浦东北路"。此路延伸越过东沟港的桥即为浦东北路东沟大桥。设计双向 6
车道，桥宽 30 米。只是过东波路的
引桥较低，大一点的客车、货车都无
法通过，只得绕道而行。

浦东大道九号桥：1948 年，在
东沟港口建起贯通南北交通的木质
大桥，系木结构的五孔大桥。后经
过多次拆建。1974 年东沟港湾改道，
建南北向三孔桥，长 93.8 米，宽 14
米，梁底标高 8.75 米。后又经数次
改造。如今的 9 号桥，宽度已达 30

浦东北路东沟大桥

米，桥柱跨度超过 80 米。行人和自行车上桥有台阶，有一边的台阶数多达 121 级。桥面密布照明灯，晚间灯盏齐亮，宛如巨龙盘旋，煞是好看。

横跨东沟的浦东大道九号桥

漫谈沪东水道名

沪东曾是布满河流的水乡，水道纵横交错，连接到每一个自然村落。各种水体自有各种不同的名称，大多为俗称，也有官方名称。"浜、沟、荡、潭、嘴、湾"，都是沪东水系中曾经有过的水体名称。后来，随着城镇化建设的不断进展，如今大多数浜河沟渠都已填没，除了东沟、西沟外，荻柴浜尚留有一段河道，伟锦社区内还有一条连通东沟的河流。

浜，沪东水系中使用最多的名称，一般多指较长的水道河流。

荻柴浜，曾是连接洋泾港、马家浜和东沟水系的河道，形成于明代，因浜中多生荻草，故名荻柴浜。西起洋泾港张杨路交汇处南侧，自洋泾港东流，入洋泾街道，过金杨街道，再东北流入沪东新村街道的马家浜。

荻柴浜河道长约 4 公里。解放后，曾 3 次大规模疏浚。1975 年由当时的川沙县水利部门在朱湾大队附近引水东流。现多段河道已被改造成暗河，也有河段被改造成了稀有难得的景观。历史上的荻柴浜越过马家浜后继续向东通向吕师沟、经漩河潭汇入东沟，现马家浜以东河道已填没。

马桥浜，东西向连接西沟马家浜和洋泾港的河道。西起西新塘，向东经居家桥、黄家宅、寺前浜、嘴角路注入西沟马家浜，全长 3 公里。河道开浚于明万历年间，上川路以西一段称寺前浜，河道上有东西香花桥、黄家木桥、居家桥等多座桥梁，两岸筑有堤岸，沿浜有路，为官道。现大部分河道已填没。原歇浦路浦东大道一带，曾沿用马桥浜地名，现已停用。

横南浜，今兰城路一带，自西沟马家浜往东，蜿蜒通向东沟方向，为荻柴浜河道的别称，现已无存。

顾家浜，原在张桥乡沪新大队，今东方丽景东陆路一带。河的东西两边都有名叫顾家宅的自然村，在东边的名叫东顾家宅，简称东顾，西边的顾家宅称西顾。

倪家荡，在今东陆路张杨路相交处附近，是一个圆形的水荡，东西两边都有倪姓村宅，荡以宅为名，称倪家荡。宅亦以荡为名，在荡东边的村宅称东倪家荡，荡西面的称西倪家荡。

周家浜，今东波路浦东大道一带。

因河道弯曲而形成的突出部位称作"嘴"或"嘴角"。沪东地区有此称谓的有：

寺前浜嘴角，简称"嘴角"，今上川居委地界，寺前浜与西沟交汇处，由两条河道相交形成的凸出部位，后衍生为地名。

津桥角，今伟锦小区东沟港边，有相交河道外凸，近有渡口，有桥，称"津桥角"。

窑浜角，在东沟浦口不远处，今东三小区近东沟河道的地方。

河道弯曲形成凹进或浦口分流弯进的地方，称为"湾"。如西沟入浦口，东沟入浦口，在没有水闸调节水量的过去，浦江支流的浦口处一般都会有一条或数条分岔的水道，以方便进港船只分流停泊，这个分岔的水道，有个俗成的名称，叫"摇船湾"。也就是说，不管在东沟、西沟，还是在黄浦江的其他支流，以前在浦江入口处都有个叫"摇船湾"的地方。摇船湾除了指弯进的河道，还常被当作地名使用。

西沟摇船湾，西沟浦口不远处，上川居委丁家宅一带。

东沟摇船湾，东沟浦口附近，在今东三小区近河道处。

庄家湾；东沟浦口处，历史上东沟截弯取直时，庄家湾河道被取直，名叫庄家湾的自然村到了东沟港的北侧。

钱家湾；在今兰城路、长岛路一带，马家浜河道弯曲处，有支流河道弯进东流。

沟：除了泛指河道以外，往往还带有人工疏浚的含义。

王家沟头：当年与船校四周的河浜相通，围绕高庙陈家宅村环流而过，不远处有王家花园。

濠沥沟：原张桥乡沪新大队马家巷村，四周有河浜包围作屏障，称"濠沥沟"，通马家浜，进村须经过石桥方得入内。

圆沟：原寺前浜村西面，居家桥东，今浦东大道双拥大厦附近，有一个圆形的大水塘，百姓俗称"圆沟头"。是1906年谢源深组织移筑四十三图护塘，民工取土时留下的遗迹。

从东西沟水道名中了解历史地理的变化

　　沪东水系是黄浦江水系的组成部分，沪东水体名称中隐藏有一些鲜为人知的历史故事。

　　黄浦江水系是因吴淞江水系的萎缩而发展壮大起来的，要了解黄浦江水系的情况，首先要知晓吴淞江水系的历史情况。吴淞江，曾是上海地区最大的泄洪水道，江水自西而来，向东而去。江岸两边分布有许多支流，浦塘纵横，总数达三十六条之多。支流两边还有支流，沟浜逶迤，密布大地，组成了四通八达、交错相通的水网。形状各异的水体，各有所名，大为江、次为浦塘、再次为沟浜，"纵浦横塘"格局的形成，与历史上太湖水利的治理有关，是五代吴越国大规模修筑圩田形成的渠网体系，核心内容是主张以通海主干水道为总纲，每隔"五里七里一纵浦，七里十里一横塘"。这样的格局理念一直延续了下来，这便是吴淞江水系中多有浦塘名称的原委。

　　明代以后，黄浦江替代吴淞江承担起太湖流域泄洪排涝的功能，成为流经上海地区最大的河流。黄浦江水系的形成是吴淞江水系衰没的结果，在此过程中，吴淞江水系原有的水体，有的淤涨成陆、渐次消亡；有的被其他水道吞没而不复存在，只有在史书的记载中，或许还能看到它们的名字；有的则继续生存了下来，并连同它们的名字一起，成了黄浦江水系的组成部分。

　　沪东新村街道东西两端各有一条黄浦江支流，东端的叫东沟，西边的叫西沟，这两条河流原来并不是黄浦江的支流，而是和南跄浦相交的水道，是南跄浦的支流。那么，这南跄浦是吴淞江的支流吗？

　　吴淞江曾是宽阔通畅的大江，至少在唐中期以前仍"可敌千浦"，吴淞江浦口两端相距宽达二三十里。后因水文地理的变化因素和人类社会生产活动的影响，使得吴淞江水道逐渐淤塞，淤积的程度尤以下游为甚。自唐到宋元，江中潮沙逐渐露出，不断淤涨扩大成高桥岛，把吴淞江出口水道分隔成南北两条，在江海潮汐的作用下，南边的水道一直是通达的，因其宽度远不如当年的吴淞江，故称之谓"南跄浦"。东西两沟则是相交于南跄浦的支流，其宽度又要小于南跄浦，故以沟称之，地理位置靠东的称为东沟。靠西的称为西沟。

东西两沟自成为黄浦江支流后，衍生出不少其他的名称：西沟港、西沟浦、马家浜；东沟港、东沟浦、大将浦。东沟往里约一里许，水分两路，向东的称赵家沟，朝南的叫曹家沟。天顺四年，抚臣崔恭以钦差身份主持上海、华亭两县民力疏浚曹家沟，乡民感其恩，以"都台浦"称之[注]。

注释：

注：崔恭，河北人，字克让，正统元年进士。天顺四年，都御史崔恭命华亭、上海两县知县延挖曹家沟至新场，长二万丈、广十四丈、深二丈。乡民感念"崔都台"之垂史功绩，称"都台浦"。

曹家沟与赵家沟分叉处，邻靠张杨北路桥东侧

再谈东沟和西沟

　　东沟和西沟，是整个浦东水系中占有重要地位的河道，曾经繁忙的航运孕育催生了河畔两岸的商贸集市；经济的发展，促进了沿河地区文化的繁荣；战略地位的重要，使东沟成为黄浦江防的第二道防线；外国势力的入侵，又在这里的浦江岸线留下过殖民经济的痕迹。

　　东沟，地处街道最北端，距离吴淞口约 10 多公里。因战略地位显要，曾沿江岸筑土围寨修筑炮台，史称"东沟炮台"，鸦片战争时，为黄浦江防的第二道防线。历史上的东沟河道蜿蜒曲迴，在离浦口不远处，形成了一个很大的漩湾，史称"漩河潭"，将东沟、赵家沟、曹家沟、卢九郎沟等汇集在一起。在没有水闸的过去，漩河潭能起到疏缓调节河流的重要作用。1973 年，东沟河上建了水闸，河道再次经过了截弯取直改造，使我们现在所看到状况与原先的河道情况有了很大的不同。近年来，随着内河航运建设发展的需要，东沟水闸被改造成为浦江支流上最大的水闸，通航能力可达千吨，古老的东沟港重新焕发出勃勃生机与活力。

　　东沟港畔的东沟镇历史悠久，明朝初期就已是商贾云集的集镇。明洪武二十九年（1396 年），朝廷在此地设置"南跄巡检司"，负责地区市镇的商贸活动和治安。东沟浦口还曾是浦东最早的官渡之一，明嘉靖二年（1523 年）由官府设立对江船渡。清宣统二年末，即 1910 年的 12 月初 5，公历 1911 年 1 月 5 日，谢源深、朱日宣领导的浦东塘工善后局，开辟了从东沟到外滩铜人码头的长途轮渡，大大方便了与上海县城的交通及联络。1933 年，美商中美火油公司（CATHAY OLL COMPANY）在东沟沿江租地建造油罐油池，输油设备上留有 MADE IN CHICAGO（芝加哥制造）的字样，成为外国殖民经济恣意侵略我们国家的历史见证。

　　西沟，又名马家浜，是一条南北走向的河道，浦口在上川路市轮渡码头边上。西沟在流经张杨路桥（金东桥）后一路向南，经金家桥、三桥、张江镇，连通张家浜、川杨河后又接横沔港，全长 11.8 公里，河宽约 30 米，能通行 50 吨以下的驳船，曾是浦东中部排涝灌溉、推动地区经济的重要航道。

　　西沟河畔有西沟镇，具体位置在今八号桥东侧，浦东大道南面，莱阳路近沪东路的道路两旁。过去，这里有条东西向的河流，通过堤坝上的潮洞与西沟相连，称

"潮洞坝"，后作为地名一直延用至今。

西沟镇的前身也称"杨家弄市"，因紧挨杨家弄村而得名。清同治《上海县志》记载，"县之东，旧载镇市凡八，今增者七"，其中就列有"杨家弄市"。解放后，作为行政区域，一度称为"西沟乡"，归属高桥区管辖，办公地点设在中沈家宅7号，1956年西沟乡撤并划归张桥乡。

西沟镇曾经是附近地区商业相对集中的地方，沿镇街两旁，棉布店、杂货店、饮食店、理发店、食品店、百货店、农具铺、烟纸店，还有合作供销社的下伸店，毗邻连接、次第排开、集店成市人气繁茂。以后，随着社会经济的不断发展，尤其是离镇不远的沪东新村市场的发展，使得西沟镇的商业作用不断减弱，规模不断缩小。后来，莱阳路在西沟老街基础上拓宽修筑，往日繁华的西沟镇渐渐隐出了历史的舞台。

历史上的西沟港曾多次进行过疏浚，1991年，对金东桥（今张杨路桥）北250米河道截弯取直，挖土2.5万立方。原河道填平后盖起了居民住宅楼，就是今天的金桥花苑小区。

东沟港畔风景秀丽，绿树成荫

西沟港截弯取直后，原河道上建起
金桥花苑住宅区

上海近代黄浦江第一条官办轮渡线的诞生

　　早年黄浦江把上海隔成了浦东与浦西，在没有建造浦江大桥和越江隧道的过去，两岸交通全靠舟楫摆渡。所以，上海地区的水路交通历史要远早于陆上交通。明嘉靖二年（1523年），上海县衙官府就已在洋泾和东沟设置了渡口，这种渡口称为"官渡"，其他民间经营的渡口就叫"民渡、济渡"。民渡多用舢板和手摇划子载客过江，也有少量的行风帆船。由于黄浦江岸边多滩涂丛草，若无栈桥码头，舟船停靠诸多不便。因此，除了少数在黄浦江边搭穿跳板摆渡，或搭建简易码头上下客的渡船以外，津渡一般都设在支流河道内离浦口不远的地方。

　　西沟与东沟都是黄浦江下游浦东一侧的主要支流，江河交汇处的河道呈喇叭状扩开。水面一宽流速就慢，极易形成暗沙、涨沙，俗称"拦门沙"。暗沙多了航道就会淤浅，大一点的货船就靠不到岸边，只能在港口外的江中抛锚停帆短驳装卸，不仅成本高还时有危险。拦门沙的形成，还直接影响到周边地区的泄水排涝，危害性很大。

　　鉴于1905年"八三海潮事故"带来的教训，1907年10月，刚组建不久的塘工局即组织力量对西沟马家浜河道进行疏浚。继而又在1910年组织浚挖东沟、西沟河道口的涨沙。1910年1月14日，塘工局出资雇用机器、拖船和工人，组织安排巡防第五营士兵在东沟开挖拦门沙。由于工人设备需要从今外滩一带运来，就专门向王仁泰船行租用了小火轮运送，顺便捎带需要往来的旅客并酌收渡资。1910年10月，随着浦东地方公务的日益繁忙，来往旅客的增多，塘工局专门禀请道县设立轮渡往来沪埠，公历1911年1月5日正式开始营业，从东沟出发，经庆宁寺东渡、歇浦路西渡，到南京东路外滩铜人码头。当地老百姓称这条轮渡线为"长途轮渡"或"长江渡"，官方称谓："东沟—外滩长途客轮渡"。后来，官方把这一天确定为黄浦江官办轮渡的起始日，也就是上海市轮渡公司的诞生日。

　　关于1911年1月5日定为上海官办轮渡诞生日，不同的资料有不同的说法，主要有1910年11月4日、1910年12月5日和1911年的1月5日三种说法，产生这种情况的主要原因是农历公历的换算失误所致。1911年的1月5日，是农历庚戌年的十二月初五，也有的资料把这一天写成了1910年12月5日，再换算成农历就了庚戌年的十一月初四了。后经官方核准确定，将农历庚戌年的十二月初五、公历 1911 年的 1 月 5 日确定为上海市轮渡公司的诞生日。

1926 年 7 月，高庙到川沙的上川铁路开通。为方便客运，经营者开通了从铁路到水路的联运业务，旅客乘火车到高庙后可直接登船到达浦西外滩，大大方便了两岸人员的来往。

1931 年 3 月 11 日，长途客轮航线延伸至高桥，"东铜线"随之改称"北高线"。1934 年初，市轮渡管理处在吴淞镇外马路建轮渡码头，航线随之延伸至吴淞。1935 年 1 月 28 日，新建北京东路双层浮码头为长渡专用码头，渡轮不再停靠铜人码头，航线改称"淞沪线"。1937 年上海沦陷，长江渡仅剩 3 号、5 号轮勉强维持运行。1945 年 6 月，因燃料中断无法续航，委托上海市内河轮船公司经营。上海解放前夕，受战事影响停航。1949 年 6 月 2 日复航。1950 年 2 月，因陆上开辟了公共汽车，致使轮渡客源锐减，吴淞站撤销，改走北京路——高桥，复称"北高线"。

1958 年 11 月，高桥、东沟两站撤销，庆宁寺成为始发码头，称"北庆线"。1960 年 9 月 19 日长江摆渡全线撤销。

当年黄浦江长航线渡轮停靠
北京东路外滩码头

三十年代行驶在东沟至外滩铜人码头的
市轮渡 1 号渡轮

诞生在沪东地区的上海市轮渡公司

在高庙庆宁寺小学右侧前，有一排长长的两层楼房，一层七间，上下共十四间。楼房的两端是楼梯，屋顶盖着橘黄色的洋瓦，这里的居民都把它称作"市轮渡工房"。

1911 年，塘工局开辟东沟至铜人码头轮渡得到官方批准，上海市轮渡从此诞生。1927 年 7 月，上海特别市政府成立。10 月 3 日，长途轮渡由市政府浦东办事处接管。之后，上海财政、公用两局会同成立浦东轮渡管理

上海市轮渡管理处大楼基本完好地
保留到现在（摄于 2018 年）

处，翌年改称浦江轮渡管理处。1930 年再改称浦江轮渡总管理处。1931 年 8 月，由新成立的上海市兴业信托社接管轮渡业务，名称变作上海市轮渡管理处。1932 年 8 月 25 日，市轮渡公司办公大楼建成，南面山墙上写有"轮渡总管理处"的字样，是为市轮渡公司诞生在沪东地区最直接的佐证。

1954 年底，上海市轮渡公司改名为公私合营上海市轮渡公司。20 世纪七八十年代，上海轮渡迎来了最繁忙最鼎盛的时期，每天过往浦江两岸的市民超过 100 万人，年最高客运量达 3.7 亿人次，成为世界上最繁忙的轮渡。

1965 年 6 月，打浦路隧道动工，1970 年 10 月竣工。1974 年，松浦大桥开始建造。之后，浦江大桥和越江隧道大量出现，到目前为止，黄浦江上共建有大桥 13 座，越江隧道 19 条，形成了桥、隧、渡立体化的越江交通新格局。昔日拥挤喧嚣的渡口日渐冷清，但每天仍有 20 多万人次的渡江需求，轮渡仍然是黄浦江越江交通体系的重要组成部分，有着不可替代的作用。

上海黄浦江市轮渡的起始渊源在沪东，市轮渡公司起始诞生的办公大楼仍耸立在沪东，有关它的命运已经引起新区政府部门的重视，期待当年的市轮渡工房能成为历史保护建筑。

老沪东街道历史上的对江轮渡线

老沪东街道狭长的地域紧靠黄浦江边，历史上曾有过多条浦江轮渡线。后来，随着市政交通设施的不断完善，大桥、隧道早已将浦江两岸连接了起来，以致当年繁华热闹的摆渡场景萧条冷落了许多。然而，浦江轮渡线的历史记载仍在告诉着世人那些曾经发生过的故事。

一、东沟渡

境域内最早见于史载的官渡，明嘉靖二年（公元 1523 年）设于东沟。东沟现为沪东街道与高行镇的界河，历史上属于高昌乡二十二保五十图。

二、东渡

历史老轮渡，庆定线前身，初在寺前浜村西头，可从浦东江边摆渡到浦西沈家滩，习称东渡。后因美孚围墙东扩，渡口被迫东移，先是移到庆宁寺西侧，寺西河旁。后又移到庆宁寺东侧，浦江官办轮渡后，改称庆定线。

三、许源线

许昌路至源深路的对江轮渡线。1928 年，由邑人陈明福始办，从浦东咸塘浜（浦东大道六号桥横跨的黄浦江支流）到浦西华盛路（即今许昌路）取名"咸塘渡"。咸塘，原为一条类同洋泾港、西沟、东沟等通黄浦江的河道，名称"咸塘"，意味着历史上东海咸潮曾一直上溯到这里，甚至更往上游。

咸塘渡从原先的 2 只小船发展到后来的 7 艘渡船，且渐成气候。抗战期间，浦西华盛路被日军砌墙堵塞，济渡被迫停驶。1947 年 11 月复航后，租用机动船行驶，改称"许源线"，后又增加渡船 3 艘。上海解放后，因轮渡营业欠佳，入不敷出，轮渡停航，改用划船维持。后轮渡复航，然负债愈甚。1955 年 9 月 20 日批准公私合营。

四、洋兰线

民国初年，济渡由洋泾港至浦西的油车码头，由金福林、顾福南经营，有划子七八只，木帆船 3 条。1917 年，因油车码头闭塞，遂改在杨树浦桥兰州路上下客。1920 年改用小火轮拖木驳船行驶。

1937 年，淞沪抗战爆发，渡口被日军封锁，渡轮被炸，小火轮也被劫走，木船拖至洋泾港内日久腐烂。抗战胜利后，租船复航。上海解放后，由于该渡没有及时进行工商登记，拖欠国家税收，加上设备简陋，事故多发，两岸上下客道路又不好。1955 年 7 月 20 日核批撤销，同年 8 月起停航。

五、其秦线

老沪东街道西部，浦东其昌栈至浦西秦皇岛路。原名"其威线"，从浦东的其昌栈码头至浦西的威赛码头。1931 年由"振兴""福兴"两家私营。同年 8 月由市轮渡公司接驶。抗战期间，码头封锁被迫停航。抗战胜利后，浦西威赛码头被美军占用，改在秦皇岛路建造码头。1946 年 4 月 20 日复航，改称其秦线。1949 年 9 月 22 日，国民党飞机轰炸浦东，上港八区其昌栈水泥码头一角被炸，1952 年轮渡站扩建时，利用这一角水域岸线，建成浮码头及浮桥，新建休息室、办公室等，1952 年 12 月投入使用。

其昌栈轮渡站建筑面积 60 平方米，钢质浮码头 18.3 米，宽 9.7 米，型深 1.5 米，浮桥 2 座。秦皇岛轮渡站建筑面积 165 平方米，钢质浮码头长 18 米，宽 9 米，型深 1.35 米浮桥 2 座。3 艘机动渡船载客量均为 1000 客位，月平均载客 137.7 万人次、非机动车 8000 辆、吉普、摩托车等机动车 5000 多辆。

六、民丹线

老沪东街道中部，浦东民生路至浦西丹东路。前身为贾家桥至兰州路港（杨树浦桥）的民渡线，有百多年历史。用行风船载客，从 2 艘发展到 4 艘。1904 年，太古码头购地，浦东渡口迁至民生路。1930 年购置"庆和"机动轮行驶。抗战期间被迫停航，庆和轮被沉在高桥。抗战胜利后复航。因兰州路港有洋兰线，码头移至安东路。1946 年至 1951 年期间，先后购置轮渡 5 艘，编号为民生 1 号至民生 5 号。1955 年 11 月 1 日，私营民生轮渡公司以资产入股方式并入上海市轮渡公司，命名为民安线。1965 年 3 月 16 日，安东路改名为丹东路，民安线同时改为民丹线。

七、西宁线

位于老沪东街道中部，浦东歇浦路（旧称西渡码头）至浦西宁国路对江摆渡线路。创办于清代，原从浦东石码头至浦西杨家码头。1917 年系私营，以行风船驳运长渡客^{（注）}上下。后浦西杨家浮码头迁至广信路，渡客亦从广信路上下。1934 年浦东石码头与亚细亚火油公司调地，开辟歇浦路并建造西渡码头，航线改称西广线。抗战期间一度仅限于接送日商上海纱厂工人上下班。1946 年以机动轮渡投入营运。

1952 年浦西新辟宁国南路，建宁国路码头，西广线改称西宁线。1954 年 12 月 15 日以资产投资入股方式并入上海市轮渡公司。这也是上海第一条由私营轮渡被批准为公私合营的轮渡线。1978 年 6 月宁国路轮渡站扩建，总投资 32 万，1981 年 12 月 1 日通航启用，并开辟了非机动车辆过江业务。

八、民丹车辆渡线

1958 年，为适应浦东地区工农业生产的发展，缓解南陆线过江车辆拥挤，在民丹客渡线东侧增设车辆渡，11 月 10 日建成启用。斜坡车道，民生路轮渡站面积为 1102 平方米，丹东路为 1008 平方米。初为水泥桩头停靠，1978 年改为浮筒式桩头。备有机动渡船 4 艘，每艘次可转运汽车 14 辆，最大可通过 100 吨平板车。平均日载运车辆 4000 辆次。

注释：

注：长渡客系指东沟到北京东路外滩航线在此上下的渡客。

庆定线——黄浦江下游第一个官办轮渡站

庆定线是从庆宁寺摆渡过江到定海桥的轮渡线，黄浦江下游第一条官办对江轮渡，1928 年 5 月开通。

该航线原为民营济渡，始办于清末，初为私营民渡线，用人力摇行风船，穿跳板上下客。浦东渡口在庆宁寺后江边，浦西则在周家嘴岛内侧，庆宁寺附近居民过江均从该线乘船。上川小火车开通后乘客去往杨树浦者，亦取道于此。但该线仅置摇橹渡船作为唯一交通工具，既不便利，又很危险。

1928 年 5 月，开通官办对江渡，航线从浦西腾越路至浦东庆宁寺，后因腾越路码头淤浅而停运。1931 年 5 月，市轮渡管理处在定海桥自建码头，次年 5 月 16 日正式开航，每 20 分钟来回一次，乘客过渡收铜元 4 枚。轮渡通航后，原有民渡仍照常行驶。由于市轮渡既便捷又安全，民渡乘客日减不足维持，要求市轮渡管理处予以救济，至民国二十三年 12 月，民渡收了市轮渡救济费后，全部停航。

庆定线利用北高线长渡，将庆宁寺码头一划为二，一部分为长渡候船处，一部分为对江渡候船处，各用铁栅分隔，以免混杂。浦西定海桥之南堍为租界，北堍系浚浦局所填之复兴岛，沿江均系浅滩，故在桥内定海港北侧建造码头 1 座，钢质浮桥 1 座和水泥平台 1 座，于民国二十四年 4 月完工。由于定海港内江面甚窄，船只不易调头，还新建了两端可行驶的渡轮船，以利航行。

1937 年日军侵华战争爆发，该线停航。1945 年抗日战争胜利后，公用局派员接收伪市轮渡公司。次年 3 月下旬，经过交涉，将庆宁寺码头领回，修复后安装原处，并在浦西定海港内（杨树浦路底、黎平路口），新建木质结构平台及斜踏步结构码头，将日军的小登陆艇改装成渡轮，恢复航行。上海解放前夕，国民党军队在逃窜时将庆宁寺码头炸沉，市轮渡 24 号轮亦遭国民党军队劫持。5 月 18 日，航线停航。

上海解放后，1949 年 5 月 28 日起，上海市军事管制委员会军代表组织有关部门及工人寻找散失船只，打捞被炸沉的码头，并进行抢修。1949 年 6 月 22 日，庆定线对江渡航线恢复航行。1958 年时，因定海港内淤浅，航道越来越窄，进出船舶时常受阻，轮渡交通不能正常运营，市轮渡公司遂选址复兴岛共青路沿江新建对江渡轮渡站，同年 7 月 1 日竣工，正式通航启用。新轮渡码头建成后，航程大为缩短，船舶运转加快，航行安全得到保证。

1962 年，复兴岛地面下沉严重，每遇大潮汛时，浦西轮站就淹于水中。于是市轮渡公司改建轮渡站，站地填土升高，建造售票房及验筹房，筑建石砌驳岸和水泥平台码头，中间装有分道栏杆，分设进出口通道。1966 年 1 月 1 日，浦东庆宁寺路更名为上川路，同日起庆定线改为上定线。

1980 年后，浦东地区发展迅速，新建大量的住宅小区，乘客流量迅速增长，原有轮渡站的设施已远远不能适应生产发展的需要，市轮渡公司便报请上级对上定线进行扩建改造。1982 年 12 月 1 日，扩建工程得到批准，浦江两岸的轮渡站同时施工，分二期进行，先水上工程，后扩建陆上建筑。新建轮站有宽畅的候船室，5 米宽的通道 1 进 2 出，新建 4.8 米浮引桥 5 座、浮码头 3 座和连接桥墩 2 座，建筑面积 1919 平方米，总投资 153 万元人民币。

新轮站于 1986 年 2 月 3 日建成正式投产启用。该工程被上海市政府列为 1986 年 15 件实事之一。改建后的上川路轮渡站建筑面积达 452 平方米，有浮码头 2 座，浮桥 4 座。定海路轮渡站建筑面积 1486 平方米，浮码头 2 座，浮桥多达 10 座，并设有办公大楼、售票亭、验筹亭、仓库等。开航时，配备新建的 1000 客位渡轮 2 艘和 700 客位渡轮 1 艘，并开放了非机动车辆和机动车辆过江业务，大大缓解了乘客过江难的矛盾，平均月载运旅客 207 万人次，通过小轿车、吉普车等 2.5 万辆。1990 年，该航线有常备渡轮 3 艘，日均渡客量达 6.4 万人次。

行驶在庆宁寺定海桥轮渡线的 11 号渡轮

仍在使用的金桥路轮渡码头

沪东地区陆路公交历史概述

沪东地区的陆上公共交通始于 1920 年代中期，是浦东最早出现公共交通的地区之一。

一、从上川铁路到沪川线

1921 年由上川交通股份有限公司集资垫款筑成上川县道。1925 年的 10 月，高庙至龚路段修成铁路，通小火车。1926 年 7 月，上海县至川沙县 21.15 公里铁路全线开通。

上川铁路共营运了 50 年，1975 年拆除小火车，全线停驶，铁轨设备拆除移建江苏大丰，路基改建成公路。1977 年 11 月 22 日，上川公路竣工。

改建后的上川公路，北起庆宁寺，经金桥、曹路、龚路、暮紫桥至川沙城区与川环南路连接。1978 年上川公共汽车开始营运，线路从高庙出发到川沙，称"沪川线"。以后，在公交线路日益发达完善的过程中，沪川线的运行路线作过多次调整，现如今，沪川线还在营运，只是当年繁忙的景象早已不见了。^{（注）}

二、运行时间最长的"8"字头公交车

始建于 1930 年的浦东大道，曾是浦东地区最早最繁忙的公路交通干线，行驶历史最长的公交线路是 81 路、85 路公交车。

民国 23 年（1934 年），高行、顾路商界人士组建了"浦东汽车公司"。次年开始在浦东大道经营客运班车，线路从东昌路到洋泾，命名为 11 路公共汽车。1946年，青复交通公司投放四部车辆，经营从东昌路至洋泾和东昌路到高庙之间的客运交通，每班次 3 刻钟。

解放后，1950 年 7 月开辟 81 路公交，初分两条线路，东昌路到洋泾镇和东昌路到高庙（后延至东沟）。1954 年 10 月实行公私合营，改称市区一路和市区二路。同年 12 月，东昌路到洋泾的市区一路车撤销，市区二路车延伸到高桥，定名 81 路。81 路设有支线，线路从天灯口轮船码头至高桥镇。1955 年 12 月，81 路支线终点延至陆家堰，1956 年 1 月又缩至高桥镇。1958 年 9 月，81 路东昌路起点站移至陆家嘴，

1978 年 4 月通用公交月票，高峰时还有大站车投入运行。时至今日，81 路公交车还在运行，起止线路为东昌路渡口到港城路地铁站。

85 路公交线路，1957 年 9 月 17 日开辟。初由陆家嘴到庆宁寺，1958 年 9 月改为东昌路到庆宁寺。1989 年 5 月 25 日，庆宁寺起点站移至浦东大道八号桥，后又移到博兴路近柳埠路处，最后移到了长岛路东陆路，终点站则早已从东昌路改为陆家嘴了。

上点年纪的老沪东人至今还记得有过 84 路公交车，1958 年 3 月 15 日开辟，线路从庆宁寺到高行。84 路公交车是由 81 路支线调整发展产生的。1956 年私营小汽车经过公私合营，并入上海市公共交通公司汽车五场。东塘路改建后，81 路公共汽车延至高桥镇。1956 年 6 月，辟出由东沟到陆家堰的公交线路，称 83 路，后延伸至高桥镇，与 81 路衔接。次年 3 月，市公交公司将 81 路支线终点站从陆家堰延伸到高行镇，改称 84 路，又称高高线，由高桥经陆家堰至高行。一年后，84 路改道，原线路由 83 路代替。1958 年 3 月，增设 84 路公共汽车，行驶于高行经张桥、金桥至高庙一线，1971 年末，84 路公交线路撤销。

三、曾经繁忙的庆宁寺长途汽车站

庆宁寺长途汽车站位于上川路 111 号，以庆宁寺命名。1975 年上川铁路拆除后设立。初址在上川路浦东大道南面西侧，坐南朝北，设有售票亭、候车长廊和调度室。1985 年迁入新址上川路 111 号。车站沿上川路坐东朝西，占地 3902 平方米。东侧为 300 平方米的候车室，可容纳旅客三四百人。中部是停车场，面积约 1000 平方米。北侧走廊为旅客出入通道。当年有长途线路 3 条，沪川线、沪孙线和沪合线，每天发车达 242 班次，日均运载旅客达 3 万人次。

沪孙线：高庙庆宁寺到孙小桥。初名沪张线，1969 年 4 月辟线，从庆宁寺到张江。1974 年 8 月延伸至孙桥，改称沪孙线。2006 年 7 月 4 日，调整走向为莱阳路五莲路至张江地铁站，就此阔别通行了 30 多年的孙桥。同年 11 月 1 日，沪孙线更名为 778 路。

上顾线（沪合线）：1971 年 9 月辟线。自庆宁寺到顾路钦公塘。1993 年延伸至合庆，改称沪合线。后来，随着浦东交运线路的不断发展，沪合线的起点移到了塘桥，不再从庆宁寺出发了。

四、浦交公司和公交五场的故事

浦交公司全称"公私合营上海市浦东公共交通公司"，成立于 1954 年 9 月 25 日，系由上川公司、上南公司和浦建公司三家公交股份公司合并筹建而成。

20 世纪二三十年代，在浦东北部有高庙到川沙的上川铁路，南部有周家渡经杨思、三林至南汇周浦的上南铁路，唯独中部地区的花木、北蔡、张江等地（当时都属于南汇县）到南汇县城的交通极为不便。1936年秋，南汇人士夏履之和黄炳权等人发起筹组"浦东长途汽车公司"，计划构筑沪南公路，1937年春开始修筑桥梁、涵洞和路面。后因日寇侵占上海，筑路工程被迫中断。

抗日战争胜利后，1945年12月，浦东同乡会王艮仲等28人发起成立浦东地方建设公司（简称"浦建公司"），由杜月笙出任董事长。经商议与1936成立的浦东长途汽车公司合并，请公司发起人之一的傅菊人具体负责续建沪南公路建设事宜。经过近一年的修筑，南汇至周浦段于1946年10月竣工通车，1947年3月，延修到东昌路的道路全线竣工。

1950年7月，浦东地方建设股份有限公司改名为浦建长途汽车股份有限公司。

1954年9月25日，依据政务院《公私合营工业企业暂行条例》，组成公私合营筹备委员会，市交通运输管理局代表马任、周福生，上南公司代表姚惠泉，上川公司代表顾正芳，浦建公司代表为黄炳权。经协商达成9条协议，3家公司合并为一家新公司，定名为公私合营上海市浦东公共交通公司（简称浦交公司）。11月成立董事会，姚惠泉为董事长，马任为经理，办公地点设在高庙陈家宅陈谷生所建的楼房内。1966年12月，浦交公司转为国营企业，更名为上海市公共交通公司汽车五场。

注释：
注：沪川线2022年底停运，调整线路后恢复运行。

曾经的庆宁寺长途汽车站

20世纪五六十年代行驶
在浦东大道上的"公交车"

七、人物小传

明代上海本邑人户部左侍郎顾彧

沪东的古往历史名人，当属顾彧与陈宾，他们都是明朝人，而且他们的墓葬都在庆宁寺的旁边。杨浦区地名志记载："寺旁有明户部侍郎顾彧墓，东有宁海知州陈宾墓"。

顾彧，字孔文，上海本邑人，元末明初时期的文学家。明《弘治上海志》载："由明经初任本学训导，累至户部侍郎。诗文皆豪整绮丽，有古作者风。""明经"意为通晓经文，后来成为对贡生的尊称。顾彧在明洪武初年任上海县"儒学训导"，这儒学训导算不上什么官，列入官品，为"未入流"，^(注)只能算是地方小吏，主要从事地方的教育工作，类似于现在地方教育部门的工作人员。

封建社会有各级官学，在中央的称"国子监"，省里的称"府学"，县里的称"县学"。县学的正教官叫"教谕"，需举人出身才能担当，副教官即儒学训导，可以派贡生担任，因为贡生是举人的副榜。但不中举的人不等于才智不高、学识不足，《聊斋志异》的作者蒲松龄，19岁时即已经是秀才，直到72岁才成贡生，后来也就得了个"儒学训导"的头衔。顾彧才智横溢，知识渊博，治学严谨，在地方上有着很好的口碑。1373年，顾彧撰成《上海县志》若干卷。明朝初期，国家需要大量的管理人才，所以顾彧后来的仕途顺畅，一直做到户部左侍郎，官至正三品。

顾彧曾长期在地方工作，对故乡的风土人情非常熟悉，他热爱家乡，同情劳动人民，写下过大量的《竹枝词》，客观反映了当时乡民百姓的艰难生活。

平川多种木棉花，织布人家罢绩麻。

昨日官租科正急，街头多卖木棉纱。

上海的沙田不适种粮食而能种棉花，所以棉纺织业比较发达。但在官府租税的压榨下，农民连棉麻衣物都来不及织，就直接抛售棉纱，可见当时劳动人民的生活是多么艰苦。

东望圆沙已坍江，西来两岸复浇淙。

民租官税无由办，落尽阿侬红泪双。

坍江即江水泛滥淹没田地。元明以来上海人沿江种沙地，既难免东面水患的威胁，又遭遇西面河道泥沙的淤积，但"民租官税"却从无减免，农人急得哭红了眼。

顾彧在诗里用的是第一人称，"阿侬"是方言"我"的意思，也让我们知道了明朝时期上海人称自己叫"阿侬（e nuo）"。

顾彧经常活动在现今的庆宁寺，当年的南跄村一带，有顾彧自己的诗为证：

南跄东边水连天，鼋鼍出没蜃楼连。

柴客鱼商休早发，大汛潮头要覆船。

从诗中描绘的情景来看，当年的南跄浦水面开阔、畅通江海。顾彧担当上海县儒学训导的时候，常去庆宁寺与方丈谈经说法，是庆宁寺的常客。他也常在此地向东眺望南跄浦水连接江海的情景，用诗词来寄托自己爱国忧民的情怀。顾彧后来做到户部左侍郎，长期在中央工作，死后却安葬在庆宁寺，足见其与庆宁寺的关系非同一般。

顾彧的部分竹枝词摘录：

黄浦西边黄渡东，新泾正与泗泾通

航船昨夜春潮急，百里华亭半日风

沙田疲瘵怯秋登，家计混如水上冰。

今日新金河舶户，阿侬准备学攀罾。

注："罾"为渔网，"攀罾"即攀拉渔网。"阿侬"即方言"我"。此诗描述当时贫瘵的沙洼地实在不利种植，明朝设河舶所向渔民收税，所以农民也打算改行去打鱼，做"新金"的河舶户了。

黄浦西头沙渐壅，黄浦南边潮不通。

高田旱涸低田没，官府谁兴水利功。

注：这里的黄浦是指吴淞江的支流，是南北流向的河道，与吴淞江的交汇点即今苏州河与黄浦江交汇的地方。黄浦西头指吴淞江上游，南头指下游，上下游皆已淤塞，道出了当时的实际情况，不利耕作，须兴水利了。从顾彧这首诗词所描绘的情景看，夏元吉疏浚吴淞江的水利工程还没有实施，所以会有"官府谁兴水利功"的感叹。

注释：

注：明清时期，九品之外的官员级，称为"未入流"。《明史·职官志一》"凡文官之品九，品有正、从，为级十八，不及九品曰未入流"。

叶落归根的宁海知州陈宾

沪东地区历史名刹庆宁寺，除了建寺时间悠久、寺院规模一度十分宏大以外，还与寺旁曾有过两座明代历史人物的墓葬有关。《杨浦区地名志》记载："寺旁有明代户部侍郎顾彧墓，东有宁海知州陈宾墓。"

陈宾，上海本邑人，《明弘治上海志》载："十年，陈宾，书经魁，宁海知州。"这里所指的"十年"为成化十年，即陈宾是在 1473 年中的举人，书经魁，是说陈宾读书的成绩非常好。明科举有五经取士之法，每经各取一名为首，名为经魁。每科必于五经中各中一名，列为前五名，亦称五经魁或五魁首。中试即为举人，第一名称解元，第二名称亚元，第三、四、五名也称经魁，第六名称为亚魁。中试的举人原则上即获得了选官的资格。凡中试者均可参加次年在京师举行的会试。

据史书记载，陈宾是明弘治年间（1488—1505）的宁海知州。这宁海州为古代行政区名，就是今天的山东牟平地区。金大定二十二年（1182 年），宁海升为州，治所牟平县城。明初，牟平废县入州，宁海州仍治牟平城，隶登州府。整个明朝历史上，从洪武三年李善庆出任宁海知州到崇祯十七年赵延忠在任，共有七十五任宁海知州，陈宾为宁海第十六任知州，陈宾的前任为曹澜，曹的前任是孙裕，江苏昆山人，弘治年间已在任。陈宾的继任为程淳仁，程的继任叫康敬，康敬的继任叫李津，李津弘治十六年已在任。有资料说陈宾是在弘治八年（1495 年）在任宁海知州，而《同治宁海州志》记载陈宾在弘治七年即已重修过社稷坛、风云雷雨山川坛和厉坛，可见陈宾出任宁海知州的时间应早于弘治八年或更早一些时间。

有关陈宾为官勤政的事例，《明弘治上海志》《明嘉靖宁海州志》《清同治宁海州志》等志书都有记载。所载事例主要反映了陈宾重视地方教育，关注民众民生和重视农业生产的施政理念。

封建社会的官办学校也称学宫，宁海州学宫在城内东南隅前、先师庙后，设学正一人，训导三人。弘治八年，"知州陈宾重修学宫"。有关这方面的情况，《明嘉靖宁海志》《同治宁海志》都有记载。

关于陈宾重修预备仓的故事，清同治重修宁海州志 373 页记载："明史食货志，洪武三年命州县设预备仓，东、西、南、北各四所，以赈凶荒。""宁海州预备仓旧有五所，一在州西宣化坊，一在州东十里杏林社、曰老人仓，一在州东六十里双林社、曰仙女仓，一在州西南一百五十里玉林社、曰玉林仓，一在州西四十里千金社、曰千金仓。明弘治间知州陈宾犹修举焉，至嘉靖间五仓惟在。"在惜墨如金的史书记载中，能对陈宾维修粮仓的事例有如此详细的记录，可见编撰者对陈宾的从政事迹持明确褒奖的观点。

我国历史上长时间都是农耕社会。封建社会时期，每年的清明、七月十五和十月初一等时节，地方行政长官都要设坛祭祀。根据明代建制，宁海作为州，可以在城的四角设立四坛，分别称谓"先农坛、社稷坛、风云雷雨山川坛和厉坛"。

宁海州的社稷坛和风云雷雨山川坛始于洪武三年（1370年），由同知赵天秩刱修^(注)。厉坛修于洪武八年（1375年），知州李善庆刱建。到成化二年（1466年），因岁久渐废，知州姜连重修三坛，弘治七年知州陈宾再修三坛。这些坛的形制，史书有载："……厉坛，在州东北五里许，坛高三尺、纵横各二丈，坛垣南北东西各一十三丈五尺；风云雷雨山川坛，州城南一里许，坛高三尺、纵横二丈五尺，坛垣南北一十七丈、东西一十二丈五尺；社稷坛，在州西北一里许，坛高三尺、纵横二丈坛垣南北一十七丈、东西一十二丈五尺；先农坛在州东一里许。"四坛建筑规制相仿，造型稳健，均建有山门一座，正殿面宽三间，进深三间，东西配房各三间，成一进院落。典会行礼，四坛以先农坛为主，并会同社稷、风雨山川两坛陈设行礼，喻盼盛世清廉，风调雨顺，五谷丰登，身体安康。封建社会时期，农业占有绝对的社会生产力，民以食为天，故先农坛更接地气，更有亲农之意。正因为如此，所以先农坛的使用维护较其他诸坛更为周全，史书上未见姜连、陈宾重修宁海先农坛的记录，可见那时的先农坛是维护得比较好的。

陈宾临终嘱咐后人，须按落叶归根的习俗安葬。子孙遵其意，将灵柩运回上海故里，葬在了庆宁寺的东侧。陈宾的后代则定居在山东烟台福山县的涂山村，世袭字辈为"锡、衍、维、学、耀、宗、广、培、世、泽……"。陈宾的后代在山东牟平一带繁衍生息，枝繁叶茂，已然成为当地的大家族。2021年，陈宾后人、毕业于美国耶鲁大学的陈鹏宇先生特意带着一双儿女陈昱璇、陈昱明来上海浦东寻根，并在庆宁寺东侧、已拆迁的原上川居委小区废墟旁留影纪念。

2021年，陈宾后人陈鹏宇先生带着一双儿女来上海浦东寻根时，在庆宁寺东侧已拆迁废墟旁留影纪念

注释：

注：刱，chuàng，同创，意为始、造的意思，刱建，即为创建。

汪懋琨与汪公塘的来历

汪公塘是指 1906 年在上海知县汪懋琨组织领导下修葺整理、包括部分移地重筑的黄浦江护塘。此塘从二十二保四十三图往东一直到上海县与宝山县的界浜。它的修筑与 1905 年的"八三大海潮"直接有关。

清光绪三十一年（1905 年）农历八月初三发生的特大风雨潮，淹死民众数千上万。沿浦地区的四十三图、五十图、五十二图、五十三图土塘多有冲决，江洪所到之处，田地被淹，棺木到处漂流，损失十分惨重。灾难发生后，上海知县汪懋琨旋即赶到现场，组织指挥各图塘长、地保，聚众乡民抢堵缺口、遏制横流。

到了第二年，即 1906 年的 3 月，汪懋琨决心组织力量重修护塘。他专门设立临时机构，委派谢源深为首负责施工。工程从 3 月 27 日开工到 5 月 6 日完工撤局，历时 40 天。自居家桥美孚北墙起修到上海与宝山两县的界浜，共修整老塘 1467 丈，移筑新塘 813.5 丈，全长 2280.5 丈。

关于这一段历史，塘工局董朱日宣曾专门撰文记录，叙述了汪公塘修筑前后的历史背景和挑筑修葺的整个过程：

"乾隆二十九年，二十二保士民凌英泰、卢启丰等言，地近吴淞海口，常年秋潮为患。请就各图起夫北筑，上宝界浜口起，南至西新塘止。沿浦挑筑二千九百丈。浦东沿滩浦岸适当海口之冲，日渐坍进，历经移筑修葺在案。乃于光绪三十一年八月初三日，海潮汛滥，崇宝川南受灾甚巨。上境沿浦护塘亦被冲决数处。田禾淹没，棺木漂流，实为百年未有之奇厄。汪县宪谕饬各图民立时抢堵，以遏横流惟是。该塘自挑筑以来，迄今一百四十二年，虽曾迭次兴修，大率救弊补偏，未能一律修筑完固。且南段四十三图北段五十三图塘身逼近浦滨，即修整亦难持久，非议改筑不可。今春由图董凌云曾等禀请勘筑，奉县宪勘定工段，谕派高陆两行局董谢源深等督理并请道宪扎委总巡，谢钧分局委员韩邦佐驻工督修。即于三月初一开局兴工至又四月十三日验收撤局。除按亩出夫外，所用一切局用经费计洋二千八百余元。案由县豫商辅元堂、姚绅文朴、莫绅锡伦、姚绅天来、凌绅汝曾援以工代赈之例。在上南川义赈捐项下存储援助，并不就地摊派分文。通计修整老塘四段，共长一千四百六十七丈，移筑新塘二段，共长八百一十三丈五尺。南北修筑一律完全，合工长二千二百八十丈五尺。民力不罢，全工告竣，乡人感戴，称为汪公塘云"。

汪懋琨，字瑶庭，山东历城县（今山东济南）人。出生年月不详，光绪十二年（1886年）进士。1890年（光绪十六年），任江苏桃源县（今泗阳）知县，在任提倡兴办文化，重修文昌阁，复建淮滨书院。因病卸任时，百姓念其功绩，沿途放鞭炮相送，绵延五六里。1894年（光绪二十年）出任江苏甘泉县（今扬州）知县，敢于对原由胥吏劣绅把持钱粮征收的做法大胆改革。后任长洲（今苏州）知县，施政有方，田赋骤增数十万。

1900年（光绪二十六年），汪懋琨改任上海知县。其间，正逢八国联军入侵中国，上海华洋各商十分恐慌。汪懋琨与苏松太兵备道余联沅会商，派员昼夜巡行，以策地方治安。1904年日俄战争时，俄军舰载大量溃兵至上海，游弋街头，酗酒滋事，虽经多方交涉，仍不能制止。汪懋琨只身登舰，与俄将领陈说利害，据理力争。俄将理屈词穷，不得不答应中方要求，按中立国监护办法，缴枪纳械，约束部下，泊船浦江东岸，无特别照会不得过江。

上海老城厢西门一带，卢湾区自忠路455号，曾有一座清代的"山东会馆"。其前身是会聚上海的山东客商联合购买的50余亩墓地，为备乡胞客亡之用。清咸丰年间，战乱纷起，山东客商为避战祸多回原籍，致使墓地疏于管理，遂被当地民户侵占。光绪二十九年（1903年），时任上海知县、山东历城人汪懋琨收回产权，募银万余，请山东籍驻沪商约大臣吕镜宇主持，于光绪三十二年（1906年）营建了这所"山东会馆"。为此，汪懋琨撰有《新建山东会馆记》："道光之季，粤匪东窜，咸丰庚申，苏郡失陷，上海婴城固守，发逆屡来窥伺，干戈扰攘，城西悉成战场，吾乡之商于斯、旅于斯者，皆避难航海而归，是地遂任其荒废，无复过问者。""界址既清，同人遂有创建会馆之议，南市公估局、广记、六吉等号，将存项输助三千金，怡顺昌、正祥同、公和通三家先分垫万余金，乃于地之西、北两角，添购地六亩有奇。"

上海华洋杂处，事端屡起，汪懋琨心力交瘁，积劳成疾，遂于光绪三十二年（1906年）以病辞官。临别，向塘工善后局捐俸银100两。有乡民写赞美诗歌颂汪公曰：

秩秩汪公	生于济阳	为名进士	国士无双	及其从政	僻在海疆
杂处华夷	严列莠良	刁民地贩	每串洋商	嫁言清丈	浦东收殃
公闻勃然	谓等强梁	善后设局	实公主张	公地民田	如补亡羊
公虞民害	是用堤防	塘以公名	民永难忘	疆吏得公	何用不臧
祝公大用	福我南邦				

　　　　　　　　　　　　　　　　　　　光绪丙午长夏顾言谨赞

汪懋琨回籍后，任职山东通志局，编史修志，曾将任上所得车马费50两白银捐献。1908年，济南商务总会成立，汪懋琨被选为该商会总理。翌年被选为山东咨议局议员、山东商务总会总理。1912年病逝。

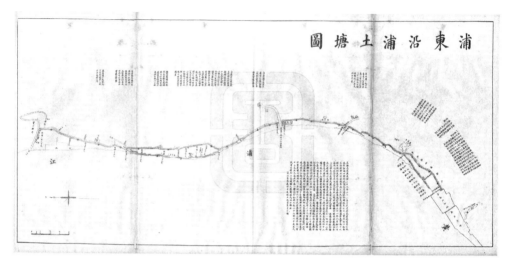

塘工善后局案留浦东沿浦塘身图，移筑两段土塘位置清晰可见

由汪懋琨主持修建的山东会馆（摄于 1906 年）

谢源深和塘工善后局

　　一百多年前的 1906 年 12 月 16 日、在今沪东地区，诞生了一个"上不请公帑、下不捐民资"的半官方自治组织——"浦东塘工善后局"。两位局董即负责人是谢源深和朱日宣。

　　谢源深（1869—1920），松江府上海县东路陆行乡谢家宅人[注1]，清末举人。光绪三十二年（1906 年）出任塘工善后局局董，谢源深在宣统二年（1910 年）当选为上海县东泾镇区咨议局议员，民国六年（1917 年）出任浦东花边公司同业公会会长。

一、莘莘学子　文化名人

　　谢源深出生书香门第，自幼聪慧过人，11 岁时就已经读完诗书礼易等十三经。清光绪十三年（1887 年）入县学，七年后（1894 年）中甲午年举人。时年正遇中日海战爆发，谢源深目睹晚清政府的腐败无能，深感"文字不足以济变，决计不应会试，专致力于乡里公益"。1906 年，受上海知县汪懋琨委托，主持沿浦损毁土塘的移筑、修葺。同年发起筹建"塘工善后局"，"沿滩筑圩灌泥，加固加高海塘，加强养护，疏浚河道，开挖淤壅；清理契地，重立界石，收回部分外商强占之地"。同时，集资兴建公益事业，建筑桥梁、码头、道路，筹建苗圃、设立小学及戒烟所等……

　　民国上海县志《人物·谢源深》记载："谢源深，字志澄，号西山。父锡祉，字香谷。精医术、喜施予，遇贫病，率不取酬。源深秉性聪慧，读书过目成诵。年十一，毕《十三经》，做诗文有奇气。光绪三十年，入邑庠，有志于经世之学，旁及金石书画，评骘允当，不屑以帖括为事。二十年，中举人，逆知时局日危，文字不足以济变，决计不应会试，转致力于乡里公益。三十一年秋，海潮为灾，土塘冲决，日夜奔驰，身任修筑之役。工竣，谋善后，始议设塘工局，顾地方款拙不获，已恒捐私资助成之。浦左一带，厂栈林立，洋商地痞，朋比为奸，侵渔田亩，朦领道契，纠纷无所不至，源深力持正义，不屈不挠，卒使就范。又创道南小学，规划周详，成就甚众。宣统二年，当选谘议局议员，于地方利弊，建议侃侃，率具纲领。1911 年后，杜门却扫，不问世事，平居深自韬晦，不欲以名自见，然遇乡里争议，咸引一言为重，时论高之，有隐君子风矣。1920 年卒。年五十二。"

二、"塘工善后局"落户庆宁寺

"塘工"是具有特定含义的名词，意为对江河护塘进行修葺、加固、整理和维护。自明永乐年间夏元吉组织开挖浚通新河道、形成黄浦江水系后，两岸乡民为预防水患、改善生产生活环境，陆续开始在江边夯垒修砌防护堤坝。清乾隆十八年（1753 年），浦江北岸出现了长 2640 丈的成规模护堤"淞浦西北岸土塘"。清乾隆二十九年（1764 年），黄浦江东岸也修成了从上宝界浜到洋泾贾家角、全长 2902 丈的"淞浦东南土塘"。13 年后，即乾隆四十二年（1777 年），又修成了从洋泾贾家角土塘向西、沿江转南至张家浜口全长 2400 丈的新塘，史称"西新塘"[注2]。

浦江土塘修成后，由于受到风雨海潮及人类活动的影响，经常会出现塌陷、溃落、决堤、侵吞等现象，需要及时的维护保养，因此沿江的数十个保图，都有指定的塘长负责塘工，政府发给"图书"，即公章印戳，以便开展工作。但由于缺乏统一的协调管理，又没有足够的资金保障，土塘的维护各自为政，以至敷衍拖沓、玩忽职守的现象时有发生，土塘抵御灾害的功能日益下降。

光绪三十一年（1905 年）八月初三，沪地遇到"百年不遇之奇厄"，风、雨、潮集聚而至，土塘多处溃决，乡民溺死无数……在这场灾难中，当年的沪东及周边沿浦地区的四十三图、五十图、五十三图土塘毁损十分严重。灾害发生后，时任知县汪懋琨旋即指挥各图塘长、地保抢堵缺口、遏制横流。1906 年 3 月 27 日，上海县衙再次设立临时机构，组织力量整修移筑护塘，谢源深受命担任修塘工程总负责人，指挥部就设在庆宁寺。此次塘工历时 40 天，到 5 月 6 日结束，共修理老塘圩岸 1562 丈[注3]，移筑新塘 813.6 丈。同年 6 月，谢源深同朱日宣、朱有常、朱有恒等乡绅人士商议发起成立塘工善后局。1906 年 12 月 16 日、农历丙午年十一月初一，塘工善后局在庆宁寺宣告成立，谢源深、朱日宣出任局董事，局所办公地点设在庆宁寺后乡绅捐建的楼房内[注4]

三、移筑新护塘　修成道堂路

谢源深主持塘工修复工程时，由于居家桥美孚油库到高庙庆宁寺的这段土塘损毁严重，决定不在原址修复，而是向南移到寺前浜边重新修筑了新护塘。由于护塘具有"道"和"塘"的两种功能，乡民俗称"道塘"。到了 1911 年，谢源深领导的塘工局又在道塘基上重新筑宽了 483 丈道路，取名"寺前浜路"，但乡民仍习称"道塘路"。1920 年，再次扩宽从上川路到寺前浜村长 350 米道路，改名称为"道堂路"，详情见《道堂路的历史故事》。

四、浚河修桥为乡邻

疏浚河道是塘工局成立后主动承担的主要工程内容，在谢源深、朱日宣两人的领导下，1907 年 10 月，塘工局即组织力量疏浚西沟马家浜。继而在 1910 年浚挖东沟、西沟河道口涨沙。1914 年，又开挖了大将浦盘湾[注5]。1920 年开浚取直摇船湾[注6]。1921 年开挖东沟口，1922 年开阔都台浦、裁挑马家浜钱家湾[注7]

寺前浜河道多次得以疏浚。寺前浜原为庆宁寺前护寺的河浜，东起西沟马家浜，西经居家桥通往洋泾。1906 年移筑新塘时疏浚挖宽了部分河道，1909 年，再次浚挖寺前浜河道 955.4 丈，从西沟马家浜一直开挖疏浚到了洋泾港。1911 年开浚五十图塘沟 55 丈，疏通西沟与东沟的塘沟河道。

修桥工程：1909 年重修寺前浜东西两座香花石桥。这两座香花桥至今尚有遗迹可寻，东香花桥是当年角断路通往嘴角路的跨河石桥。西香花桥在高庙善礼堂（道堂路 9 号，后改为居委活动室）附近。同年，塘工局还在寺前浜东嘴角修建木桥两座。以后，又修建了寺前浜王家木桥、寺前浜西居家木桥、东渡路小木桥，这些木桥一直到解放后还在使用。1918 年修建横沥浜（今兰城路）木桥两座。1909 年建造横跨东沟的"东浦第一桥"（遗址在今伟锦小区，俗称"水门汀桥"）。1923 年，修理津桥湾木桥（今东波路张杨路附近）。

五、清理拦门沙，催生市轮渡

东沟和西沟是沪东街道现境域内黄浦江的两条支流。由于浦江支流江河交汇处河道呈喇叭状，极易形成暗沙涨沙阻塞航道。1910 年 1 月 14 日，塘工局出资雇用机器、拖船和工人，安排巡防第五营士兵在东沟开挖拦门沙。由于工人和设备需要从今外滩一带运来，就专门向王仁泰船行租用了小火轮运送，顺便捎带往来旅客并酌收渡资。1910 年 10 月，随着浦东地方公务的日益繁忙，来往旅客的增多，塘工局专门禀请道县设立轮渡来往沪埠，1911 年 1 月 5 日正式开始营业，从东沟出发，经庆宁寺（东渡）、歇浦路（西渡）到南京东路外滩铜人码头。当地老百姓称其为"长江渡"。后来，这一天也被确定为黄浦江官办市轮渡的开始日。

六、勇斗外商护主权

谢源深具有极强的民族自卫意识，在主持领导塘工局期间，敢于同外商的非法侵占行为作坚决的斗争。

居家桥油库，当地人称"美孚油库"。美孚是美国石油大王洛克菲勒于 1882 年创立的、非政府的石油生产企业。美孚在浦东占地建油库的时间是 1900 年前后，手法也较其他外商更为狡黠，主要是通过熟悉情况的当地地贩低价收购农民土地再加价转卖给美商。美孚还在当地以高工资为诱惑招工笼络人心。1906 年，谢源深在主持移筑新塘时，美孚当局就借口浦塘筑高会有碍油库安全，私下将附近塘工破坏拆毁。谢源深即向美商严正交涉。塘工局成立后，又通过外交手段多次照会美国领事馆，不屈不挠，坚持力争，最终迫使美商认错赔款并修复了塘工。

为了保护东西两沟入浦宽度免受侵占，1912 年，塘工局呈报江苏省咨部核准规定东西沟港口宽度的专题报告，取得了政府的支持。以后，塘工局一直以此为依据多次组织核查，迫使外商停止挤压，有效地维护了江河道口不受侵犯，避免了河道主权受到威胁。

七、置地修房造屋　兴办庆宁集市

沪东沿江地区的高庙庆宁寺地区之所以最后会形成"庆宁市"，主要还是缘于塘工局修桥铺路，聚集人气，又能看准时机及时因势利导，购地造屋，兴办集市。有关这方面的情况，塘工局留下了多份卷宗，如《庆宁市创兴市面购地建造房屋案》《庆宁市设置分局添建房屋修筚问道校舍案》《塘工善后局议结美孚并契划留公路回复东渡并拆除墙柱障碍案》《塘工善后局经筑县道租驶汽车案》等，客观地记录了当时兴办庆宁市的一些情况：两次购地造房修屋合计 39 间；修筑东渡码头、建码头休息房 4 间；还有，塘工局早在上川铁路修建之前就有修筑县道的打算。

从庆宁寺地区遗留至今的一些建筑情况来看，当时的庆宁市布局主要还是集中在从黄浦江边到嘴角路、道堂路一带。今金桥路 94 号到庆宁寺遗址 136 号，共 21 个门牌号，除 94 号是一片房子外（现称 94 弄）实为 20 间房，这与历史记载是吻合的。从 94 号往江边这一段，还有几十个门牌号，除了东渡码头休息室等以外，也都是商业集市，只是后来美孚不断蚕食东扩，把几十间店铺都给挤掉了。

八、开办学校　教化乡邻

1903 年，清政府实行"癸卯学制"，鼓励各地兴办新学制学堂，谢源深表现出相当积极的态度，参与创办了多所学校。1904 年 6 月，谢源深与其父谢锡祉以及朱日宣、瞿垫、陶鸿基等人在陆行东镇创办都川小学堂；在金家桥三官堂创办三修小学堂；1906 年，在陆行镇南创办振南小学堂；1910 年，与朱日宣一起在庆宁寺创办"问道小学堂"（即后来的上川路小学），在东沟创办"东沟小学堂"。问道小学和东沟小学，都在塘工局所的办公地，一在分所，一在总局，塘工局专门出资修缮了校舍，还每年出资支助学校办学，数额从几千文到数千大洋，为浦东、为家乡的教育事业倾注了大量的精力和财力。

塘工局（1906—1927）存世期间，正是列强加剧入侵，恣意扩张租界之时，同时也是爱国图强的新型士绅不断觉醒的时候，谢源深无疑是其中的杰出代表。他怀着"地方利弊，明兴按革，清理公地，杜绝侵占，筹划路工，永固主权，兼顾内政外交"的强烈爱国主义思想，领导塘工局，量土地、争地权、做了官府想做又不能做、不敢做的事，塘工局踏踏实实为地方谋实利，从事了大量塘工、河工、路工、防务、学务、善举、交通航运等公益事业，谢源深以自身的实际行为，成为值得尊敬和纪念的浦东开发的先驱。

注释：

注1：谢家宅在今龙东大道北侧、曹家沟旁、新镇村新东生产队。过去是陆行乡地域，现属浦东新区唐镇地区。

注2：见《歇浦路街道志》。

注3：也有资料记载长度为1467丈，见《浦东塘工善后局案》。

注4：塘工局设在庆宁寺，《浦东塘工善后局庆宁寺创兴市面购地建造房屋案》曾有记录："庆宁寺后有楼房五幢，本属地方绅士捐建，当时正空余，便作为设置分局的地点。后该处经塘工局建筑东渡码头公路并筹款建筑市平房25间借以兴市，名曰庆宁市。"此房屋原址上川路94号（现为金桥路94弄），2021年被拆。

注5：大将浦即东沟赵家沟。以前从浦口入内不远有漩河潭，为赵家沟、曹家沟、孙家沟、卢九郎沟四水汇集之处。河道弯曲如盘故称盘湾，又称"琵琶湾"。光绪三十年（1904年）取直盘湾河道，旧河淤成新陆。1914年开挖大将浦，是为浚宽航道。

注6：摇船湾，一般离浦口不远，西沟、东沟都有称为摇船湾的地方，都离浦口不远。摇船湾实为舟楫时代重要的分流河道。

注7：过去马家浜河道在这里呈大弧度弯曲，故邻近的村庄取名"钱家湾"。裁挑马家浜钱家湾，意为截弯取直。钱家湾村在今长岛苑小区一带。

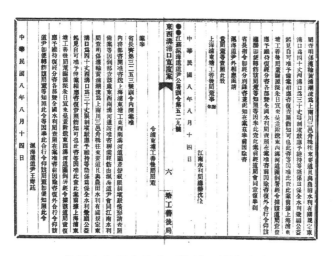

民国八年颁布的东西沟港口宽度公文

为朱日宣呐喊

说起百多年前为沪东、为浦东建设作出重大贡献的爱国乡绅，朱日宣无疑是一位史书记载甚少，而作出成绩甚多的大功臣。正因为记载资料稀少，所以后人对他的了解不多，宣传得更少。2011 年，青年学者朱菁所著《浦东开发的先驱》一书出版，朱日宣作为浦东塘工善后局领导人，引起史学界相关人士的关注。最近，浦东文史专家唐谷良先生写了一篇专门介绍朱日宣的文章，其中许多珍贵的资料首次披露，为我们进一步了解了朱日宣的生平事迹提供了宝贵的史料。

一、地方名流　热心公益　参与发起筹建浦东同人会　浦东医院

朱日宣（1863—1938），原名福田，浦东陆行乡张桥镇新陆村小朱家宅人。小朱家宅，地处曹家沟东畔、新陆镇北侧，现今的地理位置在新金桥路曹家沟桥东塊。宅中朱姓家族自嘉庆年间从湖南迁此始居，周边有中朱、南朱、后朱三宅，此宅最小，故名小朱家宅。有关朱日宣的生平，金桥镇志记载："朱历任宝山县塘工局委员，后为上海县浦东塘工局董事。清宣统二年（1910 年）创办东沟小学、问道小学（址庆宁寺）。宣统二年十二月（1911 年 1 月）领导开设浦东东沟至浦西上海外滩轮渡航线；民国六年创办培明小学，并在高行乡琵琶湾创建苗圃（张桥镇沪新村摇船湾东、津桥角北至大将浦）。民国 13 年，创办甲子小学（拱北村东北、新陆村西南塊）。凡地方修建、开河、造桥、种痘、戒烟等公益事业，均献其力"。

朱日宣身为乡绅，具有一定的社会影响，曾参与筹建浦东同人会（后改称浦东同乡会），为该会十五位发起人之一。1906 年 7 月 27 日的《中外日报》对浦东同人会的成立作了这样的报道："公举李平书、杨锦春、王一亭、顾兰洲、罗旭堂五君为会董，杨月如、黄星阶、朱福田、瞿绍伊、王引才、沈戟仪六君为议员，黄楚南、张心九、张访梅、顾翔冰四君为干事，暂以广明学校为事务所"……文中所提到的朱福田即为朱日宣。

朱日宣是上海县陆行乡人，却被宝山县^{（注1）}聘任为塘工局委员，除了说明朱日宣具有一定的社会影响外，还与他具备塘工方面的专业知识和能力有关。唐谷良先生在文章中谈到："据了解，朱日宣掌握了一支施工队、工程队，他又善于建筑管理

设计，据此分析，朱日宣应该是从事营造建筑，是主营土木工程的实业家。"朱日宣自己也曾在《上海苗圃成立记》中谈到，光绪三十年开浚都台浦时，担任整个工程的"管理工作"。高行乡绅谈寿基对朱日宣疏浚都台浦时所发挥的作用褒奖有加，赞扬他"董浚都台浦"。

朱日宣还是筹建浦东医院的创办人之一。1920 年，朱日宣和陈桂春、虞洽卿、王一亭、朱葆三等人一起发起募捐，在陆家嘴花园石桥南侧、赖义渡路东侧的空地上，筹款建造医院。起名"浦东医院"（东方医院前身）。陈桂春任首任院长。后来，上海滩著名的实业家、慈善界领袖人物王一亭接任医院院长，具有爱国意识的民族实业家刘鸿生被聘为执行董事。1933 年，医院由浦东同乡会接替，改名为"浦东同乡会附设浦东医院"，曾永奎任董事长，杜月笙任管理委员会委员长。

二、塘工善后局的领军人物

上海县塘工善后局自 1906 年底成立到 1927 年撤局，存世 21 年间，辟路修桥、护塘浚河、建房兴市、办校育人，据不完全统计，共处理了 323 案件，进行了 243 项工程建设，表现出极强的组织协调能力。朱日宣和谢源深同为塘工善后局董事，都是核心决策人物。谢源深是举人出身，社会地位、社会影响要高于朱日宣。两人在合作领导塘工局工作期间，谢源深处事超脱，为人儒雅，很少过问具体事务："1911 年后，杜门却扫、不问世事。平居深自韬晦，不欲以名自见……有隐君子风矣。"谢源深 1920 年过世，塘工局一直到 1927 年才被撤销。所以，朱日宣一直是塘工局实际事务的决策者和操盘手。以致在对外发生诉讼时，当事人多将矛头指向朱日宣，正如当年上海知事吴馨所言："该局董朱日宣与谢源深同系主持人，朱日宣独被指控，亦因平日事权在谢源深之上。"史学专家唐谷良先生评价朱日宣："全过程参与并主持塘工善后局的事业，是朱日宣人生中的最大亮点，以他的才干和能力以及不屈不挠的战斗精神，使他成为塘工局当之无愧的领军人物。"

三、遭诬陷长达十七年，五次成被告

塘工善后局成立之时，从庆宁寺到白莲泾，沿浦土地十有八九已被洋商侵占。这其中，唯利是图的不法地贩，良知沦丧的地保图长，勾结洋商助纣为虐，他们"攫金不见人"，犯下许多欺公罔法的卑劣行径。其中，陈鹤楼盗卖塘田恶意诬告案的时间最长、影响最为恶劣。

陈鹤楼是二十二保二十九图塘长，光绪三十一（1905）年八月初三大风潮灾时，知县汪懋琨亲临灾区"谕饬各图民立时抢堵，以遏横流惟是"，沿浦各图塘长地保、四众乡民纷纷赶来抢堵塘堤，唯有二十九图塘长陈鹤楼及地保踪影未见。八月十五日，二十九图乡民朱沈鹏等联名控告陈鹤楼，指责他私吞芦价，又不经理护塘，致其被冲坍。修理之时，让乡民承修摊派。陈自己从未到场，又未支半文，故而引起公愤。十一月十六日，知县汪懋琨指令陆行局职董^{（注2）}朱日宣查明此事。光绪三十二年（1906年）六月二十四日，朱日宣回复案情：陈鹤楼与胞弟陈鹤亭及陈祥元，纠同陈奎夫、陈赓扬、陈梦周、陈亮卿、陈毛头、陈八大、陶和尚等人，将一百数十亩芦滩所产芦柴私议分收。知县接报，随即革除陈鹤楼塘长职务^{（注3）}，派遣测量丈手和差役前往勘明立界、划段招租、立票缴息。同年十一月十一日塘工局开办，新任知县王念祖责令陈鹤楼、陈祥元、地保温大勋缴洋100元给塘工局，限十一月二十日如数缴纳。此案到此看似了结，没曾想这陈鹤楼等人所干卑劣之事远不止这些。

光绪三十三年七月，苏松太道瑞澂^{（注4）}接到浚浦局致函^{（注5）}，诉陈鹤楼在光绪三十二年九月初一，将二十二保二十九图沿浦课田^{（注6）}十九亩以60元价格租给了浚浦局，并立有契据约定，一年后若浚浦局需用此地，愿以每亩100元价格卖给浚浦局。当浚浦局有意收购这片土地时，听闻陈鹤楼已将该地卖给了王仁泰老板王松云，因此请求道台予以阻止。瑞澂即发知县李超琼办^{（注7）}。李令塘工局谢源深、朱日宣两位奉命办理。经查发现，此地原为二十九图塘工公地，由塘工局租给陈鹤楼等，结果被陈鹤楼串通地保卖给了王松云。事发后王松云请李平书出面调停，愿将地转还卖给浚浦局。并央李平书与塘工局商量，愿缴洋2000元，将陈鹤楼之前另有盗卖的七亩塘工公地交由他管业。至此，浚浦、塘工两局同时请求知县结案。

未料陈鹤楼就此迁怒于朱日宣和塘工局，挑起了长达十七年、无赖刁蛮的诬陷。光绪三十四年六月，上海知县、两江总督分别收到上海图董朱有恒、已革塘长陈鹤楼、民人张连陞、陈鹤亭、陈春生、陈金秀、陈听涛、章秀卿、陶和尚、陈毛苟、陈鸣高等人联名控告塘工局朱日宣强霸民田案，称光绪三十二年朱日宣将民田充作公田，截留串银不发。陈鹤楼等人还以恐引起民愤为要挟。官府接报后即派差吏提讯陈鹤楼审理案情，陈自知理穷，怯逃租界躲避。宣统元年正月二十七，差员提讯章秀卿，发现章年迈多病，早已卧病在床，根本不知自己的名字何时列入名单。陈春生、陈听涛、陈金秀、陶和尚等均已过世，只抓到陈的弟弟陈鹤亭。在通过法总领事、公共公廨提讯陈的保人高正卿时，陈鹤楼已请顾泽尧、杨少锋作保，具结悔过，声称自己已患呆木之症，行动艰难，受人之愚，不应觊觎公地；承认其他人名均为其冒写，情愿以路灯二盏、灯杆木二根作为知错标记；又央顾吉生向朱日宣作保，说年底要安葬父母，恳求从宽释放其弟，请知县将陈鹤亭予以开释。

宣统元年三月，塘工局上呈上海知县，建议在上宝界浜口沿浦一带沿江水滩统筑圩岸，通灌泥浆。并借此将沿浦挂号洋商所占土地重新整理。上海道台批示同意，并出面与浚浦局商议免除灌泥费用。九月，陈鹤楼唆使陈鹤年串通陈勋立等人控告朱日宣破坏私田、令地保勒索灌泥费。上海道台令知县会同浦东巡警委员会调查。

结果陈勋立等鼓动怂恿当地妇女任意拦路喧哗吵闹，拖拉渡船坐轿。知县开导众人，他们仍置若罔闻，衙役欲抓陈勋立、杨金生等回县衙，又遭众多妇女围堵阻拦。后经知县进一步查明，陈鹤年即陈鸣高，挑起民众闹事，是因恐塘工局在清理土地时清出他们私占侵吞的公地。

民国三年三月，陈鹤楼趁辛亥革命爆发、清朝被推翻之际，窃以为道县各衙局面变更，已无案可稽。便伺机翻案。他化名陈鸿章，向上海地方审判厅起诉，状告塘工局朱日宣假公济私侵占民田。上海地方审判厅开庭辩论，并对前清原判进行调查，认定事由陈鹤楼捏告，判决驳回诉讼。陈鹤楼不服原判，串通陈勋立等上诉江苏省高等审判厅，结果再次被驳回。

民国四年，陈勋立等到沙田局缴价，希图朦领，被沙田局发还。民国五年，陈鹤楼等又越界私垦，由县派员清理界址。民国八年陈杜氏前往京师控告朱日宣借塘工局名义图占报领荡田，大总统徐世昌令江苏省长韩国钧查办，民国十二年，韩国钧令财政厅、官产处、沪海道尹查照，查无朱日宣有诉状所列之事，裁定案件为诬告。

上述资料显示，从塘工局成立到民国十二年，陈鹤楼诬告案前后长达十七年，朱日宣五次被列为被告。案件当事人为掩盖盗卖公地，表现相当地狡猾嚣张，每次被抓后就假装改过，过段时间又参与盗卖。官府定论其"胆大妄为莫此为甚"。难以想象朱日宣等人承受的压力和烦恼。事实上，不仅像陈鹤楼那样的刁民无赖如此胆大妄为，一些团体出于各自小集团的利益，也给塘工局、朱日宣等人带来了许多的阻碍和麻烦，牵涉了塘工局大量的精力包括财力。

四、维护公轮正当权益历经艰难

塘工局自 1911 年 1 月开设公轮以来，实为公益而非图谋利，凡地方员绅、军政邮差等办公人员乘轮皆赠免费票。遇解送盗犯、载兵运械等因公调遣专班开驶，所用煤火各费，均从轮渡收入中支付。第二年仅支出公务津贴渡资即达 10868 两。外人不知其详，窃以有利可图，以至觊觎垂涎者大有人在，都想插足分羹。其中，既有华人也有洋人机构，甚至还发生了乡公所状告塘工局的事件。

1911 年 12 月，塘工局发现有小火轮来东沟揽客行驶，即呈报民政总长李平书出示禁阻。后又听说德商亨宝有无名汽轮前来揽客，报请都督府照会德领事令其停驶。1912 年 1 月 22 日，又有德商汽轮进港揽客行驶，被塘工局稽查，经盘问得知系华人薛连山勾结殷姓乡民将公家码头私自租赁给了德商，希图在东沟揽客，并以清政府签订的开放内地航行条约为由多次拒绝塘工局的禁阻。塘工局请民政长吴馨、驻沪通商交涉使陈贻范与德领事交涉，告知东沟港向有暗沙，塘工局垫巨资开挖，有章程批准在案。况且塘工局办轮为公家禀准专办，并非营业牟利性质。经江海关监督查明，塘工局办轮确为公益之举，于 1912 年 12 月 2 日立案规定东沟一港并非小轮公共往来之地，如有不遵擅自驶行，地方长官即可立予扣留。然强驶争利事件仍屡禁不止，且越演越烈，就连高行乡公所也参与其中。

1912 年 8 月高行乡公所成立^(注8)，议决招商集股行轮营业。1913 年，招商小轮入东沟争驶揽载。塘工局呈请税务司饬令禁阻，传知业户到关面谕。停驶后，该乡董又雇新江源、同兴小轮相继来驶，被多次禁阻。1914 年又有议员陈安甫代表立商合兴号买船只，指定起讫航线与塘工局行驶公轮同一地点，赴海关过户请领新照。经江海关监督查阻后，不久又借乡公所名义捏立合同作为公所公轮行驶，声称专资办公便民。塘工局呈请江海关暂行吊销牌照，并令其停止在东沟港内行驶。该公所未能照办，最后由知县洪锡范饬令上海县警察事务所第六区派警，将东沟小轮暂行扣留，并规定此后倘若还有商人借轮行驶立予查扣。

由高行乡公所挑起的此次争利事件，从 1912 年 11 月 16 日到 1914 年 3 月，历时 1 年零 4 个月，对塘工局轮渡收入造成很大破坏，"更增亏负二万数千金"。

然而夺利风波仍未就此停息。1915 年，高行乡顾泽尧先后租赁通知、河靖、甘肃各轮行驶庆宁寺西沟。6 月 16 日起往来沪埠，渡资减价一半。西沟庆宁寺至外滩的航线原本就隶属塘工范围，塘工局先前一再禁阻。12 月 5 日由上海县知事^(注9)派员勒令停止，并由江海关监督吊销执照。这半年时间的一番折腾，又影响塘工局收入 3500 元。1919 年 4 月，又有日本领事给日商戴生昌公司通源丸、高桥丸、新高丸三轮发照，要求在东西沟通行，塘工局请江海关监督予以驳回。

塘工局自 1911 年初获准开办公轮以来，围绕争夺轮渡获利的非法活动，数十年来就未曾停息，给塘工局带来了难以言状的烦恼和巨大的经济损失。高行乡公所多次争利未果后，还竟然采取了釜底抽薪的做法，试图取消塘工局，由乡公所接收塘工局财产。

1913 年 10 月，高行乡议事会议长顾昀^(注10)、马秉钧上呈江苏省行政公署，要求撤销塘工局，并将其公产交由高行乡公所管理。归纳列举了七条理由：一、塘工局由陆行乡人朱日宣及南汇议员谢源深为局董，经费全由地方负担；二、塘工局所有筑塘工程属于均田均役，民捐民办，无须常设机关；三、朱日宣结纳官场饶有声势，觊觎沿浦滩地，借善后名义攘夺民田一百余亩；四、塘工局自设局以来于塘工本无所事；五、浮开报销供个人挥霍，历年开支从初时两千余元到五年后的四万五千之巨。认为是搜刮民脂民膏，导致众怨沸腾；六、嫉妒高行乡行轮，多方遏阻，垄断一方，藐视商律，不顾民生；七、塘工局本自治性质之一种，自治一律停办，该局也无存在之理由。

10 月 12 日，江苏民政长韩国钧令上海县知事吴馨调查具体情况，遵照法制办理。1914 年 2 月，吴馨在批示该案件时明显表示了对塘工局的支持。4 月 22 日，韩国钧再次催促吴馨加紧办理。6 月，上海知事公署上呈经调查审理后的事实情由，将顾昀所列条目一一作了反驳：其一，塘工局设立为巩固塘工，清理公地。从未动用公款，也未收纳民捐；其二，所谓攘夺民田纯系陈鹤楼等诬告所致，并无此事，已经调查结案；其三，该局所办工程不胜枚举，各工程均有呈报，历任知县亦一一勘查；其四，该局收入增加甚巨，但支出则更为浩繁，常年惨淡经营；其五，东、西沟行轮为公益起见，并非营利。高行乡公所雇轮争利使塘工局损失惨重，无法维持公轮，案件也已了结；其六，塘工局设立在城乡自治颁布以前，历办实事涉及洋泾、塘桥、高行、陆行一市三乡之塘工路政，非高行一乡自治可以概括，该局性质不属于自治范畴，不需停办。

时至今日，我们无法考证顾昀等人的行为是出于纯粹的嫉妒，还是狭隘的地方主义，或是以公谋私、参杂公私难分的因素。但从中我们可以看到，朱日宣作为塘工局的领导人，所受到的压力是难以言状的。正如他自己所言："营局办公，与各种团体机关各不相谋……如以地方公益为前提，自必力顾大局，不妨别谋一二公益事项，建树模型，心目中可无分公所与局也。本局对外对内素以诚信待人，绝无取巧用事，历办成绩昭昭。"

五、筹建苗圃

1918 年，经朱日宣筹办在大将浦琵琶湾建立县立苗圃，占地 40 亩，同年，塘工局置地 24 亩建花圃，民国十七年（1928 年）两园合并成为市立园林场。相关情况见《名声遐迩的津桥角花园》。

六、竭尽所能办校育人

朱日宣是个很有远见的人，深知百年树人的道理。他对乡民教育极为上心，可以说是竭尽全力、尽其所能。或捐资，或捐地，或利用自身的人脉给与帮助。朱日宣直接参与捐助创办的学校就有 6 所，1904 年，与谢锡祉谢源深父子和瞿堃、陶鸿基等人一起创办三修小学；1905 年，与陶锡年等人在陆行镇东、东陈家宅 27 号创办都川小学（后改称"陆行第一小学"）。1910 年 2 月，与谢源深等人借用塘工局房屋创办东沟小学；同年 9 月，在庆宁寺西侧创办"问道小学"（后改名"庆宁寺小学""上川路小学"）。1913 年，陶锡年、王镇在钱桥租屋创办培朝小学时，朱日宣捐地造房，为该校解决校舍难题。1924 年，朱日宣在新陆捐地 70 余亩，创办新陆甲子小学。时年，朱日宣刚过六十，学校取名甲子，因缘于此？

除了创办学校，为解决办学经费，朱日宣也是深谋远虑，尽量禀准官府，以求纳入官学待遇。如都川、三修两校，就争取到每年 84 千文的经费。塘工局成立后，凡陆行乡内学校如遇不敷之数，均由塘工局筹垫支持。1916 年以后，塘工局每年都有"学费"项支出，金额从 276.6 元开始每年有所增加，1921 年时超过千元，1925 年为 3826 元，1926 年达 4782 元。此外，还常以个人名义进行捐助。

朱日宣夫妇俩共生育了八男三女十一个孩子，他对子女的教育十分重视，为八个儿子提供了良好的就学条件，培养到大学毕业。长子朱炎，早年留学比利时罗文大学，学的是天文学。学成返沪后，曾任上海法租界最高市政组织——公董局的华董，也曾在上海中法工业学校任教授。朱炎熟悉上海土地的复杂情况，1927 年 8 月 1 日，上海特别市土地局成立，朱炎被委任为土地局的首任局长。第三子朱源、第六子朱熙投身于革命事业，加入了中国共产党，朱熙还参加了新四军，在战斗中英勇牺牲。

朱氏家族人丁兴旺，人才辈出，现有不少定居在美国、日本等地。也有的投身于祖国改革开放大业，成为成功的企业家。

注释：

注 1：今高桥以东一带旧时为宝山县地界，与上海县以界浜为界。

注 2：塘工局成立以前，朱日宣在陆行乡担任的职务。

注 3：陈鹤楼案发被革去塘长后，沿浦各图图戳均被收缴，以杜作弊。

注 4：清代上海地方行政机构有道、府、县三级，道一级为苏松太道，府一级为松江府，县一级初为华亭、嘉定、上海、青浦、崇明五县。瑞澂，满洲正黄旗人，光绪三十年（公元 1904 年）任苏松大道，光绪三十三年（1907 年）升江西按察使。

注 5：1901 年，清廷与列强签订《辛丑条约》，规定在上海设黄浦河道局，正式成立时称上海浚浦局。

注 6：课田指需缴纳田赋课税的土地，非荒蛮之地。

注 7：1900—1924 年上海历任知县名录：汪懋琨，1900 年至 1906 年底，王念祖 1906 年末至 1907 年，李超琼 1907—1908 年底任上亡故，田宝荣 1909—1911 年，吴馨 1911.9-1914.1，洪锡范 1914.1—1914.11，沈宝昌 1914.11—1924.9。

注 8：民国时期的乡公所是基层行政办事部门，没有完整的办事机构，主要负责上传下达。

注 9：知事，民国时期县级官员的称谓，由上面指派，类似晚清时期的知县。

注 10：1912 年 11 月上海县撤销高昌乡建制，划北部建立高行乡，成立高行乡公所，所址在清晖阁，议长顾昀（聘珍），副议长朱渊。界北仍属高桥乡，均隶属江苏省。

上川小火车创建人黄炎培的故事

　　浦东高庙庆宁寺地区，曾因拥有极为便捷的水陆交通和繁华的街镇市面而闻名。尤其是那条存世了半个世纪的窄轨火车，至今仍被世人所乐道。可以这样说，如果没有这条小火车，就不可能有高庙庆宁寺后来那么大的名声和影响。

　　发起建造这条小火车的关键人物是黄炎培。黄炎培（1878年—1965年），号楚南，字任之，别号抱一，浦东川沙人。我国近现代著名的爱国主义者、民主革命家、政治活动家和教育家，中国近代职业教育的开先河创始人，中国民主同盟和中国民主建国会的主要创建人和领导人。

一、大户人家出生年少亦坎坷

　　坐落在川沙城厢镇新川路218号的内史第，又名沈家大院。清咸丰九年（1859年），举人沈树镛到北京任内阁中书时，修缮了自家宅院并起名称"内史第"，意为内史官的府第。1878年的10月1日，黄炎培就出生在这里。

　　黄炎培的始祖叫黄彦，字元一，是宋康王府的侍卫亲军，随皇帝南渡到临安（杭州）。十四世纪初，黄彦的八世孙黄侍泉、黄学录兄弟俩举家迁到浦东高行南镇西街20弄5—9号。十八世孙黄典谟，字厚余（1827—1878），清朝国学士，从高行移居到南汇六灶瓦屑村，光绪初迁居川沙内史第。黄典谟的妻子是沈树镛的胞姐，所以实际上黄典谟是携家眷回妻子的娘家居住的。黄典谟夫妻俩育有六子，其中第三子黄译林（1856—1894），号叔才，就是黄炎培的父亲。黄叔才是个秀才、读书人，在私塾当教书先生，教书育人很有一套办法。黄炎培的母亲叫孟樾清，是南汇大户孟庆曾之女。孟庆曾，字荫余（1835—1895），性格豪放侠行，娶沈树镛胞妹为妻。也就是说，黄炎培的祖母和外婆是亲姐妹俩。孟庆曾在川沙东门三里外的城镇乡太平村孔家宅建有宅第，取名"东野草堂"，并在那里开设私塾。

　　内史第中有着丰富的藏书，黄炎培自幼受到书香门第浓重文化气息的熏陶，使他有机会接触学习到更多更广泛的知识。他6岁随母识字，9岁进入外祖父的东野草堂读私塾。正当读书求知伴随他不断成长的时候，厄运却不期而至。他13岁丧母、16岁丧父，生活变得艰难起来，只得长期寄居在外祖父家。为了尽可能减少依赖外祖父，黄炎培当过售货员，打过零工，直到二十岁还没有说定亲事，因为那时的他就是个没有任何遗产可继承的"穷小子"了。

二、头名秀才晚清举人

黄炎培的母亲孟樾清（1859—1890）有文化，知书达理。从小教黄炎培识字、写字，教他给在外地当督抚秘书的父亲写信。她教育儿子要"待人好些，自己省俭些"，她给儿子讲珍珠塔里方卿刻苦读书求功名的故事，希望儿子将来也能读书成才、取得功名。

黄炎培的父亲黄叔才教的学生一个个都考取了秀才，黄叔才的表弟沈毓庆，就是后来成为中国毛巾工业先驱的沈肖韵，童年时也受教于黄叔才。成年后的沈肖韵又教授年幼的内侄黄炎培道德文章，给他讲《天演论》所倡导的"物竞天择，适者生存"理念，对黄炎培影响很大。

1899 年，黄炎培以松江府第一名的成绩取中秀才。1901 年入南洋公学，受教于蔡元培，同学中有李叔同、邵力子、章士钊等。1902 年，25 岁的黄炎培赴南京乡试，录取为补行庚子辛丑恩正并科举人。

三、"新场党狱案"险成刀下鬼

黄炎培笃信科学，理想远大。为宣传科学和教育，经常四处演讲。1903 年 6 月 23 日，黄炎培应邀前往南汇新场演讲，地痞无赖诬告黄炎培的演说毁谤皇太后、皇上。此时，正值《苏报》案发，清廷通令各县缉拿革命党。南汇知县戴运寅立即将黄炎培等四人拿获，并贴出六言告示胡言："照得革命一党，本县已有拿获。起获军火无数……"同时，急电请示如何发落。江苏巡抚恩寿电令"解省讯办"；而两江总督魏光焘则电令"就地正法"。督、抚电令两歧，使得戴知县十分为难，不知执行哪一位的指示好，只得再发电文请示。就这样一来一回耽误了三天，无意间为营救黄炎培等人赢得了宝贵的时间。

四青年被捕后，演说会发起人紧急磋商却无良策。但他们知道"官府就怕外国人"。恰巧发起人中有一位基督教堂牧师叫陆子庄，众人当夜赶赴上海总教堂求见总牧师美国人步惠廉请求救人。步惠廉不忍四青年人蒙难，找老律师佑尼干商议，佑尼干以程序曲折恐难奏效为由不肯援手。步惠廉牧师坚求设法，浦东实业家杨斯盛当即拿出 500 两银子给佑尼干作为"活动费"。佑尼干律师这才开口道："办法是有的，可雇用一小汽轮，即刻赶去南汇要求保释，只要释出，便有办法。"此时已是 25 日的下午。第二天清晨，一位外国牧师、三位中国牧师乘坐租来的船只赶到南汇，冲进县衙坚决要求保释四青年，自晨至午，大有不释放人就不罢休撤离之势，戴运寅从未见过外国人，难免心中发虚。加上衙门外围观人群越聚越多，戴运寅怕万一酿成教案，更不得了。无奈之下想了个主意，要求总牧师具下切结——随传随到，还要加盖手印。原以为加盖手印为羞耻之事，老外不会答应，不料总牧师一一允下，戴运寅无奈只得放人。当步惠廉牧师领了黄炎培等一干人离开县衙仅约半个钟头，督抚会签的"就地正法"电令拍到，戴知县连连顿足，大为懊丧，却什么都已经晚了。

四、职业教育思想的奠基人和实践者

1903 年，黄炎培曾与张志鹤冒雪赶到南京，向张之洞面呈咨文获准，始将观澜学院改为川沙小学堂。这是川沙境域第一所公立学校。之后，黄炎培全身心投入学校教务，却不支分文薪水。同年，黄炎培还与堂兄黄洪培、堂嫂陆开群在内史第开办"开群女子学校"，开川沙办女校之先河。

1904 年，黄炎培自日本避难归来，新场狱案已事过境迁，无人再加追究。黄炎培以极大的热情参与兴办教育，在上海南市竹行弄开办城东女校、协助刘季平创办丽泽小学、创办和主持广明小学和师范讲习所、受邀出任浦东中学首任校长等。辛亥革命前，黄炎培在爱国学社、城东女学等新教育团体和学堂中任教，并参与发起江苏学务总会。辛亥革命后，出任江苏都督府民政司总务科长兼教育科长，后任江苏省教育司长，省教育会副会长，全力以赴推行地方教育改革。

1913 年发表《学校教育采用实用主义之商榷》，提倡教育与学生生活、学校与社会实际相联系。

1914 年 2 月至 1917 年春，以《申报》记者身份，在安徽、江西、浙江、山东、北京、天津等地考察了五个月。随中国游美实业团体在美国考察了 25 个城市、52 座学校，其中特别注重考察美国的职业教育。

1917 年 5 月 6 日，联络教育界、实业界知名人士在上海发起中华职业教育社。初址选在今上海雁荡路南昌路口一幢西式老洋房，在这里的石拱门旁，挂出"中华职业教育社"的竖牌。次年，又创建中华职业学校。此后数十年时间的教育和社会活动主要通过中华职业教育社来展开。

1921 年被委任教育总长而不肯就职。参与起草 1922 年学制，进行乡村建设实验和筹办南京高等师范学校、河海工程专门学校筹备主任（现河海大学）、国立东南大学（现南京大学）、上海商科大学（现上海财经大学）、厦门大学等高校。

黄炎培以"职教救国"立命，盼"学校无不用之才，社会无不学之执业，国无不教之民，民无不乐之生，乃至野无旷土，肆无窳器，市无游民"。黄炎培以其自身的实际行动，成为我国职业教育重要的奠基人和实践者。

上川铁路工会创建领导人王剑三

　　上川铁路从 1922 年 2 月动议修筑，到 1925 年 10 月完成高庙至顾家路口的先期工程。1926 年 7 月，铁路修到了川沙，小火车随即通到川沙县城。上川小火车的运行，标志着上川铁路工人队伍就此诞生。与此同时，在中共党组织的领导下，上川铁路工人运动随即展开，参与了当时轰轰烈烈的大革命运动。1927 年 3 月，上川铁路工会正式宣告成立，创建发起人为中共川沙独立支部委员王剑三。

　　王剑三（1897—1927）又名王剑山，号南冈，原名王鸣岐、王文凤、王毅。大革命时期川沙革命的直接组织者和领导者，川沙历史上第一个人民民主政权的领导人。1927 年 4 月 26 日，惨遭国民党反动派杀害，牺牲时年仅 30 岁。

　　1897 年王剑三出生在川沙县杨园乡金光村一户普通农民家庭。少年就学于川沙两等小学堂（川沙城厢镇小学高级班），与林钧、张志鹤、蔡经纬等为同学。小学毕业后考入松江中学。后因家境困难辍学，回到川沙龚路镇明强小学任教。1917 年春，在亲友的资助下，考入无锡江苏省立第三师范学校就读。学习期间经历了"五四运动"，受到进步青年周刚直[注]的影响，立志报效国家。他弃用原名鸣歧和文凤，改名为毅，号剑山。

　　1920 年夏，王剑三从"三师"毕业回到家乡，在顾路镇惠北高等小学任教。1920 年至 1923 年，王剑三在惠北小学工作了三年。由于他专心教育，成绩斐然，成为一个优秀的小学教师，也为以后在川沙教育界工作打下了坚实的基础。

　　1923 年秋，川沙县教育局举办县立师范讲习所，特聘王剑三任教务主任主持校务工作。王剑三期望川沙师范不仅是培养师资的场所，更是造就革命人才的摇篮。在师资上，特聘请他在"三师"的同学、留日学生周刚直担任语文教员。所招的 20 多名学员中，有南汇的赵汀祥（赵天鹏），曹路的张平（张思贤）和浦东的潘星五（叶霁云）等人。一时间，川沙出现了一派蓬勃的革命气象。

　　1924 年下半年，上海大学学生、共产党员林钧回到川沙，向王剑三等介绍革命形势，还送来了《新青年》《向导》等进步书刊在师生中传播。受此影响，学生们的思想由"五四"运动中受到进步思想的影响，转向马克思主义和共产主义，并探求中国革命的道路。1925 年夏，王剑三由林钧发展介绍加入中国共产党。

1925 年 3 月 12 日，孙中山在北京逝世，王剑三、周刚直在川沙师范举行了有各界人士参加的追悼大会。师生们在挽联中抒发了革命豪情。王剑三、周刚直发表了慷慨激昂的演说。

1925 年 5 月，上海发生枪杀工人顾正红的事件，继而在英租界又发生枪杀游行工人学生的"五卅"惨案。上海广大工人、学生、商人，举行罢工、罢课、罢市，王剑三、周刚直等组织学生宣传队，揭露"五卅"惨案真相，支援上海工人、学生的革命行动。之后又积极组织开展川沙国民外交后援会的工作，进行了一系列的宣传、募捐活动，在川沙掀起了反帝斗争的热潮。

王剑三的革命活动，遭到军阀政府的仇视，川沙师范讲习所被迫停办，王剑三调去龚路镇明强小学当校长。1925 年 8 月，王剑三在国民党江苏省党部负责人、共产党员侯绍裘的指导下，以共产党员为主体，团结进步教师在川沙筹建国民党组织。同年 9 月，国民党川沙县党部在明强小学内秘密成立，王剑三任县党部主任委员，潘星五、黄汉魁、陆修澄、张思贤、薛博余、沈慕秋、陆冰清等十四位有志青年经常聚在一起，组织开展革命活动。

1926 年 1 月 16 日，农运领袖共产党员周水平（周刚直）被江苏军阀孙传芳密令杀害，国民党江苏省党部为周水平被害事件发表告全国民众书。战友牺牲的噩耗，使得王剑三极为悲愤，他组织悼念和济难活动，更坚定了同反动势力斗争的意志。

1926 年冬，林钧在国民党上海市党部召开了川、南、奉三县国民党县党部负责人会议，研究浦东三县的联合行动，王剑三被推荐为川沙起义的负责人。

1927 年 2 月，应林钧的要求，中共上海区委赵世炎派姚鸣心来川沙，在上川铁路新陆车站附近的潘家宅小学建立了中共川沙县独立支部。姚鸣心任独立支部书记，兼任国民党川沙县党部秘书。王剑三为独支委员，仍任国民党川沙县党部主任委员，负责半公开的全面领导工作。独立支部的任务是发动群众，积聚力量，等待时机，在川沙建立革命政权。

1927 年 3 月 22 日，上海工人第三次武装起义取得了胜利。后为上海市民政府秘书长的林钧立即指示王剑三，让他即刻率川沙参加武装起义的共产党员和国民党进步人士急速返川，组织力量夺取政权。3 月 23 日清晨，王剑三一行众人赶回到庆宁寺，坐上小火车先到新陆车站下车，在潘家宅与当地的同志会合，商议布置进城夺取政权的具体事宜，然后继续坐上小火车向川沙县城进发。

进城后，起义队伍发现军阀县长严森已闻风逃跑，警察局警佐戴翰云也藏了起来不知去向。王剑三随即派出黄汉魁等人收缴了警察的枪械，控制了警察局。又派张平等人接管了县政府的公款、公产，一些留守人员乖乖地交出了旧政府的印信。革命队伍随即发布文告，成立了以王剑三为首的川沙县临时政府，成为川沙历史上第一个人民民主政府。

川沙建立革命政权这件大事，得到中共上海区委很高的评价。3 月 24 日在《中共上海区委行动大纲——起义胜利后的各项工作》一文中一开始即指出："上海工人阶级在此次暴动，巷战至 28 小时之久，南市、闸北、吴淞、浦东以及川沙等县，都是上海工人阶级伟大的力量与农民及革命的市民联合起来克复的。"在上海革命史上留下了光辉的记录。

3 月 27 日，中共川沙独立支部在北门大操场组织召开县民大会，到会的群众有 3 万人。上川铁路职工革命热情高涨，进城群众一律免费乘车。会场上人山人海盛况空前。王剑三以大会主席的身份宣告：川沙县临时政府正式成立并公开了国民党川沙县县党部。

新政府成立后，先后组织起三友工会、上川铁路工会、棉织业工会、店员总联合会等十多个工会组织，有会员 5200 余人。农村发展农协组织，仅横沙地区参加农民协会的就有 5000 余人，还成立了农民自卫军，赶走土豪劣绅，开展减租减息斗争。国民党员也发展到 100 多人。

1927 年 4 月 12 日，蒋介石勾结上海封建帮会势力，发动了反革命政变，一大批共产党员和起义工人遭到逮捕和屠杀，革命形势急转直下。4 月 14 日，上海特别市市民政府和国民党上海市党部被查封。王剑三召集川沙新政府和县党部全体人员会议，商议对付时局的办法。会上王剑三坚定表示：坚决奋战到底，决不后退一步！

4 月 19 日，川沙地方封建势力买通国民党反动派，白崇禧派兵突来川沙，包围了川沙县临时政府和县党部，王剑三等 11 位同志被捕。次日被解往上海枫林桥原"交涉使公署"。4 月 26 日，王剑三被国民党反动派杀害，献出了年轻的生命。

1952 年 2 月，江苏省苏南行署松江专员公署追认王剑三为革命烈士。1955 年，家乡人民为纪念烈士，把振华小学改名为"剑三小学"。1973 年，烈士遗骨由家属将其火化后，存放于"川沙县烈士陵园"。

注释：

注：周刚直（1894—1926），又名周水平、周侃、周树平，江阴顾山周东庄人。中国共产党早期党员，杰出的农运领袖。1926 年毛主席以"润之"署名，在中央机关刊物"向导"上发表文章，专门介绍周水平："有一个日本留学生顾山人周水平回到本乡，看不过眼，乃劝佃农组织团体，名曰'佃农合作自救社'。周往来各村，宣传农民痛苦声泪俱下。顾山农民从者极众，江常锡三县交界各地农民都为煽动，如云而起，反对为富不仁之劣绅大地主，一致要求减租。"

给毛主席画像的沪东人钱辛稻

要说绘画毛主席像的人，何止成千上万，但若要说直面为毛主席画像的人，就恐怕少之又少且鲜为人知了。在我们沪东就有一位直面为毛主席画过速写像的人，他的名字叫钱辛稻。

钱辛稻（1912—2007）曾用名钱新涛，别名辛涛，上海浦东川沙人，著名画家，擅长油画。中国美术家协会会员、中国戏剧家协会会员，中国舞美学会顾问。作品有《在新开垦的土地上》（中国美术馆收藏）、《黄山蓬莱岛》《天山牧歌》等，出版有《钱辛稻画集》《钱辛稻作品选》。

钱辛稻，1912 年 6 月 24 日出生于原川沙县张桥乡钱家湾 4 号，钱家湾村原来就在今长岛路兰城路，长岛苑小区这一带。

1929 年，钱辛稻入周柏生画室学习绘画（注1）。1930 年，边打工边入旅沪日本画家小川七五三二办的"上海洋画研究所"学习油画。1936 年与青年画家沈之瑜（茹茹）（注2）等人创办"线上画会"，油画《上海街景》被收入画册。

1937 年上海"八一三"事变，钱辛稻毅然投笔从戎，以画笔作刀枪，加入了"上海美专"漫画宣传队赴内地，在湖北教育厅抗敌协会投入保卫大武汉的宣传工作。同年冬，加入中华全国戏剧界抗敌协会话剧第七队（后改编为"抗敌演剧第二队"）。1938 年投奔革命圣地延安，在"陕甘宁边区文化协会"工作期间，为赶制一幅毛泽东主席像时，恰被一位外国记者拍下了钱老作画时的场景。以后，这张珍贵的历史照片，屡经转折，直到四十多年后的 1980 年，才被送到中国美协，辗转至钱老手中。

1939 年调入"抗敌演剧二队"，与庄言、金浪等（注3）绘制了一批布画在延安鲁迅艺术文学院举办联展。4 月，"抗敌演剧二队"离开延安，临行前受到毛主席的接见。谈话中正遇敌机轰炸，毛主席就请青年们到窑洞继续交谈，就在此时，钱辛稻抓住时机，为毛主席画了速写像。毛主席看后面带笑容，并在画像上签了"毛泽东"三个字。同年七月，钱老加入了中国共产党。

皖南事变后，加入沈逸千（注4）为队长的"战地写生队"，赴抗战前线写生作画，《潼关天堑》《听课》等作品参加战地写生展。在"决死三纵队"举办艺术培训班，为部队培养文艺骨干。

1945 年 4 月，美总统罗斯福逝世。已进入重庆美国新闻处工作的钱老，受托为美国总统罗斯福画遗像，得到总统遗孀埃莉诺·罗斯福的高度肯定与赞赏。

抗日战争胜利后，经周总理安排，钱辛稻在上海进入美国新闻处任职，继续从事党的地下工作。1946 年 4 月，著名教育家夏丏尊逝世（注5）钱辛稻为其画遗像两幅，时人评价"临摹准确、线条老练、大可宝贵"。

解放前夕，与刘开渠等人为迎接上海解放做了大量工作。新中国成立后，在上海军管会文艺处从事美术创作，后调入华东文化部担任副科长。1953 年调入北京中央戏剧学院舞台美术系，历任系主任、党支部书记、副教授、学术委员。1960 年参加第三次中华全国文学艺术工作者代表大会。1964 年，参展油画《在新开垦的土地上》被中国美术馆收藏。1966 年为新西兰作家路易·艾黎先生的《从牛津到山丹》一书插画。1979 年参加第四次全国文学艺术工作者代表大会。1984 年获北京市高教局"为人民的教育事业辛勤工作 30 年"表彰证书。同年七月离休，享受高教五级、司局级待遇。1991 年获中国话剧艺术研究会"在话剧艺术园地耕耘逾 40 年，为话剧事业做出有益贡献"荣誉证书。1993 年获国务院特殊津贴。2000 年获北京文学艺术联合会"50 年来为繁荣祖国文学艺术事业做出积极贡献"奖。2005 年获中共中央、国务院、中央军委"纪念中国人民抗日战争胜利 60 周年"纪念章。

经过抗日战火洗礼和根据地艰苦生活的磨练，钱老革命意志坚定，为人耿直、热情、忠厚质朴。他的绘画构图严谨，用笔老辣，且善用"普鲁士蓝"色，使画面自然透出作者心中所富有的强烈的时代责任性和远大的社会责任感。主要作品《在列宁旗帜下前进》《毛主席画像》《朱总司令画像》《开凿盐井》《运煤》发表在 1938 年八路军政治部出版的《前线画报》封面和美国《幸福》杂志上。中国美术馆、中国驻外使领馆和不少国际友人、中外名人都收藏有钱老的作品。

1985 年，分别在北京中国美术馆和上海美术馆举办个人画展，著名雕塑大师、中国美协副主席刘开渠为其写展名，文学泰斗、中央戏剧学院院长曹禺先生欣然提笔："辛稻丹青不随人作计，自成一家，是真艺术。"

钱老自参加革命离开家乡后，对家乡充满了思念和眷恋。1973 年回故乡探亲，作画《故乡》，画面中的小屋为其出生地，《浦东郊区田野》画面中有家乡的横南浜，有乡亲劳作的场景，有故乡的民居和隐约的工人新村，远处还有沪东厂厂房和江边的大吊车……此画此景，在沪东家乡人的眼中显得尤其珍贵和亲切。

2007 年 2 月 2 日，钱辛稻先生在北京逝世，享年九十五岁。安息于八宝山公墓。

注释：

编者注：文中素材由钱辛稻亲属提供。

注 1：周柏生，（1887 年—1955 年）民国时期著名画家，江苏常州人，擅长工笔彩绘古装人物，尤以水彩擦笔月份牌著名。

注 2：沈之瑜，（1916 年—1990 年）别名茹茹，浙江杭州人，擅长油画。1935 年上海美专西画系毕业。历任上海美专西画系助教，《滨海报》编辑，华东军政大学文工团团长，文化局局长，上海博物馆第三任馆长。

注 3：庄言，（1915 年—2002 年）著名画家，擅长油画。江苏镇江人，早年参加革命，解放后曾任北京画院副院长、北京美术协会副主席。

　　　全浪，（1915 年—1999 年）著名画家，擅长中国画。1938 年在延安鲁艺学习，后任教于晋察冀豫北方大学文艺学院、华北大学三部、浙江美院副教授。

注 4：沈逸千，（1908 年—1944 年）上海嘉定人，现实主义中国画创作的先行者，与徐悲鸿齐名的画马名家。1931 年"九一八"事变后，上海街头出现的第一幅抗日宣传画就出自他的手笔。1933 年任上海美专国难宣传团团长、上海国难宣传团团长，率团两度北上进行救亡宣传。1938 年，自组战地写生队，足迹遍及抗日正面战场，并到过敌后抗日游击区，全面真实地反映了国共合作抗战的情况。1944 年，准备出国展览前夕，遭汉奸特务两次暗杀未遂，同年中秋前夜在重庆失踪，年仅 36 岁。

注 5：夏丏尊，（1886 年—1946 年）中国新文学运动的先驱，曾与毛泽东同过事，与叶圣陶、朱自清齐名的著名教育家。

农民的儿子　人民的公仆

　　　　　生在寻常百姓家，长在党的红旗下，
　　　　　历经波折志不移，誓甘终生为布衣。

　　这是原上海市副市长、市委副书记倪鸿福同志写在他工作笔记本扉页上的四句话，朴实的话语中所蕴含的深刻含义，既是他参加革命工作五十多年的切身感悟，也是他一生胸怀磊落的真实写照，人们也因此称他为"布衣市长"。

　　在今张杨北路东陆路的交汇处，璞爱居委会璞真园小区的东北角上，原来有个名叫"东倪家荡"的小村庄，当地乡民俗称"东倪"，1933 年 11 月 19 日，倪鸿福就出生在这个小小的村落里。倪家共有兄妹三人，老大倪鸿福、弟弟倪鸿昌、妹妹倪鸿宝。1942 年秋，倪鸿福的父亲因劳累致疾去世，年方 9 岁的倪鸿福帮助母亲卫月英挑起家庭生活的担子，为照顾 4 岁的弟弟和 9 个月的妹妹，为一家人的生计，受了不少苦，遭了不少的罪，日子过得很艰辛。

　　解放后，党领导农村土改运动，正当年轻又积极要求上进、肯吃苦耐劳的倪鸿福受到组织的信任和培养。1951 年 11 月参加工作，担任西沟乡团总支书记。以后又因表现突出逐年提拔，1952 年 12 月加入中国共产党，任高桥区团工委秘书、组织部副部长。1953 年 7 月至 1956 年 1 月，历任沙港乡[注1]、高东乡政府指导员、区级机关总支副书记、团区委副书记。1956 年 2 月，任东郊区委宣传部副部长，东郊区东沟乡党总支副书记、书记。1958 年 1 月，任浦东县东沟乡党委书记，红旗人民公社副书记兼农业部长，东沟人民公社党委副书记、书记。1966 年 5 月，任川沙县虹桥人民公社（今唐镇王港前身）党委书记、革委会召集人。1977 年 12 月，任川沙县委组织部部长，县委副书记、书记，县政协主席，县人武部第一政委。1981 年 5 月，任崇明县委书记、县人武部第一政委。1983 年 8 月，任上海市农村工作委员会党组副书记、书记。1988 年 4 月，当选为上海市副市长。1989 年 10 月，任上海市委副书记。1992 年 2 月，任市委政法委书记、市社会治安综合治理委员会主任。1993 年 4 月至 1998 年 2 月，任市检察院检察长、党组书记，市法学会会长。

　　倪鸿福是中国共产党十二大、十三大、十五大代表，第九届全国政协委员，上海市第五次、六次、七次党代会代表，第五届、六届市委委员，上海市第十届、十一届人大代表。

倪鸿福长期在基层工作，对劳动人民充满了感情，一生中留下了许多感人的动人故事。在他五十多年的革命生涯中，有三分之二的时间工作在农业第一线。倪鸿福以实干、亲民、廉洁和朴实的工作作风，赢得了广大群众的爱戴。他常常骑着那辆被干部群众戏称为"老坦克"的旧脚踏车下到乡里，村前宅后、田间小路上，常能见到老倪骑车的身影，见到他和田里农民亲切交谈的场景。他在虹桥公社任党委书记11年，每年参加劳动的天数都保持在100天以上，87个生产队的田间小路上都留下过他那辆老坦克的印迹。

20世纪七十年代末，已是川沙县委书记的倪鸿福，依然保持着骑车下基层的习惯。逢周末回家，也是先乘小火车到新陆车站，再由爱人黄玉梅用自行车带他回家，乡邻见状都笑着说道："鸿福又乘二等车回来了。"一次县常委会议开得很晚，已经过了末班小火车的时间。小车司机小徐要开车送倪书记回家，倪鸿福执意不从，硬是骑了三十多里路的脚踏车，从川沙县城赶回到家中。倪鸿福担任市农委书记后，住在西藏中路农委招待所，到市府上班还是骑车子。周末回浦东老家，总是先坐车到杨树浦路，再从定海桥摆渡到高庙庆宁寺，然后再骑上寄放在某单位的老坦克回家。倪鸿福身居高位却始终保持劳动人民朴实的品格，赢得了家乡人民的交口称赞。

倪鸿福的妻子黄玉梅原是国家干部，行政级别22级。1962年，为了分担国家经济困难，黄玉梅带头响应党的号召，主动要求下放回乡务农。几年后被安排进了铁木社工作，工资比下放前少了20多元。1978至1979年间的2%工资提级，铁木社把名额给了黄玉梅。县里也把倪鸿福列为提级对象，理由是老倪定级已经20多年了，没有加过工资，现在又担任了县委书记，工作更辛苦。倪鸿福知道后，立即找到县机关党支部谈了自己的想法，建议把名额让给其他同志；又找到妻子的上级部门县农机局，反复说明不要给妻子提级的想法。

1979年，县农机局缺一名政工干部，局领导考虑到黄玉梅同志有能力，又是老本行，是很合适的人选，如真能上调，还能按政策分到房子。可在征求倪鸿福的意见时，他还是坚决不同意。

1988年4月召开的上海市九届人大，倪鸿福原本不是副市长人选，是后来由郊区部分市人大代表联名提议，再由大会主席团推选出来的候选人，投票选举时以高票当选。所以说，倪鸿福还是上海第一位由人民代表直接选举产生的副市长。在当选副市长后，老倪表态道："代表选我当副市长，是要我为人民服务。如果我办了对人民有益的事，这仅仅是履行职责；如果我工作中出现了失误，就不能回避自己的责任；如果代表发现我没有自我批评精神，没有努力工作，甚至以权谋私，不廉洁奉公，就可以罢免我的职务。"

倪鸿福还曾写过一篇《做官与做人》的短文，文中写道："官是由组织决定的，人是靠自己来做的。做官总是一阵子，做人要做一辈子。做官要清正廉明，勤奋为民，做受人爱戴的公朴。做人要讲人格，做一个堂堂正正的诚实可信的人。好人不见得是好官，但好官必须是好人。"

1999 年初，倪鸿福已经感觉到身体的明显不适，后被诊断为"运动神经元病"，这种病的发病原因不明，发病率约为三十万分之一，而一旦确诊患上即不可逆转，无药可治。

1999 年 12 月 27 日，时任国务院总理的朱镕基来到北京 301 医院看望倪鸿福，朱总理一声"鸿福，我们九年没见面了"，倪鸿福闻之泣不成声。

2000 年 9 月，倪鸿福的弟弟、弟媳、妹妹、妹婿到上海家中探望长兄，想到自己患病不能再对年老母亲[注2]尽孝时，倪鸿福失声痛哭。

2001 年 12 月 29 日，上海检察院召开全市检察长工作会议，出席会议的同志集体给倪鸿福送贺卡，祝他早日康复。倪鸿福坚持坐着轮椅到会场和大家见面，同志们围在他身边，倪鸿福泪流满面……

2002 年 5 月 15 日，倪鸿福同志在上海华东医院逝世，终年 68 岁。追悼会挽联上写道：

　　"克己奉公，一身正气，为党为民，
　　鞠躬尽瘁，两袖清风，无怨无悔"

倪鸿福逝世后，曾经和倪鸿福生前朝夕相处一起工作过的同志亲友，陆续撰写了近百篇怀念文章，并在 2003 年底，将其中 80 多位同志所写的 66 篇文章编撰刊印，全书共 16 万多字，取书名《情系百姓》。

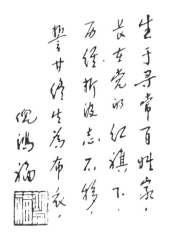

倪鸿福手书"誓甘终生为布衣"

注释：

注 1：沙港，浦东高东地区。1951 年 10 月土地改革完成，一度撤销高东乡，区域建置为沙港、高东、陈家墩三个小乡。

注 2：倪鸿福逝世时，住在莱阳新家园的老母亲卫月英尚健在。卫月英 2004 年去世，享年 97 岁。追悼会由莱阳新家园党总支书记曹兰珍主持。

马勒厂第一任地下党组书记毛良

1937 年末，马勒厂老板，英籍犹太人伊利克·马勒（Eric Moller）在庆宁寺高庙沿江地带购地造新厂，到 1938 年的 12 月，陆续将老厂从复兴岛搬到了浦东。几乎与此同时，中共地下党就开始了在该厂建立党组织的早期活动，第一任党支部书记毛良。

毛良（1898 年—1947 年），又名毛兰生、毛富生、毛南山，浙江绍兴人。毛良从小生活在广东，年青时做过轮船司炉工。1925 年参加省港大罢工，1926 年加入了中国共产党。后转到新加坡领导海员工人斗争，并很快成为新加坡海员运动的核心人物。1934 年，共产国际派闵一帆（注1）到新加坡组织领导工人运动，毛良与闵一帆及另一位同志一起组成三人领导小组，发起成立了"星洲海员寄宿舍理事会"，由毛良出任主席，公开领导海员工人罢工斗争。新加坡当时为英属殖民地，毛良等人领导的工人运动，引起了英国当局的恐慌。1936 年，毛良被英国当局强行遣送出境，后几经辗转来到上海。

1937 年 11 月，中共江苏省委在上海恢复成立，刘晓（注2）出任书记，刘长胜（注3）任省委委员、组织部长和上海工人运动委员会书记。省委领导下的工人运动委员会积极开展恢复工厂党组织工作。1939 年 7 月，毛良（毛兰生）受党组织委派进入马勒船厂筹建党的组织。毛良通过广泛接触工人，采用结拜兄弟等形式，和马小弟、杨福潮、陆忠义等九人结成兄弟会。在此基础上扩大吸收成员，兄弟会迅速增至 70 多人。毛良先后介绍马小弟、杨福潮、陆忠义等多人参加中国共产党。1940 年 10 月，马勒船厂第一个中共党支部成立，毛良任第一任书记。

马勒厂地下党支部成立后，组织发动了一系列的工人运动，成为那个时期沪东工人运动的重要组成部分。其中最有影响的事件，就是组织全厂工人大罢工和建立合法工会开展革命活动。

马勒厂工人大罢工发生在 1941 年 6 月，起因是木工沈阿康在滑道工作时坠地身亡，家属要求抚恤，厂方无故拒付，引起广大工友的强烈不满。党组织因势利导，发动全厂工人大罢工。出面向厂方交涉的"工友互助组"代表马小弟，是毛良在马勒厂发展的第一个党员，整个罢工都是在毛良任书记的中共地下党的领导下组织实施的，前后共进行了 13 天。其间，毛良为阻止厂方企图将船只拖往其他厂修理的阴谋，组织起了工人纠察队，日夜监视厂方的行动，最终迫使厂方接受大部分条件。罢工取得胜利后，毛良指示马小弟等工人谈判代表向厂方提出成立工会的合理主张。6 月底，马勒厂工会在黄家宅 1 号宣告成立，马小弟当选为工会理事长，毛良为工会常务理事。

马勒厂大罢工胜利后不久，1941 年下半年，毛良奉组织指示接受了新的任务。他和在新加坡领导海员运动时的战友、时为上海工人运动委员会成员的闵一帆，开办了"海利办庄"（办庄是广东话，是为洋行的意思）。毛良利用"海利办庄"经理的公开身份，以经营杂粮生意作掩护，同往来上海的海员建立联系，在长江船员中开展工作。次年闵一帆调离，毛良和乐圣法[注4]继续留在办庄开展地下革命活动。那时，日寇挑起的太平洋战争已经爆发（1941 年 12 月 8 日），对敌后抗日根据地发起了疯狂残酷的"扫荡"。面临极端艰苦的生活条件和军需物资的严重匮乏，毛良的"海利办庄"与新四军派出采购人员紧密配合，组织采购了大批军需物资运往新四军驻地。毛良还利用在马勒厂的工友关系，先后动员了 20 多名技术工人前往新四军兵工厂，为部队自制军火提供技术力量。

1942 年 10 月，刘长胜离上海赴淮南抗日根据地担任华中局城市工作部副部长、部长。次年 7 月将毛良调到根据地做交通工作。毛良机智勇敢，胆大心细，多次出入敌伪封锁线传递信息，联络情况，护送革命同志，从未发生重大事故，深得党组织的信任。1945 年 1 月，毛良担任了华中局城工部第二交通站永兴集站长。

1944 年 6 月，党中央发出《关于城市工作指示》，强调占领大城市和夺取交通要道的重要战略意义。中共上海地下党决定筹建地下军，10 月，在沪东地区成立纺织业和机器业两个分队，毛良任纺织业分队队长。工人地下军组建初期，为从敌人手中夺取武器，毛良和地下党员史非、王保根策划组成特别行动小组，毛良专门负责计划准备落实，及时向根据地党组织汇报情况。第一次行动，得步枪七支，轻机枪一挺，以后又缴获盒子枪二把，左轮枪一把，燃烧弹一批。有了武器，毛良组织地下军开展了一系列活动，贴标语、搞宣传、惩治汉奸。1945 年 9 月，毛良按照组织指示去青浦帮助转移一批枪支弹药，把武器安全运送到解放区。

1947 年 6 月，毛良为执行重要的交通任务，乘船途经吴淞口时被国民党军扣押，关在崇明堡镇监狱，几经严刑拷打，毛良坚不吐实，始终保守住党的秘密。后经组织营救出狱，惜不久后病逝，年仅 49 岁。

注释：

注 1：闵一帆：浙江南浔人，1927 年就读于同济大学德文班，为该校学生会主席、同济学潮的组织领导者。1930年春赴德入罗斯托大学、柏林大学就读，其间加入中国共产党，又被德共吸收为德共党员。1934年，闵一帆由共产国际派往荷兰、新加坡组织开展海员运动。

注2：刘晓：（1908—1988）湖南桐湾溪村人。1927年参加上海工人武装起义，1928年任中共江苏省奉贤县委书记，1931年任中共江苏省委秘书长。1934年当选为中央执行委员会执行委员。10月参加长征。1937年到上海恢复重建地下党组织，任中共上海群众工作委员会书记、中共江苏省委书记。解放后历任中共上海市委副书记、外交部副部长等职，出任过中国驻苏联大使、中国驻阿尔巴尼亚大使。

注3：刘长胜：（1903—1967）年轻时在苏联海参崴当码头工人，1924年加入苏联共产党，后转入中国共产党。1937年9月组织派遣来上海恢复重建上海地下党组织工作，任中共江苏省委委员、组织部长、副书记、上海工人运动委员会书记。1942年秋，任中共中央华中局城工部副部长、部长。解放战争时期，任中共中央上海局副书记、中共上海市委书记。解放后历任上海市总工会主席，全国总工会副主席、书记处书记。世界工会联合会第三次代表会议书记处书记，世界工联第四、五、六届副主席、执行委员。

注4：乐圣法：海员运动领导人，解放后任上海总工会海员工会执行委员，全国总工会委员。

工运领袖马小弟

马小弟（1913.10—1967.3），又名马伯良、马金根。原沪东地区陶家宅人[注1]。1955 年至 1960 年曾担任沪东造船厂厂长。

马小弟自幼家境贫困，12 岁即进厂当学徒，先后在老公茂船厂、日商第三机械制作所、丰田自动车株式会社、上海中华五金厂等处做工，其间还经常失业。1938 年底，马勒厂（沪东造船厂的前身）从复兴岛搬到了浦东，25 岁的马小弟进马勒厂当了工人。在中共地下党员毛良的启发教育和领导下，马小弟、杨福潮、陆忠义等人以结拜"九兄弟"、"弟兄会"等形式，发起成立工人互助组，组织发动"抗征兵"、"反拉夫"斗争，积极投身抗日救亡活动。1940 年 10 月，马小弟由毛良介绍加入中国共产党，并在继毛良之后担任了马勒厂第二任地下党支部书记。

马小弟的家在农村地区，靠黄浦江边，地僻人稀。马小弟参加党组织后，这里自然成了地下党从事抗日救国活动的理想场所，当时的许多活动都是在马小弟家秘密进行的。马小弟的妻子盛云宝积极支持丈夫的行动，热情接待地下党员同志，为掩护党的活动做了许多工作。

1941 年 5 月，马勒厂工人沈阿康工伤身亡，厂方无故拒发抚恤金，引起工友们的强烈不满。6 月 3 日，马小弟受党组织委托草拟了八条要求，以"工友互助组"的名义向厂方提出交涉。厂方不但没有答应这些条件，反而借故又开除了 20 多名工人。消息传开，全厂工友无不愤慨。党组织因势利导，当即决定发动全厂大罢工。在毛良、马小弟等人的领导下，罢工从 6 月 7 日开始一直持续到 19 日，前后历时 13 天，迫使英方老板答应了大部分要求。在党组织的指示下，马小弟抓住时机，向厂方提出成立工会的要求。就这样，马勒厂第一个合法工会于 1941 年的 6 月底在黄家宅 1 号宣告成立，马小弟被推选为工会理事长。

1941 年太平洋战争爆发，马勒船厂被日军占领。次年 3 月，马小弟受组织指示，转到日商第三机械制作所做工。他与较前已进厂的原老马勒员工、共产党人周松华一起重新建立起中共组织，先后发展张志洪、徐鹤林等人入党。那时，侵华日军在该厂制造柴油机小快艇装备日本海军，制造迫击炮炮弹充实前线军火。马小弟发动工人开展"无头"斗争，组织各种罢工、怠工，采取以次充好或暗中放进杂物等办法、阻扰、拖延日军的武器生产计划。马小弟的行动引起了日本人的注意，为保护马小弟，组织上又把他安排进中华五金厂。不到二年，马小弟又在中华五金厂先后发动大小规模的怠、罢工斗争十多次。1944 年冬，马小弟遵照党组织的要求，发起"天亮运动"，组织人员准备武装起义，里应外合，配合新四军解放上海。1945年抗日战争胜利，马小弟组织起 200 多人的工人纠察队，集体住进厂里护厂，积极准备迎接新四军入城。在马小弟的领导下，会同许炳庚等同志 (注2) 召集团结 49 家工厂 120 多名代表成立联合工会，开展要求复工、要求厂方为工人发放生活补贴的斗争，为后来筹建沪东四区机器制造业产业工会创造了条件。

由于在斗争中引起了敌人的注意，党组织决定马小弟转为党内组织工作，从事秘密革命活动。其间，马小弟历任沪东四十九厂联合工会主任、中共榆林区工作委员会委员、中共沪东重工业委员会委员、中共上海市机器业委员会委员等职。

1946 年 6 月 23 日，上海各界人士在北站召开大会，为"反对内战、争取和平"营造气势，其间通过成立上海各界争取和平联合会等决议，并组织了有五万多群众参加的示威大游行，要求解冻生活指数。其中，马小弟做了大量的组织准备工作。

1948 年 1 月，申新九厂工人为抗议扣发工资向资方提出补发配给品、按生活费指数发放年赏的合理要求遭到厂方拒绝。31 日，7000 多工人举行罢工。2 月 2 日，大批武装军警包围申新九厂，在淞沪警备司令部宣铁吾、上海警察局局长俞叔平指挥下，悍然向工人发起武装进攻，3 名女工被打死，40 余人重伤，200 多人被逮捕。震惊全国的申九"二二惨案"发生后，马小弟不顾国民党政府的白色恐怖，领导沪东机器业工人召开"申九"惨案控诉会，为死难工人佩戴黑纱，募捐慰问，张贴标语发传单，进行反逮捕反压迫斗争，迫使国民党政府当局释放了大部分被捕工人。

1948 年 8 月，根据党组织的决定，马小弟冒着危险，先后两次组织带领中共地下党员秘密转移到香港，参加中共上海局举办的学习班。当时他家中尚有大小六个孩子，经济上很困难，马勒船厂的工友们自愿募捐，在每月发工资时及时送往他家才得以维持家庭成员的生计。马小弟却把在香港打工挣得收入全都交给了党的组织。

上海解放后，马小弟回到上海，投入筹备和组织工会工作，组织工人恢复生产，支援解放战争。参与突击制造大批帆船，紧急修建龙华机场油库，抢修南京号长江渡轮以及制造水利设备等任务，为支援前线，解放舟山群岛，作出了贡献。马小弟先后任上海市总工会生产部部长、市五金工会主席、中华全国总工会第七届、第八届执行委员会候补委员、上海市第三届党代会代表、上海炼油厂厂长、沪东造船厂厂长、上海市总工会副主席、陕西柴油机厂厂长、西安 408 厂厂长等职，一生勤勤恳恳为党的事业努力工作。

在"文化大革命"中，马小弟遭到迫害，于 1967 年 3 月 31 日在西安兴平含冤去世，终年 54 岁。1979 年 12 月 14 日，在上海龙华革命公墓举行骨灰安放仪式，予以昭雪平反，恢复名誉。

2014.8

注释：

注 1：陶家宅在今德平路一带，修筑浦东大道时把村落分南北两片。在浦东大道北侧的称北陶家宅，浦东大道南面的称南陶家宅。马小弟故居在北陶家宅临靠黄浦江边的地方。

注 2：许炳庚，又名许炳华、丁民根。江苏无锡人。1940 年加入中国共产党，抗日战争胜利后，与马小弟等人筹建沪东 49 厂联合工会。解放后，曾任上海柴油机厂党委书记兼代厂长。

记沪东厂老书记孙黎明

　　说起沪东厂老厂长、老书记孙黎明，在沪东新村老一辈居民中可以说是"无人不知、没人不晓"。孙黎明1953年到沪东厂工作时，就是沪东厂厂长，以后长期担任厂党委书记，后来又当了局里的领导。他一直住在沪东新村没有离开过，人们都亲切地称呼他"老厂长、孙书记"。

　　孙黎明，1919年2月出生在山东省枣庄市阴平区小石泉村。1937年7月卢沟桥事变爆发后，孙黎明愤然弃笔从戎，参加抗日救亡运动，并于1938年1月加入中国共产党。

　　1938年初，在中共山东党组织的领导下，郭子华、张光中等人组织开展了滕县、峄县等地的武装起义，成立了鲁南人民抗日义勇大队。1938年5月又成立了鲁南人民抗日义勇队第一总队，孙黎明为义勇军总队司令部宣传员。

　　1938年秋，中共山东分局在沂水岸堤开办党校，孙黎明奉命参加学习。赴校途中，国民党保安司令张里元表示愿意接受国共联合抗战的主张，要求将这批学生安排参加由他操办的联合抗战军政干部教导队。经组织慎重研究，决定同意这个方案。学习期间，孙黎明坚决执行党组织的决定，配合领导把大家紧紧团结在一起。四十天后，与这批学员全部回归到自己的队伍。

　　1938年10月，苏鲁豫皖边区省委为适应发展党的事业和抗战的需要，决定建立边区省委党校。党校的公开名称是"山东抗日军政干部学校分校"，第一期开办在沂水县岸堤西北部的白佛寺，孙黎明为该期学员。

　　1939年1月28号，中共鲁南特委在临沂大炉成立，对外称"八路军第三工作团"，孙黎明为组织部干事。

　　1940年6月，临郯费峄四县边联办事处改称边联县委，孙黎明任组织部长。后又兼任县武装部长、群委书记、武委会主任。

　　1941年至1943年，是抗日战争最困难的期间，侵华日军连续五次大规模的"清剿"、"扫荡"，鲁南抗日根据地一度被分割压缩成几块互不关联的独立小块，许多党组织和基层政权被冲垮。许多优秀的共产党人在战斗中英勇牺牲。孙黎明和他的战友们一起经受了残酷考验。

1943年3月，山东分局根据中共中央《关于统一抗日根据地党的领导及调整各组织间关系的决定》，撤销滨海地委，同年9月和10月，先后建立滨海区一地委（滨北）和二地委（滨南），1944年6月又建立了三地委（滨中），孙黎明出任三地委群委书记、地委委员。

1944年开始，敌后抗战度过了最困难的时期，中国共产党领导的人民军队得以不断壮大。1944年1月组建温河县大队，（同年8月改为独立营），陈筹（解放后曾任重庆市副市长）、刘剑（解放后任浙江省副省长）、张健先后兼任大队长，孙黎明任温河县委书记兼八路军独立团政委。1944年10月至1946年5月，孙黎明出任中共费县县委书记。

1946年9月，鲁南区党委在滕县党家村召开工作扩大会议，决定恢复建立中共凫山县委，由孙黎明任县委书记。凫山县恢复建制时，国民党军队已经开始大规模进攻解放区，1947年初占领了滕县、邹县、南阳等地后，分五路进攻凫山地区，企图消灭鲁南二地委、二军分区机关部队和凫山地方武装。孙黎明遵照上级指示领导凫山县委组织撤退，同时组织带领武装力量展开了一系列军事行动。

1948年3月，孙黎明调任地委工作，先后担任鲁南地委民运部长，台枣、滕县地委组织部长监委书记、土改镇反司令部司令。

解放后，1952年1月，孙黎明任中共华东局组织部干部二科科长。12月，任上海英联船厂军代表、党委副书记。1953年4月，任沪东造船厂厂长、党委书记。1972年10月，任上海市机电一局造船公司党委书记。1977年12月，任上海市造船工业局顾问、党委副书记、副局长。1981年8月，任上海市船舶工业公司党委副书记。1983年12月离休。

"文化大革命"期间，孙黎明同志受到冲击和迫害，但他始终相信人民、相信党。党的十届三中全会以来，他坚决拥护党的改革开放政策，坚持四项基本原则，以饱满的热情和积极的工作，大力推进上海造船系统的生产发展和技术进步。离休后，仍然关注造船工业的发展，并以认真负责的态度参加造船军工史料的编审工作。同时，还积极为老解放区编写党史，提供历史资料，表现了一个老同志、老党员的执着追求和崇高的革命精神。2000年9月，孙黎明因患冠心病医治无效在上海逝世，享年81岁。

2013.8 整理

沪东厂老宣传部长赵焕臣

赵焕臣（1925—2008）航天工业部正局级干部，曾任沪东厂宣传部长。赵焕臣又名赵惠庭，河北大城县权村乡东汪村人，曾任东汪村村干部。1945 年 5 月加入中国共产党，任河县七区、三区小学校长，土改宣传队队长。1948 年 8 月任河县十四区文教助理员、代理区长。1949 年随部队南下，先后任南京文化会堂接管组组长，华东人民革命大学四、六大队辅导助理、辅导员，南京市干部学校三部教育科科长。1953 年 4 月任南京市委私营企业委员会宣传科科长、南京针织内衣厂公私合营工作组组长。1954 年进沪东厂工作，先后担任秘书科科长、船台车间党支部书记、沪东厂团委书记、沪东厂宣传部部长、沪东厂党委办公室主任等职。1966 年 8 月参加上海皮鞋厂社教工作队、上海航空工业学校工宣队任副队长。1971 年 9 月调任上海船厂锻工车间党支部书记、上海船厂教育组组长、上海船厂清查办公室主任、上海船厂组织科科长、上海船厂政治部副主任。1979 年 6 月任上海新华无线电厂党委书记。1980 年任上海机电二局纪委书记。1984 年 1 月任上海航天局正处调研员。1985 年 4月离休时，经航天工业部政治部批准提为副局级待遇。1992 年 4 月经航空航天工业部人事局批准为正局级干部。

赵焕臣的家乡是敌后抗日根据地。1945 年初，东汪村成立民兵组织，赵焕臣担任民兵指导员，参加了著名的东汪村保卫战。

东汪村保卫战是我英勇的民兵和群众以街垒战、地道战、地雷战大量消灭敌人的著名战例。1945 年 4 月 12 日，日寇纠集青县、留各庄、里坦、沙河等十几个据点的 1000 多日伪军，从四面八方向东汪村包围过来。得到情报的村支书刘景风、村长刘增年决定以己之长打击来犯敌人。区小队、基本民兵队在村内村外各交通要道遍布地雷，战斗打响后，又不断变换战术，采用灵活机动的街垒战、地道战、地雷战等形式，与 20 余倍于我的敌人苦战。在战斗最为激烈、区小队遭到危急时，赵焕臣奉命带领民兵迂回出击接应，为区小队的顺利转移赢得了宝贵的时间。此役共消灭敌伪军 200 多人、日本鬼子 18 人。我民兵仅几人受伤。

1947 年 5 月，晋察冀军区对国民党军发起大规模牵制作战，在整个战役进行过程中，赵焕臣组织学生慰问队赶赴战斗前线慰问护理伤病员。大清河战役打响后，又积极组织支前工作队、组建伤员转运站、发动乡民支援前线。战斗结束后，赵焕臣因表现突出、成绩显著荣立三等功。

1948 年 8 月，赵焕臣调到任河县政府工作，先后担任文教助理、区政府秘书和代区长。

新中国成立前夕，赵焕臣随军南下，编入金陵支队、文教大队四中队。后又调入华东人民革命大学担任大队辅导助理、辅导员。1952 年，"华东革大"结束，学校更改为南京干部学院，赵焕臣任该校教育科科长。后又奉命组建劳动就业工作队，并担任队长。

1954 年 4 月，赵焕臣先是在南京内衣针织厂担任公私合营工作组组长，后又在上海沪东造船厂、上海船厂、上海新华无线电厂等工业战线上辛勤奋斗了 32 年。其间，赵焕臣同志工作勤奋，一心扑在祖国的造船事业上，尤其是在为老同志落实政策、解决冤假错案、拨乱反正等方面做了大量工作，受到国防科工委领导的肯定和表扬。

在长期的革命生涯中，赵焕臣同志因工作需要多次调动岗位和职务。他坚决服从组织安排，从不计较个人得失，干一行爱一行，充分表现出一名党员领导干部高度的政治觉悟。

2008 年 3 月 28 日，赵焕臣在上海仁济医院逝世，享年 84 岁。

非常时期的沪东厂厂长邹子玉

邹子玉，1915—1987 年，山东牟平人。年幼丧父，11 岁时随母闯关东到过黑河，后进入哈尔滨造船所当学徒。1944 年回山东家乡参加八路军，1947 年加入中国共产党。先后在胶东军区后勤部兵工一厂、二厂，军工局工务科山东矿产管理局南墅石墨厂任股长、厂长。解放后在华东工业部上海唱片公司任厂长、军管英联船厂任科长、联络员等职。1953 年，调沪东造船厂任技术科长。

当时的沪东船厂技术力量薄弱，管理也不够规范。邹子玉经常召集大家开技术座谈会，研究解决生产过程中出现的技术问题，组织人员逐步建立起技术图纸、技术资料的管理、使用制度，开始积累船舶建造技术资料，很快改变了技术科管理混乱和职责不清的状况。以后组织上又安排邹子玉担任工艺科长，金工、造机、造船车间主任，后勤部副部长等职。

1950 年代末、1960 年代初，为适应苏联援助的"21"舰建造任务，邹子玉提出了一个大胆的设想：组成一个集设计、技术、物资供应和生产等各环节成龙配套的生产线。后来这一体制在生产实践中表现出了很强的活力，大大加快了"21"舰的试制进程。

1960 年邹子玉担任了副厂长，负责全厂的生产、技术和经营。1965 年 8 月至 1967 年 1 月代理厂长。"文革"期间，他身处逆境，下放劳动期间还学到了许多宝贵的知识。他一生尊重人才，即便是在知识分子被辱为"臭老九"的年代，仍把有真才实学的人安排到重要岗位上。"文革"结束后，1978 年 7 月，回沪东厂任厂长直至离休。在他长期担任国企大厂主要领导期间，以出色的组织、指挥、管理才能，先后参与和领导了"21"、"25"、"053"、"053H"、"600H"、"1000T"、"3000T"军辅船、"实践"号、"向阳红"号海洋调查船，"7500 吨客货轮"、"25000 吨货船"、"30000 吨出口远洋散装货轮"、"新加坡三用工作船"等一大批军民船舶的建造。

邹子玉对船舶的设计、建造、试航、交船等各个环节都抓得很紧、很仔细。宁可"千虑"操胜券，不可"一失"出差错，是邹子玉一贯的严谨作风。有一年，一艘"21"舰在试航中出现了主机工作缺陷等十多个问题，情况出现后，一个个故障在最短时间内被排除，唯独 AA 缸的缺陷原因始终查不出来。邹子玉连夜赶赴青岛，一踏上"21"舰便一头钻进机舱，仔细询问情况，和试航人员一起查找原因，很快找明了缺陷的原因并迅速排除了故障。1968年，某军舰去青岛试航，由邹子玉带队出海。当有几百发炮弹需要尽快搬上军舰时，因曾发生过臭弹爆炸事故，使得不少人心有余悸。作为共产党员和解放军老战士的邹子玉身先士卒，率先搬起一发炮弹就上了船，他的行动感动了所有在场的人，几百发炮弹很快被运到了船上。

作为一名指挥者，邹子玉具有不满现状、着眼未来的精神和气魄。中央指示"中国船舶要打进国际市场"时，他和职工们大胆瞄准国际市场，开发、承接了36000吨远洋散装货轮和4000/6000马力海上三用工作船等一批当时具有世界先进水平的出口船舶。1974年他重新回到领导岗位，当时390机试制遇到困难，有人提出引进英国AO柴油机，邹子玉和造机所所长分析了工厂的技术生产能力，决定依靠自己的力量拿下390机。他精心觅罗精兵强将组成攻关小组，亲自主持每星期的生产调度会议。为解决轴瓦难题，冒着酷暑赶赴安徽山区……在大家的共同努力下，390机从750小时折验提高到1500小时再到3000小时折验，终于以其过硬的性能和质量获得国家银质奖。

1977年邹子玉调任江南造船厂副厂长兼总工程师。1978年调回沪东造船厂任厂长。1979年总公司引进了挪威B&W专利，在他的指挥下，18个月后第一台8L55柴油机便研制出来了。随后，又很快造出了5L35、5L70、6L60机，在五年内使引进的专利生产柴油机跨越了三代，生产了4种达到80年代先进水平的柴油机。沪东厂也因此逐渐形成和坚定了"引进、消化、开发、创新"的方针，加速了自行研制大功率船用柴油机的更新换代。很快，工厂制造的HD—6E34/82型柴油机成为世界四大名品低速船用柴油机之一。

1983年12月邹子玉离休，仍坚持以普通共产党员的身份参加各项活动。1987年10月，在他病危的前一天，还在认真阅读修改关于办好船厂技校的建议书。1987年10月28日，邹子玉因病逝世，享年72岁。

2014年12月

民族企业家打桩大王沈生大

　　在今上川居委辖区金桥路 159 弄，曾有一处名叫"三友里"的弄堂建筑，建造此屋的即是人称"打桩生大"的民族企业家沈生大。

　　沈生大（1884 年—1937 年），浦东高庙人。幼年家境贫苦没能进学堂念书。童年时提篮在街头卖菜以贴补家用。稍长，助父在黄浦江上撑摆渡船，未及成年便到码头做装卸工。沈生大手脚麻利，干活勤快，且勤于思考，善于巧干，起卸货物时，能把吊装货物的把杆竖得又快又好。不久，在沈生大的周围逐渐集聚起一批工人，还拥有了自己的起吊设备。那时码头竞争很激烈，谁的卸货质量差、速度慢，就难以接到业务而面临淘汰。遇到这种情况，同行畏难想要出售设备时，沈生大则不论新旧一律以新价购进，还让工人也一起跟过来，这样无形中就把对方的业务转移了过来，还减少了竞争对手。

　　1909 年，25 岁的沈生大添置起重工具，在杨树浦路新康里 3 号开办了"沈生记营造厂"。他的经营思路实在，扬长避短，不贪图大、多、全，只做基础打桩、起重安装业务。沈生大知人善用，比他小 5 岁的桩头师傅陈根荣，年轻有为，头脑活络，熟知地质情况，具有丰富的现场施工经验。沈许以 10% 股份的优厚待遇聘陈为沈生记营造厂监工（施工总工程师）。陈后来提出用角钢桩架替代笨重的木桩架，还把打桩机和锅炉分开运装，大大方便了施工设备的移动和安装，提高了业务竞争能力。陈于 1925 年脱离沈生记另组陈根记营造厂，后来也发展成为建筑打桩行业的佼佼者。

　　经过几年时间的发展，沈生大以其过硬的技术和良好的声誉，在建筑行业圈内声名鹊起，以至当时上海建筑工程中凡有打桩、起重、安装业务的大多转包给了他的营造厂，沈也因此成为上海滩名副其实的打桩专家，家乡人称"打桩生大"。鼎盛时期，沈生记营造厂仅打桩机械就有 37 套之多，在南京、重庆都设有分厂。承包的工程北到黄河大铁桥，南到广州中山纪念堂，东南沿海轮船码头，长江水路，南方各省的公路铁路桥梁、码头及厂房基础设备安装等遍及大半个中国。

　　1930 年，工部局要在今平凉路隆昌路口建巡捕房（现为杨浦公安分局），沈生大与外商马尔康工程公司竞争，谈判时双方相持不下，工部局决定谁先进场谁承包。

沈生大连夜行动，凭借桩架轻巧、设备便于分装的优势，人员、机械抢先进场。马尔康公司老板一气之下离开上海，转往香港等他处营业。

1932年上海工部局决定重建跑马厅，需拆除旧跑马厅。外国建筑商估算要用月余时间，沈生大提出只要5天，条件是每天产生的建筑垃圾须由工部局负责当天清除。后来按沈确定的施工方案果真只用了5天就出色完成了任务。这次施工的成功，打破了以往工部局工程全由外国建筑商垄断的局面，奠定了沈生大与外商竞争的基础；形成了与著名丹麦籍打桩企业康益洋行分庭抗礼的局面，并成功承揽了江海关、百老汇大厦、永安公司、中国银行等重大建筑工程的打桩业务。康益洋行自觉无力与他竞争，遂宴请沈生大，声明自己只承包美孚、德士古、亚细亚、慎昌等外商企业的工程，且开价必先和他联系。1934年，钱塘江大桥打桩工程，沈不计前嫌，邀康益洋行联合施工。[注1]

钱塘江自古凶险，上游时遇山洪暴发、下段常有海潮涌入，加上江底石层深达40多米，还有极细的河沙流动，给造桥打桩作业带来很大的困难。外国人断言，中国人不可能在钱塘江上造成大桥，并扬言道："造钱塘江大桥的工程师还没出世哩"。

按设计规划，江中的九个桥墩共要打桩头1440根。施工第一天，打桩船就被汹涌的江水冲毁沉没，后来也只能一天一夜打一根桩。施工陷入很大的困境。沈生大找到总设计师茅以升一起商量，从浇花壶水把土冲出小洞的现象中受到启发，建议采用抽江水在厚硬泥沙上冲出深洞再打桩的"射水法"施工，使原来一昼夜只能打1根桩，提高到一天可以打桩30根，大大加快了工程进度。中国人以自己的智慧与能力彻底击碎了外国人的妄言。

1934年7月，位于江苏六合卸甲甸的永利碱厂动工建设。这是解放前最大的一家化工厂，是国民政府当年制定的十项振兴实业工程之一。开工后不久，上海金融界认为投资周期过长，风险太大，不敢继续放贷，以致工厂建造陷入困境。出于民族大义和自身利益考虑，沈生大主动提出：他所承包的厂房桩基、码头、金属结构、大型设备构件的高空安装等工程，除了工人工资、蒸汽卷扬机锅炉用煤由厂方负担外，其他费用待工厂投产经济好转后再酌情结算。3年零7个月后，工厂建成开工。

沈生大识字不多，然思想前卫，能接受先进的管理思想。1933年建造宁波鄞镇江桥时，就已采用"建设方、施工方、监工方"三方共同参与的施工模式。事后，在当地所立的《重修鄞镇江桥征信碑》上赫然刻有"承造者 上海沈生记营造厂""监工 吴浚甫君"等字样。鄞镇江桥是我国较早建造的仿欧式钢砼结构拱桥，现为浙江省重点保护建筑。

1934年，沈生记营造厂承包了浙赣铁路上13座大桥的桥桩施工工程，合同签订后应先付30%工程款，浙江省省长黄绍竑以势扣压不付，余款又以浙江省发行的债券抵付。沈生大只得垫付大量资金维持施工。抗日战争爆发后，沈生大手中的债券变得分文不值，直接导致沈生记营造厂的没落。

1936年南昌市内建造三座大桥，陶桂记营造厂[注2]总承包，其中的打桩、安装由沈生记营造厂分包。工程即将竣工时，突遇60年未遇的特大山洪，工程全部冲垮，7套卷扬机及3吨多重的打桩锤被洪水冲得无影无踪，还死了2个工人。国民政府称天灾人祸各听天命，一切损失由承包人自负。桥仍得重造，还必须限时完成。遭此变故，加上死亡工人家属催要抚恤金，致使沈生大心力交瘁，突发脑溢血病倒。1937年农历十一月，沈生大在家中病逝，享年53岁。

2014 年 6 月 17 日

注释：

注 1：关于钱塘江大桥建桥时基础工程，有康益洋行签订标书，打桩工程的施工操作都有沈生大营造厂组织实施完成。

注 2：陶桂记营造厂，民国时期上海滩著名建筑商，川沙人陶桂松于1920年创办。

修造以前的任铁渡桥（鄞镇江桥）
桥墩塌陷十分危险

1933 年建造宁波鄞镇江桥，
现为浙江省重点保护建筑

陆行中学创办人姚德明

2002 年，沪东新村街道利津路北边、汇佳苑居民区南侧，一所公建配套的中学——陆行中学北校区建成竣工。陆行中学的总校在原上川路 800 号今金桥路 1288 号，是一座创建于 1944 年的老牌名校，创办人姚德明。

创办三修私立学校

姚德明（1909 年—1983 年），原川沙县金桥乡金联村人，年轻时在浦西经营皮革生意，凭着良好的信誉，经多年打拼，终使事业有成。

1904 年，浦东乡绅谢锡祉等人以"修德、修艺、修身"为校训，在金家桥东塝三官堂创办了"三修小学"。1937 年，日寇占领上海，三修小学为日伪强占，强迫将其更名为"金镇小学"，并实行奴化教育。出于民族义愤，姚德明联络了朱曦、姚锡明、李书田、顾明儒等人发起创办新三修小学，以期恢复原三修小学之校风。1942 年初，姚德明出资买下李家宅村民李锡根民房两间半，安排给沈阿成一家居住，将沈阿成的五间堂赁作教室。另租何春桂房屋二间作为教师宿舍，聘请原三修小学校长赵辑斯为校长，赵富之为副校长。办学过程中除部分经费向社会捐募筹措外，不敷部分均由姚德明负担。同年 8 月，地处晓光村的私立三修小学正式挂牌开学，乡里百姓无不拍额击掌以示庆贺。

小学开办后不久，姚德明感到金家桥附近尚无中学，仍无法满足乡里子弟继续求学的愿望，遂再与朱曦、姚锡明、李书田、顾明儒等人商榷，决定在小学内开设中学部。姚德明自捐族田 2 亩用于筹建校舍，扩校经费仍由姚设法筹措。1943 年，新建五间校舍落成，三修小学中学部成立，1944 年正式名为三修中学（陆行中学前身），首任校长张政平。

捐给政府成为市立中学

1945 年 8 月抗战胜利后，姚德明为争取学校的发展，决定将学校捐给政府。姚向市教育局呈文申请，希望将三修中学、连同小学部一起归纳为市立公办学校。市教育局表示，须将零散土地集中成整块方能接受。姚不惜倾囊举债，又出资购置土地 16 余亩捐给学校作基地。校方又提出校舍不够，还需建造校舍六间。姚自资再建了校舍二间，向社会商界募集资金造了四间。至此，姚德明捐校的申请遂获通过。1946 年 2 月，国民政府上海市教育局正式接受三修中学为市立中学，并将时属陆行行政区的学校更名为"上海市立陆行中学"，委派叶奕颐、蒋舜年、张政平为筹备委员，任命蒋舜年为校长。

一举成为浦东名校

1946 年 5 月 19 日，经校方与姚德明、朱曦、顾明儒等反复研究、多次商讨，订立协议将姚德明、姚永明、顾明儒等捐赠的田地与他人调换，以便集中于晓光村浜东（今金桥路 1288 号西侧）筹建新校舍，并将这一天日定为建校纪念日。6 月，蒋舜年领导成立扩建校舍基金筹募委员会，聘请姚德明、朱曦、顾明儒、闵克勤等地方人士为委员，并三次在地方及学校师生中开展筹募工作。7 月，第一期工程开始兴建，10 月，校舍"勤斋"落成，中学部由老校舍迁入"勤斋"。11 月底"静斋"建成，师生全部迁入新址上课。是年秋季扩大招生，增收寄宿生。为解决学生宿舍，在金家桥集镇浜东租赁源记正花号平房 14 间作为男生宿舍。当年即招高中 2 个班，初中 6 个班，学生 350 余人，教职员工 29 人。不久，"明斋"、"诚斋"、"群力斋"、"群英斋"、"求是斋"以及可容 500 余人上大课开大会的礼堂"两宜斋"等建筑相继落成，占地近 10 亩的运动场也初步建成。至 1948 年 5 月，全校建筑面积已达 2000 余平方米，校舍近百间，占地 20 余亩。拥有高中 4 个班，初中 8 个班，在校学生 671 人，教职员工 54 名，一举成为浦东四大名校之一。1948 年秋，第一届高中生毕业，其中有一半以上的学生考入了大学。

1957 年开始接纳来自印尼、泰国等国家的华侨子弟入学，至 1960 年，先后接纳侨生有 78 名，以后继续有侨生在此校求读。"文革"前夕，共有初高中班级 41 个，学生 2173 人，教职员工 146 名。

1962 年春，当年 79 岁的著名书法家沈尹默挥毫为陆行中学题写了校名。1966 年 8 月至 1967 年 3 月，学校曾改名为"上海市红卫二十一中"。"文革"结束后恢复原校名。以后，校舍及教学设施得以大规模改造和发展，教学楼、实验楼、艺术楼、图书馆、天文馆、电脑房、语音室、多媒体教室以及塑胶跑道运动场、小口径步枪射击馆、短道游泳池、餐厅、宿舍楼等一应俱全。2003 年发展成为拥有 2 所分校、3 个校区、72 个班级，学生 3400 余人、教职员工 270 余名的大型完全中学。地处沪东地区的陆行北校即为其中的一所分校。

英才辈出桃李天下

陆行中学自建校至今，毕业人数约有 5 万之众，历届毕业生中英才辈出桃李天下：闵耀中，研究员、中共十四大代表，中纪委委员；尚德俊，全国政协委员；凌荣国，浙江工程学院院长；陆章福，研究员、航天集团空间技术研究院研究室主任；储家骥，国家审计局副局长；陆文俊，中国计量科学研究院主任研究员；陶荣甲，美国天普大学教授；张新邦，北京控制工程研究院研究员；陈治东，复旦大学教授、博士生导师；顾牡，同济大学教授、博士生导师；张志军、68届毕业生，曾任国台办主任……其他大学教授、高级工程师、处局级以上干部、解放军将校军官等合计多达百人。

注释：

注：沈尹默为中国近代著名的大书法家，原名君默，号秋明、瓠瓜，别号鬼谷子，曾与陈独秀、李大钊、鲁迅、胡适等同办《新青年》。解放后历任中央文史馆副馆长、上海市人民委员会委员、全国人大代表和政协委员。毛主席接见过沈老，周总理家中和办公室都挂过沈老的字。沈尹默1971年病逝于上海，享年88岁。位于上海海伦路504号的沈尹默故居作为历史名人纪念馆对外开放。"上海市立陆行中学"校名由沈尹默先生题写。

解放初期陆行中学老校门

沈慕秋夫妇一心一意办教育

　　1943 年至 1950 年间，主持庆宁寺问道小学教务的校长叫沈慕秋。沈暮秋（1905 年—1995 年）又名沈韵仙，原南汇县惠南镇人（今浦东新区）。沈家为当地望族，家世殷实且家风开明。由于受到当时革命风潮的影响，沈年幼时未曾裹足，还被送到学堂接受了启蒙教育。

　　1922 年，17 岁的沈韵仙进入南洋师范学校就读。在校学习期间，深受女教师吴若安的影响。吴若安、我国著名教育家，曾出任上海市教育局副局长，一至六届全国人大代表、民进中央第六和第七届副主席、第四和第五届上海市政协副主席、中国红十字会上海分会名誉会长等职。年轻时的吴若安追求进步，仰慕诸多近代中外女革命家，经常给同学们讲秋瑾投身革命的故事，讲法国女革命家若安的故事。吴若安原名吴杏宝，因敬仰法国女革命家若安而改名叫"吴若安"。吴若安"主张女权和教育救国"的思想，以至抱定终生独身也要投身革命。这些思想都对沈韵仙产生了深远的影响。沈韵仙十分敬重民国女侠秋瑾[注1]，她效仿吴若安的做法，把自己的名字改成"慕秋"，以表达对革命先烈秋瑾女士的仰慕。

　　1925 年，20 岁的沈慕秋进入南汇惠南小学任教，这是一座历史悠久的学校，创立于 1899 年。曾任党中央书记的张闻天，民建中央常委王艮仲，中央交通部副部长潘琪，复旦大学经济学教授夏炎德等人都曾在这里念过书。此时正值第一次国共合作时期，许多有志青年纷纷投身于大革命的洪流之中。沈慕秋通过同学陆冰清认识了王剑三[注2]、潘星五、张思贤、薛博宇、陆修澄、陈适之、黄汉魁等人，在王剑三的领导下，14 位有志青年常聚在一起积极开展革命活动，沈慕秋在南汇的家也成了他们聚会活动的地方。

　　1927 年 4 月，国民党反动派发动反革命政变，第一次国共合作破裂，革命进入低潮，王剑三惨遭杀害。在愤慨与迷茫中，沈慕秋始终秉持"教育救国"的思想，拼搏奋斗在教育工作第一线。1928 年—1932 年，任教于川沙惠北小学；1932 年—1935 年，在浦西四川路小学；1935 年—1939 年北京路民生小学；1939 年—1943 年复兴中学、伟建小学任教；1943 年—1950 年，出任浦东上川路问道小学校长。沈慕秋三十岁才结婚，丈夫是同为从事教育工作的丁儒侠。

丁儒侠，原名丁双喜，浦东杨园人，1905 年出生，与沈慕秋同岁。丁家世代务农，上海开埠后到浦西寻生活，习做裁缝生意，凭着过硬的本领和良好的信誉在圈里站稳了脚。到了丁儒侠的父辈，已在浦西开有作坊。丁儒侠自幼生活在浦西，读书期间刻苦用功，成绩很好，具有扎实的国语功底，外语成绩也相当优秀。丁儒侠学名"双喜"，年少时，正遇历史大变革、时代大动荡时期，受到孙中山国民革命思想的影响，丁浩气勃发，立志要成为文武兼备的有为青年，改名"儒侠"。为学武术，丁进入当时位于提篮桥附近倍开尔路的精武体育会学习精武武术，选学的是罗光玉先生的螳螂拳。丁曾苦练螳螂拳术和螳螂门中的罗汉功法和分筋截脉功法。帮助其师罗光玉整理传统武术拳谱资料，自己也留下了大量的习拳练功的心得体会。被誉为与马建超、陈震仪齐名的罗氏螳螂三大弟子。

丁儒侠思维活跃、文笔出众，青年时期受鲁迅等左翼作家影响很深。反对奴性、反对侵略，反抗外来侵略。抗战时期曾为胡风主办的《七月》《希望》等杂志撰写文章。1943 年，时为上海博仁中学国语教师的丁儒侠为协助妻子沈慕秋主持问道小学校务，举家搬到高庙庆宁寺，在寺前浜 15 号、丁家宅 9 号等处安顿。兼任问道小学、居家桥西新小学语文教师。1946 年，国民党上海市副市长吴绍澍官场失意，在望平街筹办《正言报》，张一凡为经济版主笔，史良黻为画刊编辑，陈汝惠为教育版编辑、主笔，丁儒侠受聘出任编辑。《正言报》的政治观点常与当局相悖，发表过反内战、反饥饿、反迫害的时事新闻、随笔、杂文、逸事。1948 年，革命烈士王孝和被害，《正言报》发表"不要再制造第二个王孝和"的社论，抨击国民党当局的反动政策。解放前夕，国民党军队在上海外围大量建造碉堡群，丁儒侠撰文"碉堡与坟墓"，讽刺国民党反动派的愚昧做法，隐喻国民党必将失败的后果。

1947 年，爱国人士、本邑人贾德超创办正谊中学（解放后改名为泾南中学），丁儒侠受聘担任该校国语教师，主授古汉语。

在沈慕秋担任问道小学校长期间，时局动荡，学生减少，学校生存维艰。为了维持学校的存在，教育之余，沈时常带领学生自己种菜种田，对交不起学费的困难学生实行减免。经费实在不足时，就从自己的收入中拿来弥补。问道小学紧邻美孚油库，时受战争影响，有时不能在学校正常上课，夫妇俩就带着学生四处借临房作教室，也不让学生耽误学习。

解放后，丁儒侠不再从事教育工作，1962 年在杨园老家病逝。50 年代初，沈慕秋被迁回杨园务农为生。1986 年，杨浦区教育局发文为沈慕秋平反，给予享受干部退休待遇。1995 年，沈慕秋病逝，享年 91 岁。

注释：

注1：秋瑾（1875年—1907年），女，字竞雄，号鉴湖女侠，浙江绍兴人。中国女权和女学思想的倡导者，近代民主革命志士。极力提倡女权女学，积极筹办《中国女报》，发表"女权文章"，推动妇女解放运动的发展。1907年，秋瑾同光复会成员一同组织革命运动，反对落后的清政府，后不幸被捕。1907年7月15日，秋瑾从容就义于绍兴轩亭口。

注2：王剑三（1887年—1927年），又名王剑山，号南冈，原名王鸣岐、王文凤。浦东川沙杨园乡金光村人。大革命时期川沙革命的直接组织者和领导者，是川沙历史上第一个人民民主政权的领导人。国共合作时期以国民党川沙县党部名义开展革命工作，1927年4月26日，被国民党反动派杀害，年仅30岁。

金桥路136弄15号，
原问道小学旧址后为进涛小学东校区

丁儒侠在博仁中学任教时与学生们的合影

胡学年捐资母校办教育

1990 年 9 月 1 日，上海市副市长谢丽娟来到浦东居家桥小学，参加爱国侨胞、杨浦区海外联谊会名誉会长、香港远东家俱有限公司董事长胡雪年捐资百万改建、学校更名为进涛小学的剪彩典礼。

说起胡雪年，高庙本地人知道的可能不多，但要说起殷锦荣，老居民都知道，他出生在高庙上川路殷家宅 29 号，其父名叫殷金桃。其实，胡雪年就是殷锦荣，学校改名"进涛小学"是取其父名"金桃"的谐音，捐资办校是殷锦荣为了报答父母的养育之恩和家乡母校对他的教育培养。

殷锦荣少年时就读于家乡的问道小学，（即后来的庆宁寺小学、上川路小学，现为进涛小学东校区）。殷锦荣对家乡、母校有着很深的感情，是学校的启蒙和教育，培养了他自强不息、勇于拼搏又乐善助人的开朗性格。殷锦荣在学校读书期间，一次正遇一位低年级女孩掉入了寺院荷花池里，旁边的学生都吓得惊慌失措，大惊大叫起来。在险情面前，殷锦荣毫不犹豫，冒着危险跳入池中，奋力把小女孩救了上来。被救的女孩名叫沈南萍，多年以后的 1990 年 9 月，在进涛小学揭牌典礼上，沈南萍捧着鲜花，满怀激动的心情，当面感谢殷锦荣先生当年的救命之恩。

殷锦荣在 16 岁时去了日本，先是在一家家具作坊做帮工。殷锦荣生性耿直，工作勤奋，踏实肯干，深得老板的信任和喜爱。后来，老板把作坊的经营都交给了他。

殷锦荣继承了老板的企业后，又经多年辛苦打拼，在红木家具行业圈里取得了长足的进展，事业拓展到香港，成立了香港远东家私有限公司。以后又在美国、加拿大、中东等地开设了多家分公司。

殷锦荣致富不忘回报社会，尤其关心家乡的教育事业，多次表示要资助母校改善教育环境。由于当时上川路小学刚大修不久，这才有了把捐资给了临近高庙不远的居家桥小学的故事。殷锦荣捐资百万给了进涛小学后不久，1989 年又在广州捐资百万给了荔城县荔城镇的广元小学。

1990 年 4 月，广州市政府召开集资、捐资办学表彰大会，胡雪年（即殷锦荣）与霍英东、马万棋、曾宪梓等 50 人同获广州市政府的表彰。1991 年 7 月，广州市第九届人民代表大会常务委员会第二十六次会议决定，授予曾宪梓、胡雪年等 18 人为

"广州市荣誉市民"称号。

可惜这样一位发家不忘故乡，热衷社会公益，热衷家乡教育事业的爱国华侨，在 1992 年参加深圳一家企业的开工典礼时，因发生钢缆断裂事故而不幸受伤身亡，时年 68 岁。

沈南萍手捧鲜花感谢殷锦荣当年的救命之恩

沪剧老戏骨张清

　　沪东新村街道朱家门小区的西南角，靠五连路一侧的围墙边，两排高耸笔直的水杉树顺延向前。尽头处左侧旁，有个铺着石子路的小花园，我常在那里打拳锻炼，有时也会带着几个小朋友在那里训练。我们练拳的时候，常会看到一对老夫妻，老先生腿脚不便，出门要坐轮椅，让老伴推着四处转悠。看到我们在练拳，老人总要停下来，远远地看着，嘴里喃喃的，不停地和老爱人在说话，偶尔还会用手比划着。从老人娴熟的手法动作，看得出他老人家绝对是练家子出身，就是不知他练的是哪门哪派。有一次老人经过我们身边时，我礼貌地向老人拱手行礼："老前辈，请多指教。"老人看看我，目光中闪出炯炯神采，倏地咧嘴一笑，欲言又止又略显无奈的表情，几乎察觉不到地摇了摇头，让老伴推着他走了。一会又传来了老人家咿呀哼唱的曲调声……望着老人远去的轮椅，我的直觉告诉我，老汉不会是等闲之辈，定是个有故事的人。

　　寒来暑往，我与老人时有见面，也只是相互寒暄，礼貌交谈。老人始终没有谈及自己的身世，我心中的疑惑也一直没有得到证实。直到今年 6 月的一天，一起晨练的拳友们在说，唱沪剧的张清走了。闻听此言，我一下子有点懵圈，没能反应过来，难道我时常见到的那位老汉竟然是沪剧界大名鼎鼎的老戏骨张清？直到老人门前摆放的花圈证实了这个消息，时间是 2022 年的 6 月 29 日。

　　张清出生于 1933 年，浦东沪东地区朱家门村人。这里过去属川沙县张桥乡，张清出生的村落叫西库，是在朱家门村邻旁的一个自然村落。张清原本叫朱福成，张清是他进了沪剧团后从父姓改的名。

　　张清父母共育姐弟两人，他是弟弟又是男孩，生性自然多些顽皮。张清具有很好的文娱天分，喜欢唱唱跳跳。他为人聪明，长相出众，是个很有个性、很自信、行事果断的男人。1953 年，张清考取上海人民沪剧团，得到丁是娥、解洪元、邵滨孙、筱爱琴等老一辈艺术家的悉心指导，尤其是解洪元和邵滨孙，为帮助张清排练，排一幕谈一幕，从组织唱腔到每一动作，都教得透彻周到，这对张清提高表演艺术起到了很大作用。1959 年，张清在上海市戏曲青年演员汇报中荣获优秀演出奖。

　　张清的戏路很宽，先后在《罗汉钱》中扮演李小晚、在《雷雨》中扮演周萍、在《蝴蝶夫人》中扮演平克尔顿。张清在《战士在故乡》中扮演抗美援朝中双目失明的复员军人张伟明。因为角色双目失明，在表演上有很大的限制。张清通过语言、手势，抚摩门前梅树等动作，表达出了张伟明"敌人的炮火只能毁坏我的眼睛，永远毁不了我的心"的豪迈气魄。

出演反派人物，张清同样十分用心，为演好舞台角色，虚心向老前辈请教，反复揣摩各种表演手法。他在沪剧《白毛女》中扮演黄世仁，不把"坏"字刻在脸上，而是狠毒在心里，运用撩袍、甩袖、抽烟、剔牙等几个小动作刻画出黄世仁丑恶、阴险的形象。沪剧《丽人行》中，张清饰演汉奸王仲原；《杨三姐告状》中，他饰演纨绔子弟高占英，同样不用简单化的表演手法使人物脸谱化，给观众留下了深刻的印象。

在张清饰演的多个舞台形象中，最让广大观众印象深刻的，是在《芦荡火种》中饰演的郭建光和《甲午海战》中饰演的邓世昌。

1960年，上海人民沪剧团决定将海政文工团演出的话剧《甲午海战》移植到沪剧舞台上。为培养年轻演员，剧团领导作出了"众星捧月"的大胆部署，让初出茅庐的张清扮演邓世昌，丁是娥、邵滨孙、解洪元等一众名家甘当"绿叶"。接到任务后，张清不敢有任何懈怠，不仅参与剧本创作，还去东海舰队深入生活。在随军舰出航途中，晕船呕吐使得张清几乎无法站立，却为他在舞台上塑造角色的真实情感找到了感觉。

1961年2月，《甲午海战》在共舞台首演，张清运用"阳档"、"迷魂调"等曲调，形象地表达邓世昌当时复杂的内心活动，反映出邓大人和广大民众、士兵同仇敌忾，反对清廷以李鸿章、慈禧太后为代表的投降卖国路线，誓与帝国主义侵略者血战到底的英雄气概。《甲午海战》的公演轰动了上海滩。

1960年，人民沪剧团首次上演《芦荡火种》，用的也是当时剧团里最强大的阵容，张清饰郭建光。剧中，以指导员郭建光为首的十八位伤病员在敌人扫荡下，为保存革命力量，坚守芦苇荡，经历风雨、饥饿、寒冷的考验和肉体上的痛苦。一曲充满革命浪漫主义的"芦苇疗养院，一片好风光，天是屋顶地是床，青枝绿叶作围墙；又高又大又宽敞，世界第一哪个比得上。月里嫦娥把宫灯照，巡哨站岗虾兵蟹将，还有龟丞相……"一时传遍大街小巷，给观众留下了极为深刻的印象。

1977年5月，张清重返舞台，恢复公演代表作《甲午海战》，张清再度披挂上阵，依然宝刀未老。

2014年，已经退出舞台的张清老师为了庆祝上海沪剧院成立60周年，再次出山在舞台亮相献演，带领沪剧院第七代青年演员演唱当年他的代表作，获得杰出贡献奖。

张清一直不忘人民沪剧团"五块牌子"丁是娥、邵滨孙、解洪元、石筱英、筱爱琴对自己的关照和扶持，他们毫无保留地向他传授技艺，并让他出演重要角色。当时和他不在一个剧团的王盘声还在晚报上发表了一篇影响很大的文章——《沪剧小生人才的成长》，这是他第一次被名家介绍给广大观众。张清是个懂得感恩的人，在王盘声老师人生最后的阶段里，张清常常陪他说话，陪着一起打打麻将，还给他烧饭做菜。

张清深知培养沪剧新人的重要性，当年，剧团学馆招生时，张清是招生组组长，茅善玉、孙徐春等都是在那个时候招进团里来的。

退休之后的张清老师选择了回故乡生活，虽然朱家门居民区和朱家门村不是同一回事，但许多乡里乡亲、族里亲人都在朱家门小区生活，乡亲乡音陪伴着张清老师度过了人生中最后一段时光。

张清老师把毕生的精力都献给了钟爱的沪剧事业，是值得我们尊重和怀念的沪剧表演艺术家。

晚年的张清依然念念不忘钟爱的沪剧事业

川沙县道协会长张文希

张文希（1923 年—1999 年），学名张志惠，法名大昶，上海本地川沙张桥乡人（现为沪东新村街道社区），道教正一派高功法师。

张家三代道士世家，由其祖张懿生传张梅桥，张梅桥传子张文龙、张文希、张文忠三兄弟。张文希青年时期曾谋生于香港，后回到故乡以务农为主，兼事道教科仪。

1979 年 9 月，第三次国际道教学研究会在瑞士苏黎世召开，中国大陆首次派出代表参加了会议，经过"文革"漫长岁月的禁锢后，道教文化的研究开始解禁。

两年以后的 1982 年 3 月，中共中央颁发了《关于我国社会主义时期宗教问题的基本观点和基本政策》即 19 号文件。此后，浦东地区的道教与其他宗教活动一样开始得以恢复。张文希配合政府落实宗教政策，做了大量工作。自己也由散居道士成为道观道士，1984 年升座为钦赐仰殿道观住持。1985 年后，历任上海市道教协会第一、二、三届副会长、川沙县道教协会会长、浦东新区道教协会筹备委员会主任、上海城隍庙修复委员会副主任等职。1993 年获全国道教界个人先进奖，并当选为中国道教协会第五届理事。

一、为恢复道教活动辛勤劳作

1982 年 5 月，川沙县宗教民族华侨事务科根据中央 19 号文件和上海市人民政府有关文件精神发出通知：教堂、寺庙及原属教会名下出租、出借或占用的房地产，均归有关宗教团体所有。当时的浦东，所有道观庙宇的宗教活动早已停止，钦赐仰殿大殿被拆毁，场所成了建筑工程队的仓库，长短破旧的毛竹、铁管胡乱堆放在露天，仅存的危房内塞满了柏油桶、油漆箱、脚手架板，尽是破烂不堪的景象。张文希等人在极为艰苦简陋的条件下，克服种种困难着手组织修复工作，为尽快恢复宗教活动做准备。当时，上海音乐学院民乐系的陈大灿先生找到张文希，希望他能帮助回忆搜集道曲以便研究。张文希邀请了吴连根、陈焕涛等师兄和几个同行、弟子，在张桥丝网厂、交管站办公室、钱郎中桥 76 号等处多次组织大家一起回忆道教音乐，六七个老道士，一把二胡，大家专心拍曲，相互启发、共同回忆：六工尺乙，乙六工尺工……其间，张文希还组织道众回忆经文唱赞记录成谱，多方寻觅经书，获得稀有抄本《天坛玉格》，修补忏本，完善科仪软件，为道教的张本蓄势创造了不可或缺的条件。

1983 年 2 月，川沙县首届道教徒代表大会在上海地区率先召开，张文希被推荐为联络组组长。副县长张震言，以及县委统战部领导，民宗办主任等领导都很支持张文希的工作，县道协还及时聘请县政府退休的干部协助管理道教房产。

二、第一坛场鸣锣开场

20 世纪八十年代初，香港居民张女士想在上海为亡夫做超度道场，却因找不到合法的道教场所而难了心愿。

1983 年，经过初步维修整理的钦赐仰殿道观终于重新开放了。可香客仍然寥若晨星，完全没有预料的那样兴旺。有位旅日老信徒答应回沪为先人超度亡灵，经过多次洽谈拍板定局。道观随即安排抄写经书、榜牒，开始排练科仪。然万事具备，却事不凑巧，临近开坛，海外斋主却因健康原因无法回来行磕头礼尽孝。那时，呼应的道士叫好了，市、县、公社各级领导、团体都邀请了，却遇到如此变化，真不知该如何收场。

在这关键时刻，黄继忠道长自告奋勇，表示愿做一场追荐岳父岳母的道场，以解燃眉之急。于是，1983 年 12 月 12 日，几经曲折的上海道教第一坛道场终于在钦赐仰殿鸣锣开场。前来观摩、祝贺、演道的有来自川沙县 10 个公社的 29 位道友，上海市道教协会筹委会李锡庚主任，苏宗赋、陈莲笙、徐家进、宋祖德、王霖荪、周福康、郁义兴等出席活动。特邀代表有张作铭、陆静之、李辛士、张源荣、张源勋、陆陶、李超群、吕宗安、金鸣皋、秦理良、朱锦章，邢诚云、华诚乾、曹志昆、周志裕等人。前来祝贺的还有市委统战部、市宗教局、川沙县委、县人大、县政府、县政协领导和市公安局有关领导，市社科院宗教所阮仁泽，市文史馆姜绍文，上海音乐学院王乙、戴树红、陈大灿、诸新诚。川沙县房管所、严桥公社、县公安局、县天主教协会、县佛教协会以及上海市道教协会筹委会，居士学者，社会大德贤达等一百多人，还有各新闻媒体等，钦赐仰殿因此成为上海地区最早恢复开放的道观。

1984 年，钦赐仰殿东岳大帝神像开光，同时举行了张文希住持升座仪式。住持升座是道教教制建设的重要内容，由于种种历史原因，上海正一派道观住持升座仪式数百年来一直未能正常举行。此次张文希住持升座，由上海市道教协会筹备组组长李锡庚送座，成为上海地区近百年来首位升座的道观住持，为以后的道制规范建设提供了范例。

三、支助《上海道教》杂志

1984 年，张文希当选为川沙县第六届政协委员。1985 年 4 月 22 日上海市道教协会成立，张文希被推选为副会长。政策的扶持，道众的信任，张文希道长以更大的热情投入到道教事业的振兴之中，其中尤以捐资办道教杂志之善举至今仍为人们啧啧称道。

《上海道教》杂志是上海市道教协会的会刊，创刊于 1988 年 12 月，是国内仅晚于《中国道教》（1987 年改版出版）的道教杂志。《上海道教》致力于道教界和学术界的联系与沟通，旨在爱国爱教基础上继承、发扬道教优良文化传统，是集学术性、文献性、艺术性、健身性为一体的综合性学术刊物。1989 年—1990 年是上海市道教协会经济极其困难的岁月，资金的短缺，直接影响到《上海道教》杂志的生存。张文希道长克服道观自身面临的诸多困难，毅然拿出贰万元支助上海道协维持《上海道教》的出刊。

四、访问香港

1986 年 12 月，应香港圆玄学院的邀请，上海市道教协会组团访问香港，张文希为 4 人代表团成员之一。访问期间受到香港道教联合会隆重热烈的欢迎，香港儒、道、佛三教六十余人举行宗教传统仪式，接受上海市道协赠送的《道藏辑要》。上海市道教协会代表团访港期间，还同香港道教界进行了广泛的学术交流，参观了圆玄学院创办的中学、小学、幼儿园和安老院、施诊所等社会福利事业，参访了黄大仙观、青松观等著名道观。这是上海道教界首次组团访问香港，不仅增进了沪港两地宗教界的联系，并扩大了上海道教在海外的影响。

五、鼎力回应龙虎山

1991 年 9 月，应江西龙虎山嗣汉天师府邀请，以上海市道教协会会长陈莲笙为顾问、副会长张文希为团长的上海道教法务团赴江西龙虎山，参加天师府 10 月 3 日至 9 日为新加坡和台湾地区道教徒启建授箓传度的传统大醮。根据中国道教协会指示，由江西、北京、上海、江苏联合组成"授箓传度指导小组"，整个醮仪严肃而隆重，既保持了道教正一派的传统，又体现了"济物利人"的道教思想。为了表示对上海法务团的大力支持，天师府还专门赠送了"鼎力相助，道谊情深"的锦旗和礼品。

张文希道长生活节俭，办事认真，诚恳求人，专研上进，为事必成，责任心强。他常说，道太大，从无到有，从有归无，祖师面前无能人，道教讲的就是"清静""无为""忠孝""返璞归真"。要上善若水，与善仁，言善信，政善治，事善能，动善时，居善地，心善渊。他立足现实，依靠科仪，努力提高道观自养能力；他脚踩坎坷，心存理想，一步一个脚印，为浦东道教今日的辉煌奠定了扎实的基础。

本文资料由张文希后人张振国提供

1984年张文希住持升座仪式在钦赐仰殿道观举行

为抢救"福州"轮英勇献身的烈士顾金良

　　顾金良，（1940.12—1976.7）浦东川沙县人，1956 年 6 月进沪东造船厂。1969 年任轮机车间钳工工段副工段长，1973 年 3 月加入中国共产党。1976 年为抢救"福州"轮海警事故光荣牺牲，同年由上海市政府追认为革命烈士。

　　1975 年建造 25000 吨货轮"神州"号最紧张的时候，他和工人师傅们吃住在厂里，日夜大干，一连 20 多天没回家。在该轮试航途中，风浪来了，他顶上；故障发生了，他排除。好几回他走下机舱换下当班工人让他们休息。在"福州"轮主机安装过程中，顾金良根据多年积累的经验，大胆提出了整机吊装的设想，得到厂党委、车间领导和广大工人的支持，使得安装主机的时间比原来缩短了四分之三，实现了造船工艺的一项重大革新。

　　1976 年 3 月下旬，"福州"轮在下水前的检验中，顾金良在检查时发现舵叶上面的一只闷头螺丝没有拧上，如果船一旦下水，舵孔里灌进海水，就会使舵叶受到腐蚀。这时船尾的脚手架已经拆除，舵孔距离地面足有三层楼高。顾金良拦住其他工人，大声说道："高空作业危险，我有经验，还是我来上。"他找来一架长扶梯，独自爬到舵顶，凌空作业，终于旋上了闷头，排除了隐患。

为抢救"福州"轮英勇献身

　　1976 年 7 月 19 日，停靠在沪东造船厂码头边的 2 万 5 千吨远洋货轮"福州"号即将出国远航。7 点半刚过，突然一声巨响，一股浓烟从"福州"轮机舱里翻腾而出……火情就是命令，顾金良旋风般穿过百米长的码头，迅疾攀上四层楼高的上船扶梯，越过"泸州"轮甲板，跳上"福州"轮，仔细辨听机舱内情况，发现一台发电机还在运转，经验丰富的顾金良十分清楚，若不迅速停下发电机，极可能造成全船通电起火，引起油轮爆炸，对附近的船舶、工厂和人民群众的生命财产造成严重的威胁。顾金良飞奔到应急开关箱前，举起胳膊击碎玻璃，关掉了发电机开关，切断发电机的供油……不料此时舱内发电机仍在旋转，唯一的办法就是下到机舱里关掉发电机。此时的机舱内浓烟滚滚，灭火药剂四处弥漫，气温高达六七十度，人没靠近机舱都被呛得逼退了回来。如果此时下到机舱，随时都会有生命的危险。顾金良坚定地对同志们说："机舱情况我熟悉，我下去！"话音刚落，他一把抓过消防队员手中的防毒面具，迅速下到舱底，冒着滚烫的烟雾，凭着熟悉的方位，终于关掉了发电机。此时舱内的火焰仍在蔓延，险情仍未完全排除，顾金良毅然绕过了出机舱的扶梯口，放弃了自己脱险的最后机会，顽强而艰难向火势最旺的空气压缩机前进，火源找到了，顾金良却倒下了。9点30分，顾金良被抢救了上来，沪东厂职工医院、浦东中心医院、上海市第三人民医院、上海市中山医院的医务工作者迅疾汇集起来，全力以赴投入了抢救顾金良的治疗，但最终还是未能挽回英雄的生命。

歇浦路街道志相关资料整理

勇于革新始终保持劳动本色的
全国劳模吴雪斌

吴雪斌（1916.2—1986.9，），幼年名吴寿元，学名吴雪斌，字裕海，江苏南通石港乡人。1916 年，逃荒来到上海，落脚在浦东十八间。十三岁时，吴雪斌就到码头做打印小工，后又当过铁匠铺学徒、翻砂厂火炉工。1944 年进永新电工器材厂当工人。

新中国成立后，吴雪斌全身心投入到工作当中，他善于动脑，又刻苦钻研，利用业余时间进行了多项革新改造。1954、1955 年连续两年评为上海市工业劳动模范，1956 年被评为全国机械工业先进生产者和全国先进生产者，出席了全国先进生产者代表大会，见到了毛主席。

1955 年 6 月，吴雪斌被任命为第二车间副主任，同年底，光荣地加入了中国共产党。

吴雪斌爱厂如家。平时他住宿在厂里，成了厂广播室的义务维修管理员。他的心中始终装有工人群众，时常帮助食堂买菜买粮。有一年刮大风，把老吴家的屋顶都掀翻了。老伴找到厂里，要求组织帮助。老吴责怪老爱人给组织添麻烦，最后还是因陋就简自己修复了屋顶。老吴自己掏钱购买工具和各种各样的零配件，自备了一只"百宝箱"，住处周围六七十户人家，大到装电表、修理录音机、电风扇，小到修电灯换灯泡、修煤炉修畚箕，家家都留下过老吴的足迹。他为里委更换日光灯、修电扇都是自己花钱买配件。他还常说，里委就是自己的家、大家的家。

1985 年，他患了胃癌，术前病情多有反复。医生有顾虑，老吴却安慰医生说："你们大胆手术，我会配合好的。手术成功说明你们医术高明，不成功也不要紧，供你们研究"。术后，吴雪斌的胃被切除了五分之四，依然还是闲不住的性格，仍然喜欢东摸摸西弄弄，不注意好好休息疗养。不久，老吴的病情恶化，剧烈的疼痛使他辗转反侧，但他咬牙坚持不呻吟一声，唯恐影响他人和邻居的休息。区里和街道领导去看望他，给他送去光荣匾，他知道自己的病情，再不肯服用贵重药品。1986 年 9 月，吴雪斌因病情复发逝世，终年 70 岁。

歇浦路街道志相关资料整理

从普通车工到技术权威的老共产党员丁金良

丁金良（1922—1989），沪东街道上川居委丁家宅人。丁金良3岁丧父，14岁进马勒厂学车工。在地下党员马小弟等人关心帮助下，丁金良积极靠拢组织，为党组织提供活动场所、捐钱捐物，积极参加罢工斗争。

解放后，丁金良刻苦钻研业务，由一名普通车工成长为技术权威。先后担任检验员、科长、主任，到副总工程师，是公认的柴油机制造技术专家和沪东厂计量工作的创始人之一。

十一届三中全会后，丁金良担任了沪东造船厂副总工程师，他深入现场调查研究，在工厂开发和承造出口船的生产过程中，解决了一个又一个技术难关。他主管的三用工作船、36000吨船的质量检查工作得到外商船东的信赖，为国家赢得了荣誉。他还十分重视工厂为建造出口船舶和柴油机而进口的各种零部件的检查工作，对查出的质量问题，以科学的态度，实事求是据理力争，为工厂挽回了巨额经济损失。

丁金良不仅在沪东厂享有很高的威望，在整个造船行业也是被大家所公认的具有真知灼见的技术权威。某船厂从国外进口一批柴油机，因年久失修、保养不善而报废在仓库里。丁金良获悉后主动参与会诊，采用技术手段，使这批柴油机起死回生，为国家节约了大量资金和外汇。1959年，丁金良荣获上海市先进工作者光荣称号，当选为杨浦区第七届人大代表。

1987年，丁金良退休，他回绝了许多船厂和单位的高额聘请，毅然留在沪东厂，继续为工厂的造船事业奉献力量。1987年以后的几年里，正是沪东造船厂奋力爬坡的的艰难时期，丁金良全身心投入到工厂的各项生产环节。他不顾年老体弱，经常出现在生产第一线，攻克了一个又一个生产上的"危峰险滩"。

1989年4月，正值2700箱船配套的主机7RTA84紧张建造的关键时期，丁金良被查出患了急性败血症，送进医院后，仍念念不忘工作，为发展我国的造船、造机事业奋斗到生命的最后一刻。

歇浦路街道志相关资料整理

后　记

　　作者在长期从事社区工作期间，收集整理、查阅汇总了浦东沿江地区老沪东街道区域范围内大量的历史资料、传闻轶事、图片书籍。以"故事集"名义编撰，意在有别于志书。

　　鉴于街道区域多次调整，反映历史进程的情况以地区沿革为脉络，材料取舍上以现街道内容为主，人物介绍以沪东人和对沪东有贡献的人为对象。事物内容选择有"企业、学校、地理、村落、交通、河道、集市、民居、风俗"等多个方面，大部分资料形成于 2014 年前后。

　　在整个写作编撰过程中，史学专家唐国良先生给予我很大的鼓励，浦东文史学会张建明先生具体指导，书法家张建民先生为书名题词刻印。在一起工作过的老同事、老领导，企业的老员工，小学的师生、中学的同窗，大学的校友，从小一起长大的伙伴、有着共同爱好的同志都给了我很大的帮助和支持，在此一并表示由衷的感谢！

2024 年 2 月